家庭资产负债表新格局与家庭金融投资选择

蔡明超 周春阳◎著

科学出版社

北 京

内 容 简 介

本书分析了新时代下考虑家庭资产负债因素及社会经济结构新趋势后如何进行家庭金融资产最优投资组合选择。从经济学背景风险理论出发，在传统资产组合理论的基础上探讨了家庭考虑非金融资产和负债后的投资选择问题。本书从理论模型和调研数据两个角度，揭示了家庭人力资本、房地产价值与贷款结构、家庭成员所在行业收入及行业信息分析能力等因素影响家庭金融资产中权益资产的配置比例。从家庭金融角度提出了新时代优化家庭资产负债表的经济政策建议，符合我国提升居民财产性收入的政策目标。

本书适合于经济专业相关研究人员、财富管理和养老金投资从业人员、银行理财顾问等读者，也适合于个人投资者用作投资理财的理论参考书，还可用作我国居民金融素养提升的投资参考书。

图书在版编目（CIP）数据

家庭资产负债表新格局与家庭金融投资选择 / 蔡明超，周春阳著. 北京 ： 科学出版社，2025. 9. -- ISBN 978-7-03-082705-0

Ⅰ. TS976.15

中国国家版本馆 CIP 数据核字第 2025T0G174 号

责任编辑：陶 璇/责任校对：王晓茜

责任印制：赵 博/封面设计：有道设计

科学出版社 出版

北京东黄城根北街 16 号

邮政编码：100717

http://www.sciencep.com

北京市金木堂数码科技有限公司印刷

科学出版社发行 各地新华书店经销

*

2025 年 9 月第 一 版 开本：720×1000 1/16

2026 年 1 月第二次印刷 印张：11 1/2

字数：228 000

定价：126.00 元

（如有印装质量问题，我社负责调换）

前　言

《中共中央关于制定国民经济和社会发展第十四个五年规划和二〇三五年远景目标的建议》将“全体人民共同富裕取得更为明显的实质性进展”①作为远景目标，分析和优化居民家庭资产负债表有助于这一目标的早日实现。居民的工资性收入和财产性收入都是构成家庭资产累积的重要部分。宏观政策的与时俱进、不断完善可以有效提高收入累积的效率。新时期中国家庭资产负债表中人力资本、保险资产、房产状况、消费与按揭贷款等都呈现出如下变化新趋势：①家庭资产中房产比率上升，对金融资产挤占明显；②家庭保险资产上升，但其在家庭总资产中的占比仍低于世界平均水平；③家庭负债率迅速上升。此外，新时期下中国家庭资产负债表呈现的新格局还包括：①家庭成员受教育程度提高，家庭的人力资本即家庭无形资产估值上升；②家庭金融财富增速快于国内生产总值（gross domestic product，GDP）增速，但金融投资知识缺乏。新时期中国考虑家庭资产负债因素及新趋势后如何进行家庭金融资产最优投资组合选择的理论和实证研究存在迫切需求。长期投资者大类资产配置中引入背景风险因素受到了学术界和产业界持续关注。本书从理论建模和实证检验两个方面研究了非金融资产与负债风险对长期投资者大类资产配置的影响。

本书第一部分分别对引入非金融资产和债务因素的家庭金融投资选择问题进行了分类综述。①非金融资产。Bodie 等（1992）将人力资本采用未来劳动收入的贴现值之和来进行估计。Yao 和 Zhang（2005）的研究是关于房地产背景的最为经典的论文之一，他们在居民资产配置模型中加入了房地产。居民的社会关系是一类被实务界广为接受但难以量化的居民非金融资产，如果该资产能够给居民带来正的现金流，那么无疑可列为居民的家庭非金融资产（Hong et al.，2004）。Mankiw 和 Zeldes（1991）指出由于参与股票市场（以下简称股市）存在固定的信息和交易成本，受教育程度较高的投资者在克服股市投资信息障碍方面相对更为容易。Grossman（1999）提出了一个关于健康资本的模型。Heaton 和 Lucas（2000）的研究表明，如果家庭金融财富相同，有私营企业股权的居民持有的上市公司股票权重较低。②债务因素。经典金融经济学并没有在最优投资组合模型中直接提出背景负债的概念，但文献在消费-投资组合决策模型中逐渐引入消费偏好、贴现

① 《中共中央关于制定国民经济和社会发展第十四个五年规划和二〇三五年远景目标的建议》，https://www.gov.cn/zhengce/2020-11/03/content_5556991.htm?trs=1[2024-11-12]。

因子引入条件生存概率等变量，同时关于未来债务性支出的研究开始逐步增加。文献中两类最重要的负债因子就是通货膨胀（以下简称通胀）因子和老龄因子，其中，通胀因子主要是通过消费支出的价格影响债务形成，老龄因子则影响债务支出的期限。

本书第二部分以家庭金融理论探讨为主。在期望效用理论和均值-方差效用理论框架下，通过构建理论模型研究“相加”性背景风险和“相乘”性背景风险两类背景风险对长期投资者大类资产配置的影响。研究表明，在两种效用理论模型下，只要风险资产超额收益与背景风险收益独立，风险资产正收益效应会使其投资数量为正。在期望效用理论框架下，“相加”性非金融资产与负债风险理论模型表明，如果风险资产超额收益与背景风险边际效用呈正相关或低负相关关系，则风险资产投资数量为正。风险资产投资数量和风险资产超额收益与背景风险收益的增减性有关，而“相乘”性背景风险理论模型还要考虑期初资产和风险厌恶系数等因素。在均值-方差效用理论框架下，“相加”性背景风险理论模型表明，风险资产投资数量与风险资产超额收益、资产方差等变量的关系取决于效用函数是否具有递减绝对风险厌恶性和风险波动性，而“相乘”性背景风险理论模型可以沿用“相加”性背景风险理论模型来进行相关分析。背景风险理论的引入对投资者在考虑房地产、人力资本、外汇资产等风险资产因素后的家庭金融问题决策具有参考价值。

本书第三部分内容为实证分析，具体包含以下五个内容。

（1）引入负债因子的家庭金融投资选择分析，将家庭预期消费支出的资本化价值作为家庭负债，纳入资产组合选择模型，以探究其对最优资产组合选择的影响。研究结果显示在大类风险资产配置中，考虑负债因子后家庭在金融投资组合中将增加对股票资产的配置，以对冲通胀、消费量提升、生存率提升带来的家庭支出上升。在股票资产二级行业配置中，考虑通胀因子后应当增加对价格敏感性低的如食品烟酒等必选消费板块的配置；而在考虑生活方式因子后，应当增配使居民消费量发生明显变化的如教育、文化和娱乐等新型消费板块。家庭最优风险资产组合对必选消费类的通胀因子、新型消费类的生活方式因子的协方差风险有更高的敏感性，且对资产相关性越强的负债因子敏感性更高。

（2）以背景风险理论为基础，设计了《居民非金融资产负债与资产配置调查》问卷进行微观数据调查，研究拓展的家庭负债表与家庭风险资产配置之间的关系。传统的家庭资产负债表主要包括家庭金融资产、有形资产、借款和贷款等。经济学范式下的资产负债表（balance sheet）包括常规资产和负债以及与资产分配决策相关但未出现在常规资产负债表上的扩展的投资组合资产和负债。对于个人投资者而言，扩展的投资组合资产包括人力资本、养老金收入的现值和预期遗产的现值，非传统的负债则是指未来消费的现值，在经济学范式下被认为是一种扩展的投资组合负债。考虑家庭承诺支出和消费习惯形成都属于典型的家庭拓展债务因素，这些因素会改变最优风险资产配置比率。本书建立了基于家庭承诺支出和消费习惯形成不同约束形式下的家庭风险资产配置的理论模型，设计对应的代理变量，实证结果表明：以住房按揭贷款为代理变量的家庭不变承诺支出会降低股票参与率，但对风险资产参与率影响不明显；以家庭学生数量为代理变量的家庭可变承诺支出影响不显著，健康状况对股票参与率和风险资产参与率都有显著的正向影响。

（3）结合生命周期理论及资产组合理论，构建从宏观到行业的最优资产配置理论模型，其最大的特点为将风险资产分为两类，一是投资者劳动所处行业的风险资产，二是其他行业风险资产。然后，以申万一级行业指数及 Wind（万得）全 A 指数作为数据参考，根据权益溢价、劳动收入与该行业风险资产收益率的相关性等条件筛选合适的代表行业，并结合投资者对所处行业的资产熟悉度等因素做出生命周期最优资产配置建议。投资者需要在两方面做出权衡，一方面，投资者劳动收入与该行业风险资产收益率存在相关性，出于分散风险的考虑应低配所处行业的风险资产；另一方面，投资者对所处行业的资产具有更高的熟悉度，出于精准投资的考虑应高配该行业的风险资产。最后，本书通过 Carroll（2006）数值算法对动态决策方程求出最优解，以解决投资者跨期决策问题。结果发现：不同行业投资者在消费、储蓄、风险资产投资等大类资产配置上存在一定相似性；在风险资产内部配比上，综合考虑劳动收入相关性及资产熟悉度两方面因素，相对于经典有效市场指数最优策略，投资者更倾向于超配所处行业的风险资产，并将剩余资产合理分散至其他行业上。

（4）选取跨度为 1995~2019 年的 39 个国家非平衡面板数据进行多元回归分析，其中包括 28 个发达国家和 11 个发展中国家，重点研究家庭资产负债表中的因素对家庭金融资产配置的影响。实证结果表明：股票配置比与购房贷款增幅在1%的水平上显著负相关，即居民家庭负债项中的购房贷款对股票配置起到挤占作用；金融资产净值系数显著为正，说明从宏观来看各国整体呈现出递减型相对风险回避特征，财富净值上升、购买的股票占比上升，递减型相对风险回避必然也是递减型绝对风险回避，即购买的风险资产金额随着财富的增加而增加；房屋价格与收入比对股票配置比的影响显著为正，在宏观层面，衡量社会转移支付的社会福利对家庭金融资产的股票配置比起到促进作用。

（5）根据居民风险回避程度测度的理论基础，构建了居民相对风险回避系数的 Arrow-Pratt（阿罗–普拉特）测度模型，将该测度定义为居民隐含风险回避系数。选取影响居民隐含风险回避系数的主要变量，从客观风险承受能力和主观风险态度两个角度出发，设计了回归模型。基于居民微观调查数据和市场数据，对相关参数进行合理估测，对居民隐含风险回避系数进行了实证测定。

本书的第四部分为政策建议。本书研究发现我国家庭资产负债表中存在养老资产相对房地产占比过低、养老保险三大支柱发展不平衡和可投资对象不足等三方面问题，并提出如下三点政策建议：①建议扩大 20 世纪 90 年代制定的住房公积金使用范围，对于缴费到一定年限的账户，可以按比例转移至个人养老金账户；②建立由居民的企业年金或者职业年金构成的养老保险第二支柱向居民个人养老金账户转移资金的通道；③鼓励账户管理人开发主题为国际资产和黄金等 QDII（qualified domestic institutional investor，合格境内机构投资者）基金权重的养老产品。本书的理论模型和实证研究为我国家庭金融问题，特别是家庭非金融资产负债风险背景下的长期投资者大类资产配置问题，提供了理论指导和实证分析依据。蔡毓伟、陈芷婧、李海荣、李夷、杨涵纯、魏思伦等同学参与了本书部分章节的文献查找、资料整理和数据处理等工作，在此向他们表示感谢。最后，作者万分感谢上海交通大学 2024 年度“文科成果文库资助计划”对于本书出版给予的资助。

目　　录

第1章 绪 论

1.1 研究背景

经典大类资产配置理论模型往往首先假设市场是完全的，投资者具有同质背景，其次在风险一定时使预期收益最大化，或者在预期收益一定时使风险最小化，这样得到投资者的最优投资方案是被动持有市场指数基金和无风险资产，即两共同基金分离定理。但在现实中，投资者的配置决策往往与理论相悖。研究表明，许多美国家庭没有进行股票的投资，且没有遵循“不要把鸡蛋放在同一个篮子”的原则，除了房地产以外基本没有其他风险资产投资（Heaton and Lucas，2000）。为了更好地研究投资者资产配置决策行为，学者越来越重视从行为金融学和非完全市场的角度来进行理论研究与实证研究，其中，金融资产以外的家庭非金融资产与负债风险是一个重要的研究方向。

家庭非金融资产与负债风险是指影响投资者期末财富的外生且不可以通过资产配置进行分散的风险（Tsetlin and Winkler，2005），包括投资者的劳动收入、房地产、年龄、创业、流动性状况、健康状况、教育程度、出生地域等因素造成的风险。在经典的长期投资者大类资产配置理论中，投资的风险来源于金融资产本身，从而忽略了家庭非金融资产与负债风险。但实际上，来源于风险资产以外的非金融风险对投资决策起着重要的作用（Pratt，1988）。金融资产风险与家庭非金融资产和负债风险的联动性可能导致当投资者忽略非金融风险时，资产风险敞口将错误地被放大（蔡明超和杨玮沁，2011），所以CFA（chartered financial analyst，特许金融分析师）协会要求其成员提供投资建议时，首先要考虑投资者的非金融风险因素。Heaton 和 Lucas（2000）发现劳动风险会产生财富效应和替代效应，当前者大于后者时，风险资产投资比例上升；当前者小于后者时，风险资产投资比例下降。此外，持有创业公司股份的居民持有的其他公司的股票财富要低，因为他们持有创业公司股份使自身资产风险已经处于较高水平。Cocco（2005）认为在股市与房地产市场正相关的情形下，租房的居民应增加股票的持有，已购房的居民应减少对股票的持有。Goldman 和 Maestas（2005）认为健康状况是资产配置决策的外生变量，会影响投资者资产配置。他们研究发现，参加职工医疗保险的投资者持有的风险资产比例比未参加该保险的投资者高出6%。何兴强等（2009）研究发现享有医疗保险或购买健康保险的居民投资概率更高。

1.2　研究目的和意义

随着中国经济多年高速发展，居民的可支配收入持续保持高速增长并形成金融财富的持续累积，资产配置需求强烈①。但房价波动、经济增长预期放缓、汇率不确定性等因素会通过同时影响金融资产及其以外的资产负债因素放大金融投资风险。居民在进行金融投资时容易忽视包括劳动收入形成的人力资本累积与风险、住房背景、保险资产等家庭非金融资产的差异，以及房贷、通胀等背景负债。这些家庭非金融资产、负债与金融资产选择相比可能难以交易，但存在与金融资产间的协方差风险以及自身风险，同时有些家庭非金融资产与负债因子需要进一步识别，因此需要纳入金融投资组合考虑的投资因素。

表 1-1 给出了居民金融资产以及包含经常性收入和支出进行资本化后的其他资产负债分析。经典的投资理论和实务集中在无风险和风险两类资产，但居民作为受益人，还拥有其他金融资产、非金融资产和负债。其中，其他金融资产包括基本与补充养老金、住房公积金、商业保险等；非金融资产包括人力资本、住房，以及近来学术界开始关注的健康资本与社会关系资本；而负债是各种未来支出的贴现值之和。这些资产与金融资产相比，居民不具有投资选择权，或者难以进行交易，但通胀、汇率等重要经济变量同时影响着金融资产、非金融资产以及居民负债。此外，在房价波动下，一部分居民超配房地产资产，一部分居民面临住房高负债，这显然会影响到居民大类资产配置时房地产板块股票的权重，因此金融资产配置的选择需要建立在资产负债框架基础之上。此外，居民的养老金、住房公积金的管理人则应将居民的金融资产和人力资本作为家庭总资产统筹考虑。

表 1-1　资本化的居民资产与负债分析（家庭资产负债识别）

资产类别	资产		负债
	项目	说明	
金融类	个人可投资金融资产（1）	（1）是本书重点研究的选择变量，主要为风险和无风险大类资产	居民或有消费贷款*** 居民或有所得税、房产税的贴现值和（9）
	已经缴纳养老保险账户累积资金；预期的未来缴付基本账户的贴现值之和；或有的已缴企业或职业年金累积；或有的预期未来企业或职业年金贴现值之和（2）	这些资产尽管为金融资产，已占居民当年工资 42%以上，但是不属于居民管理，构成背景类资产；住房公积金退休时可以全额取出用于养老支出	
	住房公积金；或有商业保险（3）		

① 居民在金融资产配置选择时，存在其他资产与负债，这些资产和负债往往难以交易或者流动性差，同时并非显性存在，需要识别、估值，本书将其定义为非金融资产与背景负债。

续表

资产类别	资产		负债
	项目	说明	
非金融类	预期的人力资本现值（本书将考虑行业之间的收入差异）（4）	本书中的外生变量，具有类似债券的稳定现金流，但人力资本自身有风险，特定行业收入形成的人力资本与员工所在行业、非行业公司板块存在不同的协方差风险	消费习惯形成的债务估计 承诺支出的债务估计 生活方式支出贴现值和** 或有的购房支出* 或有子女教育支出贴现值和 或有馈赠与捐赠现值（10）
	房产*（5） 其他公司股权（6） 健康资本（7） 社会关系资本（8）	较多非金融资产的存在会带来大类资产配置选择中的财富效应，但这些资产自身的风险和协方差风险也会带来挤出效应	

注：本资产负债表中，金融资产以外的项目称为家庭非金融资产或者负债。资产项中（1）为金融资产，（2）～（8）为金融资产配置模型的家庭非金融资产，（9）、（10）为金融资产配置模型的负债项目

* 指房产分别位于无房与有房居民的负债栏和资产栏，**指预期时物价指数和老龄因子构成负债因子，***指由于都受利率或者通胀因子的影响，债务与金融资产存在协方差风险

本书关于居民家庭非金融资产与负债风险对其风险资产投资影响的实证研究有着重要的现实意义。首先，我国宏观经济发展已进入新常态，经济转型和国企改革需要资本市场的充分参与，而资本市场的发展离不开居民的积极参与。据Wind资讯的统计，截至2021年底，我国A股上市公司数量已达4697家，较5年前增加了1600多家；A股总市值突破90万亿元，比5年前增长约80%；投资者开户总数已经超过3亿户，证券行业资产管理业务规模为10.88万亿元。本书的实证研究有助于深入了解居民家庭非金融资产与负债风险因素对风险资产投资概率的影响，为政策的制定提供依据，做好投资者教育，从而正确引导居民进行风险资产投资。其次，对居民投资者来说，他们正经历着复杂的家庭非金融资产与负债风险因素变化，如宏观经济增长速度减缓、全民创业潮开启、就业形势严峻、股市波动加剧、房地产市场低迷等，在这种形势下如何进行风险资产的投资是一个巨大的挑战。本书的实证研究有助于居民根据自身家庭资产与负债风险特征采取合理的风险资产配置策略。

1.3 研究内容

本书从理论建模和实证检验两个方面研究了家庭非金融资产与负债风险对长期投资者大类资产配置的影响。其中，理论建模部分是基于期望效用理论和均值-方差效用理论对两种非金融风险进行研究；实证检验部分则利用《居民非金融资产负债与资产配置调查》问卷数据开展相关研究。本书具体结构如下。

本书首先分别对引入非金融资产和负债的家庭金融投资选择问题进行了分类文献综述。一是非金融资产。将现有文献对不同非金融资产源的研究分为人力资本、住房资产、社会关系资本、教育资本、健康资本、公司股权、家庭保险状况等。二是债务因素。经典金融经济学并没有在最优投资组合模型中直接提出背景负债的概念，但文献将消费-投资组合决策模型不断拓展至消费偏好、贴现因子引入条件生存概率，关于未来债务性支出的研究开始逐步增加。文献中两类最重要的负债因子就是通胀因子和老龄因子，其中通胀因子主要是通过消费支出的价格影响债务形成，老龄因子则影响债务支出的期限。

本书第二部分以家庭金融理论探讨为主。在期望效用理论和均值-方差效用理论框架下，通过构建理论模型研究“相加”性背景风险和“相乘”性背景风险两类背景风险对长期投资者大类资产配置的影响。

本书的第三部分内容为实证分析，具体包含以下五个内容。①引入负债因子的家庭金融投资选择分析，将家庭预期消费支出的资本化值作为家庭负债，纳入资产组合选择模型，以探究其对最优资产组合选择的影响。②以背景风险理论为基础，设计了《居民非金融资产负债与资产配置调查》问卷进行微观数据调查，研究拓展的家庭负债表与家庭风险资产配置之间的关系。③结合生命周期理论及资产组合理论，构建从宏观到行业的最优资产配置理论模型。④选取跨度1995~2019年的39个国家的非平衡面板数据进行多元回归分析，重点研究家庭资产负债表因素对家庭金融资产配置的影响。⑤根据居民风险回避测度的理论基础，构建了居民相对风险回避（relative risk aversion，RRA）系数的Arrow-Pratt测度模型。

本书的第四部分内容为政策建议。本书研究发现我国家庭资产负债表中存在养老资产相对房地产占比过低、养老保险三大支柱发展不平衡和可投资对象拓展不足等三方面问题，并从扩大住房公积金使用范围、打通居民养老金账户通道、拓展养老金可投资的资产三个方面提出了政策建议。

1.4　创新与不足

本书理论部分的创新点如下：在期望效用理论和均值-方差效用理论框架下，不仅深入地研究了常见的“相加”性非金融风险对长期投资者大类资产配置的影响，而且研究了容易被忽视的“相乘”性非金融风险对资产配置的影响，具体阐述了非金融风险与风险资产相关性对资产配置的影响。理论研究结论能够为各类投资者投资风险资产特别是战略资产配置提供理论指导。

本书实证部分的创新点如下。除了传统的劳动收入风险、健康状况、房地产投资等非金融风险因素，本书还引入了自主创业情况、流动性约束、专业背景、就业情况等非金融风险变量，探讨其对中国居民金融资产投资的影响。此外，本书建立了经济学范式下家庭资产负债表框架下的家庭投资分析模型。传统的家庭资产负债表主要包括家庭金融资产、有形资产、借款和贷款等。经济学范式下的资产负债表包括常规资产和负债以及与做出资产分配决策相关但未出现在常规资产负债表上的扩展投资组合资产和负债。对于个人投资者而言，扩展的投资组合资产包括人力资本、养老金收入的现值和预期遗产的现值。

在政策建议方面，本书以有限关注、本土情结等行为金融理论为依据，提出建立由住房公积金、企业年金和职业年金账户向个人养老金账户转移的灵活性机制，这样的调整从中长期来看将有助于我国产业结构从过度依赖房地产向高质量平稳均衡的产业发展，有助于解决我国居民家庭资产负债表中房地产占比与养老金占比不均衡的问题，有助于提高居民的养老累积和养老理财意识，提升住房公积金与养老金的综合效率，同时能够提前防范公共养老赤字风险。

本书理论建模部分的不足体现在非金融风险收益仅使用了一个变量$\tilde{y}$进行表示，不过在实际情况中，投资者的非金融风险因素远远不止一个，且每种非金融风险因素与风险资产的关系不一，使用单一变量代替所有的非金融风险因素可能无法准确地反映各类非金融风险与风险资产的相关关系，从而影响投资者风险资产的配置。

本书实证检验部分的不足，主要源于样本数据本身的局限性可能对研究产生的影响，具体表现为：①样本数据为截面数据，缺少面板数据所有的时间维度，无法反映某个居民的动态行为信息，因此也就无法分析某个居民的非金融风险因素和风险资产之间的相关关系，从而使实证研究结论无法使用理论模型结论进行解释；②风险资产仅限于股票，而居民所投资的风险资产往往还包括期货、期权、信托、资产管理产品等金融资产，因此可能会低估居民风险资产的投资概率；③受访者在回答调查问卷部分问题时可能带有一定的主观性，如房地产估值大小、对未来收入预期等；④受访者非金融风险数据不够完整，如缺乏受访者的子女数、家庭无收入人口数、金融机构的授信额度等。

第 2 章　家庭资产负债与大类资产配置文献综述

2.1　家庭金融投资选择引入资产负债框架的金融经济学理论

资产负债框架是指在金融投资选择时考虑特定投资者的其他资产与负债。经典金融投资选择公式为$(\mu - r_{\mathrm{f}})/(\gamma\sigma^2)$，其中，$\mu$表示风险资产的预期收益；$r_{\mathrm{f}}$表示无风险资产的预期收益；$\gamma$表示投资者的风险回避态度系数；$\sigma$表示风险。说明了最优风险资产配置的权重只与金融资产的超额收益、风险和投资者的风险回避态度系数有关，其金融经济学理论基础至少可以追溯到 Pratt（1964）和 Arrow（1971）的风险态度理论。基于风险事件$\tilde{z}$和期望效用函数$E(U(w+\tilde{z}))$（其中，w表示财富水平），绝对风险回避态度和相对风险回避态度分别由$-U''(w)/U'(w)$和$-wU''(w)/U'(w)$度量。引入资产负债框架的选择问题本质上是将金融资产$\tilde{x}$和非金融资产$\tilde{y}$列到目标函数$\max_{\alpha} E(U(w_0+\alpha\tilde{x}+\tilde{y}))$中，但只有金融资产可以作为选择变量。下面从两个不同目标函数角度分别说明。

2.1.1　期望效用理论框架下引入外生资产或者负债后风险态度的变化

从经济学到金融选择的应用层面来说，在引入人力资本、住房、保险、社会资本、健康资本等非金融资产背景或者通胀、生存概率等负债因子后，居民对风险资产的风险厌恶程度到底如何发生变化，或者最优风险资产配置权重对各类资产的预期收益与风险敏感度如何发生变化？在绝对风险态度和相对风险态度提出之后，恰当风险厌恶（Pratt and Zeckhauser，1987）、标准风险厌恶（Kimball，1993）和风险敏感性（Gollier and Pratt，1996）等重要概念相继被提出。Pratt 和 Zeckhauser（1987）将恰当风险厌恶定义为独立的外生风险，并满足如下关系：$E(U(w_0+\alpha\tilde{x}+\tilde{y})) \leqslant E(U(w_0+\alpha\tilde{x}))$。他们证明了双曲绝对风险厌恶型效用函数类型的投资者都是恰当风险回避者，该定理在战略资产配置中的一个应用就是，如果投资者背景资产或者负债的风险得到降低，则拟管理的金融资产在风险资产中的权重可以上升。随着财富或者机构投资者管理资金规模的上升，递减型绝对风险回避（decreasing absolute risk aversion，DARA）投资者应增加风险资产配置的比例。Gollier（2001）证明了恰当型风险厌恶者、脆弱型风险厌恶者、标准型风险厌恶者在面临背景风险时，都属于绝对递减型风险回避投资者。Hara 等（2011）在期望效用理论框架下提出了将绝对风险厌恶系数倒数的一阶导数定义为风险谨慎性的概念，并给出了零均值背景风险情况下谨慎性递增的充分必要条件以及任何背景风险情况下谨慎性递增的充分条件。

针对背景资产或者负债风险的研究大多假设背景因素和风险资产之间是“相加”的关系。不过在现实当中，背景因素和风险资产之间的关系很多是“相乘”的关系。Franke 等（2006）考虑了不同假设下具有可乘性的背景因素加入对风险偏好属性的改变 $E(U(w_0+\alpha\tilde{x}\tilde{y}))$，这里的金融风险 $\tilde{x}$ 与外生资产或者债务风险 $\tilde{y}$ 具有相乘的属性。引入这种性质的资产负债不只体现数学技巧，也具有一定实际意义，通常可以应用于下列情形的分析：①带有不确定税率背景的公司税前利润，净利率就是 1 减税率后与税前利润率相乘；②未来财富是由不确定的初始财富乘以不确定的投资组合回报率得到；③通胀紧缩指数调整后的期末财富；④进行海外投资时，期末财富等于外汇汇率乘以国外投资组合的回报率；⑤数量不确定下的单位产品利润风险。在这些情形下，投资者面临的不确定变量都等于标的变量与背景变量的乘积。

非金融资产或者负债与拟投资的资产间的相关性是近来研究关注的重要因素。不少关于背景风险的研究都假设背景资产（或者负债）与金融资产独立，这个假设在大多数实际情况下并不成立，多数实证研究证明了股票收益与劳动收入、房产收益等背景因素的相关系数显著不为零（Heaton and Lucas，2000）。Pratt（1988）认为，如果“相加”性的背景风险和风险资产呈负相关关系，那么两者的总风险比风险资产本身的风险低。Arrondel 和 Pardo（2002）的理论研究表明，如果投资组合风险与背景风险呈低负相关关系，那么投资者最优选择是增加投资组合的风险敞口水平。Tsetlin 和 Winkler（2005）在对“相加”性和“相乘”性的背景风险研究后发现，理解背景风险和风险资产之间的相关性对投资决定非常重要。

2.1.2　均值-方差效用理论框架下引入外生资产或者负债后风险态度的变化

由于大多数研究将金融资产的价格假设为几何布朗运动，而该分布由均值和方差完全确定，因此作为对基于统计非参数分布的期望效用理论的补充，也有很多文献在研究背景资产、背景风险时采用基于参数的效用函数（Markowitz，1952；Tobin，1958；Meyer，1987）。均值-方差效用理论与期望效用理论在许多性质上一致（Meyer，1987）。Eichner 和 Wagener（2003）首次用均值和标准差定义了基于方差的风险脆弱性，并推导出投资者由于背景资产或者负债风险的上升而减少风险资产投资的结论。Lajeri-Chaherli（2003，2004）在均值-方差效用理论框架下研究了恰当风险厌恶和标准风险厌恶，其研究表明当效用函数具有递减型绝对风险厌恶和拟凹性质时，与适当风险厌恶等价，而当具有递减绝对风险厌恶和递减绝对谨慎性质时，则与标准风险厌恶等价。Eichner（2005）则证明了恰当风险厌恶可以直接推导出 Eichner 和 Wagener（2003）的相关结论。Eichner（2008）对均值-方差效用理论进行了较为系统的总结，一方面在该理论框架下引入了 Gollier 和 Pratt（1996）提出的风险脆弱性，另一方面引入均值方差波动性的概念，并将其与递减绝对风险厌恶、风险脆弱性、恰当风险性和标准波动性紧密联系起来。近来也有文献采用均值-方差效用函数研究背景资产或者负债的风险对投资者风险资产需求的影响，Jiang 等（2010）在均值-方差效用理论框架下探讨了背景风险对投资者资产配置选择的影响，分析了有效资产组合的性质以及有效资产组合对投资者对冲背景风险行为的影响。研究表明，背景风险会使投资者风险资产组合的有效前沿右移，同时使对冲背景风险的资产组合发生变化。Eichner 和 Wagener（2012）在均值-方差效用理论框架下研究发现，在风险厌恶弹性超过−1 的情况下，当保险期望损失减小或者保险溢价上升时，保险需求将下降；如果在期望效用理论下，该条件相当于相对风险厌恶系数小于 1。

Eichner 和 Wagener（2009）在均值-方差效用偏好框架下，分析了位置（location）参数、尺度（scale）参数以及一致性（concordance）参数变化对投资者最优风险承担（risktaking）的影响，并且使用期望效用理论的相关性质重新表述了均值-方差效用理论下的上述性质。Eichner 和 Wagener（2012）在均值-方差效用偏好框架下，分析了资产或者负债的背景风险对投资者风险承受能力的影响；对于出现更大的背景风险，从而导致风险承担降低的风险偏好，研究中也给出了充分必要条件；在均值-方差效用偏好框架下，这些充分必要条件可以简化为风险和收益之间的边际替代条件，从而可以通过风险脆弱性、恰当风险厌恶和绝对风险厌恶对充分必要条件进行解释。

总体来看，引入非金融资产后，关于风险资产偏好变化特征的经济学理论为特定背景资产与负债的金融投资问题提供了一般性结论，但不同资产和负债具有不同的收益与风险特征，与金融资产的协方差风险也不同，2.2 节和 2.3 节对此进行了更深入的研究。

2.2 家庭非金融资产的提出、扩展与居民大类资产配置

随着华尔街量化投资需求推动以及 1990 年现代资产组合理论获得诺贝尔经济学奖，将金融资产配置与投资者特定的背景（资产和负债）相结合受到更多关注。下面将现有文献对不同家庭资产的研究分为人力资本、住房资产、社会关系资本、教育资本、健康资本以及公司股权等六个方面展开讨论。

（1）人力资本。在所有背景资产的研究中，关于人力资本的研究最普遍。Bodie 等（1992）采用未来劳动收入的贴现值之和来估计人力资本。引入人力资本后，总财富等于金融财富加人力资本，投资于风险资产的比例为求解变量，选择变量还包括消费、闲暇和劳动，投资者的目标函数可以表示为追求一生期望效用最大

化。该研究认为当投资者逐渐接近退休时，其风险资产的投资比例将逐渐降低，与生命周期投资理论一般结论相符合；同时，该研究也说明了在任意给定年龄，投资者劳动弹性越大，其人力资本的波动性越大，风险资产的投资比例也越高；具有劳动弹性的投资者的风险资产投资比例要大于工作固定的投资者的风险资产投资比例。Bonaparte 等（2014）研究了劳动收入的协方差风险因素对资产配置的影响。他们认为理论上，劳动收入与股市的协方差风险越低，投资者股市参与意愿越强；并利用美国青少年长期追踪调查（The National Longitudinal Survey of Youth，NLSY）数据库，研究证明了当劳动收入与股市的相关系数较低时，居民参与股市的倾向更高，而且持有风险资产的比例也更高。Angerer 和 Lam（2009）在利用 NLSY79 数据库进行实证研究时，把劳动收入风险拆解为持久性收入风险和暂时性收入风险，发现持久性收入风险会显著降低家庭资产组合中风险资产的份额，但是暂时性收入风险不会降低风险资产的份额。Dimmock（2012）发现劳动收入风险等背景风险也会影响机构投资者的资产配置。Palia 等（2014）发现劳动收入波动率会显著降低家庭股市参与概率和持股比例，当家庭的劳动收入与股票收益高度正相关时，家庭投资股票的可能性较小。Palacios（2015）在动态一般均衡模型下给出了具有 Duffie-Epstein（达菲-爱普斯坦）效用函数的居民人力资本的价值和风险，并从理论上证实了如下经济直觉：经济向好时居民工资中用于储蓄和投资的比重可以更低些；人力资本的风险低于股票，这意味着人力资本的风险溢价低于股票的风险溢价；通过对 1950~2007 年的数据校准，他发现人力资本在总财富组合中的权重接近 85%，这一数据从整体上来看正好等于消费占工资的比例；股票回报率与人力资本回报率之间的协方差大于股票回报率与工资增长之间的协方差，这表明使用劳动收入增长作为人力资本的替代变量低估了人力资本对资产价格的影响。

（2）住房资产。住房同时具有消费品和投资品的特征，但这种资产流动性较差、交易成本高，且无法进行分散投资，往往是其他风险资产的替代品。Yao 和 Zhang（2005）属于最为经典的研究之一，他们在居民资产配置模型中加入了住房资产，效用函数是关于一般消费和住房消费的函数，具有 Cobb-Douglas（柯布-道格拉斯）形式，并引入一个参数反映居民住房消费相对于一般消费的重要性，在最优决策情况下，其他消费支出的边际效用正好与住房消费支出的边际效用一致。他们认为如果股市与房地产为正相关关系，为了对冲股票的风险，租房的居民应当提高股票配置的比重，而已购房的居民应减少股票配置的比重。在国外相关的实证研究中，Cocco（2005）对居民资产配置决策进行研究后发现，住房投资会对股票投资产生挤出效应，尤其是对刚购房的年轻居民而言，挤出效应更为明显，因为这些年轻居民一般在还清住房贷款偿后才会投资股票。Heaton 和 Lucas（2000）基于美国消费者金融调查数据库进行研究发现，拥有住房资产的居民拥有的风险资产较少。

Voicu 和 Seiler（2013）研究了住房消费、非住房消费与金融资产配置的关系，在他们的模型中，金融市场与多个核心城市的居民收入以及房价存在协方差风险，居民在某个城市择业的概率向量是外生的，通过引入芝加哥商品交易所上市的住房期货指数来分散购买住房导致的风险，当然这种对冲机制由于跟踪误差以及交易成本的存在并不完善。这一模型可用于研究劳动力市场流动性正逐渐增强的中国居民资产配置，该模型提供了典型示例，即背景住房资产可以通过金融资产进行风险对冲。Chetty 等（2017）对住房的财富效应和挤出效应进行了理论与实证研究。他们得到了一些稳健的结论：对于财富相同的家庭，住房价值增加（相应对应住房抵押贷款上升）将会降低家庭参与股市的倾向，并且降低家庭金融资产中股票资产的配置权重，得到的弹性系数为−0.2；同时，对于相同的房屋价值，家庭财富上升会提高家庭股市的参与度，同时提高家庭金融资产中股票资产的配置权重，得到的弹性系数为 0.3。

（3）社会关系资本。居民的社会关系是一类被实务界广为接受但难以量化的居民非金融资产，如果该资产能够给居民带来正的现金流，那么无疑可列为居民的背景资产，这里用社会关系资本加以表述。Hong 等（2004）在家庭股市参与行为的研究中最早引入了社会关系，家庭在做出资产配置决策时会受到周围社会群体的影响，家庭参与股市的概率和家庭的社会关系变量有显著的正相关关系，主要是因为随着家庭社会关系的增加，家庭参与股市学习的机会随之增加，从而在一定程度上降低了家庭参与股市的成本，提高了家庭参与股市的可能性。Karadas（2019）研究了美国国会议员的社会关系背景与其股票交易业绩的关系。他分析了 61 998 个国会议员在 2004~2010 年的普通股交易，发现议员强烈买入减去强烈卖出的投资组合在一个星期内的收益率超过市场基准组合达到 32%。议员的资金无论是通过投资顾问管理还是自我管理，都显著存在超额收益，另外，即使考虑了议员的交易经验，结果依然保持一致。他认为这些结果证实了议员凭借其政治身份获取的内部信息可使其获得超额收益。

对于社会关系，Massa 和 Simonov（2006）进一步验证了居民在大学时期建立的关系对其投资组合选择的影响最为明显。他们认为由于受共同的校园文化影响、长期友谊和校友网络的发展，同学之间容易形成纽带效应（bonding effect）。将基于大学的社会互动选择的投资组合与其他形式的社会互动（如教育、职业和地域因素）选择的投资组合进行比较，并引入一些其他控制变量，如非金融资产的收入风险对冲、金融知识熟悉程度和信息效应、财富和收入效应、股市趋势和冲量等，结果认为所有社会互动都显著影响股票选择，然而基于大学的社会互动选择的投资组合的系数最为显著。

（4）教育资本。随着越来越多文献将人力资本引入资产配置研究，学界开始关注影响人力资本的若干因素，如受教育程度。Mankiw 和 Zeldes（1991）指出给定收入条件，户主受教育程度越高的家庭，其参与股市的概率越大，二者存在显著的正相关关系，主要由于参与股市存在固定的信息和交易成本，受教育程度较高的投资者更容易克服股市投资信息障碍。Guiso 和 Jappelli（2002）研究发现受教育程度和股市参与之间存在正相关关系，受教育程度会影响个人的永久收入水平和家庭财富的积累，还会影响投资者收集和处理信息的能力，受教育程度对家庭间接持股的影响比对直接持股的影响要更大一些。受教育的一个特例是金融专业知识的教育，较多的研究都主张金融知识属于个人的背景资产，但是对不具有这些知识的人来说，Benartzi 和 Thaler（2001）提出了一个经验法则，采用 $1/N$ 进行资产分散，即将资金均匀分布在可投资的金融组合中。Huberman 等（2007）在实证研究中发现，许多受访者在管理自己的确定供款型养老金时，确实将资金以等权重方式配置在可投资的共同基金中。

（5）健康资本。Grossman（1999）提出了一个关于健康资本的模型。一个典型消费者的跨期效用函数为 $U = U(\Phi_t H_t, Z_t)$（$t = 0,1,\cdots,n$），其中，H_t 表示消费者在 t 年龄时的健康存量；Φ_t 表示每一单位健康存量的服务（或消耗）流量；$h_t = \Phi_t H_t$ 表示第 t 期健康服务的总消费量；Z_t 表示其他商品的消费水平。初始时期的健康存量 H_0 是给定的，但是其他年龄的健康存量则是内生的。与大多数不考虑健康资本的模型不同的是，这里生命存续长度（n）同样也是内生的。特别地，当 $H_t \leqslant H_{\min}$ 时，消费者会死亡。因此生命存续长度是由健康资本的总量决定的，模型在财富动态过程的约束条件下，通过构建健康消费、非健康消费及投资选择的优化组合以实现效用函数最大化。

Denuit 等（2011）建立了一个基于二元效用函数框架的一般模型，研究与健康资本有关的非金融资产对投资者金融资产决策的影响。他们假设投资者追求消费以及健康（并可以推广到生活环境）带来的效用最大化，面临的选择是将资金投资于金融资产还是环境与社会。他们发现，当经济与健康的正相关性下降时，最优储蓄将下降。Halliday（2009）探讨了如何将健康资本引入效用函数。他们在劳动收入的动态过程中加入健康状况，$\omega\varepsilon_j \mathrm{e}^{\eta h_j} n_j$ 表示居民在 j 时刻的劳动收入，$\mathrm{e}^{\eta h_j}$ 表示在生命周期过程中健康 h_j 对劳动收入的影响，ε_j 表示健康以外的因素，如学历对劳动收入的影响。

（6）公司股权。Heaton 和 Lucas（2000）的研究表明，当家庭金融财富水平相同时，持有私营企业股权的居民其上市公司股票财富持有水平较低，这是因为持有私营企业股权类似于进行集中投资，会使投资组合的风险处于较高水平。该研究将这一结论进一步用于分析存在员工持股计划的居民资产配置问题。Polkovnichenko（2005）认为，当收入来自持有股权的企业红利收入时，居民对风险资产的需求会低于依靠劳动收入的居民，但仍然会高于忽略居民收入来源时得到的风险资产需求量。Curcuru 等（2004）发现当居民参与员工持股计划时，由于其持股数量往往较高，且收入与股市表现相关性更强，财富的总风险将上升。

除了以上归纳的六种背景资产，还有一些其他背景资产的相关研究。比如，总部在欧洲的家庭金融与消费联盟（Household Finance and Consumption Network，HFCN）研究发现，家庭是否有互联网接入也会影响到投资组合，因为他们发现财富较高的家庭拥有较多的风险资产，但如果只考虑有互联网接入的家庭，这种财富效应就消失了①。另外，近年来也出现了重点讨论未来剩余时间与资产配置的文献，即对投资期限的进一步研究。经典均值-方差效用理论认为投资者的最优资产配置决策只与投资者的市场预期、风险承受能力相关，而与投资期限无关，但如果将理论假设放宽，风险资产的收益率可能具有时变性特征或者中长期可预测性，则投资期限效应将完全不一样，长期投资者与短期投资者的资产配置将不再相同。多数实证与理论的结果支持投资期限的延长与风险资产的权重存在正的相关关系（Gollier and Zeckhauser，2002）。

2.3　家庭资产到家庭负债模型的建立及居民大类资产配置的主要观点

经典金融经济学并没有在最优投资组合模型中直接提出背景负债的概念，但文献将消费-投资组合决策模型不断拓展至引入消费偏好、在贴现因子中引入条件生存概率，关于未来债务性支出的研究开始逐步增加。文献中两类最重要的负债因子就是通胀因子和老龄因子，其中，通胀因子主要是通过消费支出的价格影响债务形成，老龄因子则影响债务支出的期限。下面分别加以介绍。

（1）通胀因子。消费支出对债务及资产配置的影响。正如会计学中将经常性的收支现金流进行资本化处理一样，居民的经常性支出通过贴现估计形成债务。对居民的金融投资组合问题来说，背景负债来自两方面的经济学概念：消费习惯形成与承诺支出。在传统消费投资选择的优化理论中，当收入下降时，最优消费支出也会下降。但事实上，当金融危机来临时，居民的实际支出并没有下降，一方面是贷款等消费承诺支出，另一方面则是过去几年形成的消费习惯。承诺支出和消费习惯形成都是家庭为满足生活水准而进行的必需支出，但二者又有所区别。

---

① 资料来源于 Arrondel L, Bartiloro L, Fessler P, et al. 2014. How do households allocate their assets? Stylised facts from The Eurosystem Household Finance and Consumption survey[EB/OL]. https://www.ecb.europa.eu/pub/pdf/scpwps/ecbwp1722.pdf[2025-06-27]。

承诺支出是指在未来一段时间内，家庭为了满足基本的生活条件而进行的必需支出（Chetty and Szeidl，2016），包括住房（按揭贷款、租金）、耐用品（车、家具）、服务（保险、水、电、煤）、医疗和教育等，这些支出都是在短期内无法调整或者调整成本较高且客观存在的；而消费习惯形成是指消费者心理上会强烈希望当前消费不得低于过去某个消费水平，避免生活水平下降。从模型上看，承诺支出模型与消费习惯形成模型的一个关键区别是，承诺支出模型能够解释在经济事实中，当发生显著性的收入冲击时，居民消费的敏感系数会下降，即居民的消费行为更呈现出持久收入假说中描述的特征，这一特征事实与消费习惯形成模型得到的结论不一致。此外，消费习惯形成模型与承诺支出模型的理论表述有较大差别。在消费习惯形成模型中，当期消费中的一部分取决于历史消费的平均值。在 Chetty 和 Szeidl（2016）提出的消费承诺支出模型中，CRRA（constant relative risk aversion，定常型相对风险回避）效用函数由可调整消费和有成本调整消费两个部分构成。

与基于期望效用的动态随机模型相比，承诺支出形成的债务在均值方差框架下的分析显得更直观一些。Hoevenaars 等（2008）将具有随机特征的负债引入投资者的战略资产配置中，所有资产和负债都受通胀和实际利率风险的影响，金融资产选择包括股票、政府债券、公司债券、上市房地产、商品和对冲基金。设定资产负债向量 $x_t=\begin{pmatrix}x_{A,t}\\x_{L,t}\end{pmatrix}$，构建均值 $\mu_t^{(\tau)}=\frac{1}{\tau}E_t\left(x_{t+\tau}^{(\tau)}\right)=\begin{pmatrix}\mu_{A,t}^{(\tau)}\\\mu_{L,t}^{(\tau)}\end{pmatrix}$ 和方差 $\Sigma^{(\tau)}=\frac{1}{\tau}\mathrm{Var}_t\left(x_{t+\tau}^{(\tau)}\right)=\begin{pmatrix}\Sigma_{AA}^{(\tau)} & \sigma_{AL}^{(\tau)}\\\sigma_{AL}^{(\tau)'} & \sigma_{L}^{(\tau)2}\end{pmatrix}$，在均值–方差框架下，最优风险资产的配置权重为 $\alpha_t^{(\tau)}=\frac{1}{\gamma}\left[\left(1-\frac{1}{\gamma}\right)\Sigma_{AA}^{(\tau)}+\frac{1}{\gamma}\Sigma_{AA}^{(\tau)}\right]^{-1}\left[\mu_t^{(\tau)}+\frac{1}{2}\sigma_A^2-(1-\gamma)\sigma_{AL}^{(\tau)}\right]$。在该结果中，最优风险资产的权重组合在投机和对冲需求中的分解结果也类似于 Campbell 和 Viceira（2002）中的其他战略投资组合分析。对冲需求来自投资机会集，而对负债的对冲需求部分来自资产和负债之间的协方差。他们通过基于负债和宏观经济状态变量的向量自回归模型，探讨了资产和负债的跨期协方差结构，验证了时间分散、风险分散、通胀对冲和实际利率的期限效应，长期投资者考虑负债因素后更具有优势。

（2）老龄因子。在考虑债务支出的模型中，一个重要的负债因子就是老龄风险，即寿命延长导致的养老资产耗尽。老龄风险的数学表述即条件生存概率 $S_x(t)$（居民 x 岁时在未来 t 时刻仍然生存的概率），在期望效用模型中引入了连续相乘的条件生存概率。生存概率的主要模型是 Lee 和 Carter（1992）提出的模型，即将死亡率的变化分解为时间因子 x 和年龄因子 t，模型表示为 $\ln(m_{t,x})=\alpha_t+\beta_t k_x+\varepsilon_{t,x}$，$m_{t,x}$

表示在时间 x 内年龄为 t 岁的人群的中心死亡率，其中，α_t 与年龄有关，反映分年龄人口死亡率自然对数的平均水平；k_x 表示依赖于时间因子的参数，通常称为死亡指数，反映人口死亡随时间变化的速度；β_t 表示年龄因子对 k_x 的度；$\varepsilon_{t,x}$ 表示均值为 0 的误差项。Cocco 和 Gomes（2012）进一步将该模型修订为 $\ln(m_{t,x})=\alpha_t+\beta_t k_x+c_t\gamma_{t-x}$，他们在生存概率模型中加入的参数 γ_{t-x} 反映了分组效应，并且考虑了生存概率随收入上升而增加的情形。结论认为年龄因子直接导致居民退休支出的刚性上升，因此影响居民的资产配置。他们提出应该设计一种收益与随机生存概率正相关的长寿债券来对冲老龄风险。

老龄因子的另外一个影响是条件生存概率的不同会导致投资期限不同。老龄风险意味着消费投资期限的上升。异质投资期限从背景资产和背景负债两个方面同时影响投资者的大类资产配置，投资期限上升一方面导致具有与债券相似的人力资本上升，另一方面导致债务支出上升。Buraschi 等（2010）进一步从大类资产协方差的随机性角度拓展了 Chacko 和 Viceira（2005）关于异质投资期限的研究。长期投资者的投资组合由短视投资组合 $\frac{1}{\gamma}\Sigma^{-1}\left(E(r_{t+1}-r_{\mathrm{f},t+1}l)+\sigma_t^2/2\right)$ 和对冲需求 $\left(1-\frac{1}{\gamma}\right)\Sigma^{-1}\sigma_{ht}$ 共同构成，其中，Σ 表示协方差矩阵；l 表示单位列向量。这两种需求分别代表了金融资产的投资机会和金融资产与其他经济变量协方差引致的对冲需求。Buraschi 等（2010）发现在单变量随机波动率模型中，投资者对风险资产的对冲需求只相当于短视投资组合的 4.8%，但在包含三个风险资产的模型中，总对冲需求占比迅速上升至 28%，其中协方差引致的对冲需求占比达到 16.9%。

对于背景负债的分析，除了消费支出和老龄因子，Marekwica 等（2013）在关于债务与资产配置的研究中还考虑了税收的因素。该因素会改变居民的投资选择，如美国居民可能一方面通过贷款买房获得房屋所有权，另一方面再租赁房屋居住。这与税收套利有关，购买住房时使用抵押贷款可以获得税收优惠，同时抵押贷款获得的资金即使不用于贷款，投资于养老金账户也可获得税收递延优惠。他们的实证数据证实了这个理论假设。

在本书提到的金融资产以外的背景资产和背景负债中，背景因子的内生性也受到了关注。比如，Waldron（2007）发现 60 岁以上老人如果有社会保障福利则其预期寿命高于其他社会人群。Waldron（2007）和 Cristia（2009）进一步计算了居民退休前平均终生收入与平均预期寿命之间的关系，其结果显著为正。Spaenjers 和 Spira（2015）发现即使年龄相同的人，权益资产配置也存在较大的差异，主观预期寿命可以解释这一现象，主观预期寿命高的人由于投资期限的上升会加大对权益资产的配置，居民如果存在财产馈赠动机则投资期限也会改变。

关于引入资产负债框架后的投资与传统金融资产投资的区别，Bodie（2002）进行了比较好的总结：从时间上看，由单期过渡到多期；从福利的衡量上看，从财富最大到终生消费的物质与闲暇最大；从风险管理技术上看，由风险分散到对冲与保险；从居民投资产品上看，由购买共同基金到结构化产品加生命周期基金、生活费与通胀关联产品等；从定量模型上看，由均值方差到动态规划和或有权益定价；从资本市场预期上看，由利用历史数据估计到利用当前价格隐含收益率与隐含波动率等。

除了 Bodie（2002）的总结，Campbell 和 Viceira（2002）也指出了考虑债务后资产管理与传统思路的不同之处，他们认为通胀关联债券将是真正的实际无风险利率资产，而且它是对冲个人债务最好的工具。正如 Leibowitz 和 Henriksson（1989）指出资产负债框架下的最优投资组合选择是一般情形，而只考虑金融资产的组合选择是特殊情形。

2.4　中国居民家庭金融资产选择的相关研究

随着西南财经大学中国家庭金融调查（China household finance survey，CHFS）、北京大学中国家庭追踪调查（China family panel studies，CFPS）数据库的建立，中国家庭金融的研究文献也逐步完善和深入。下面从经济学理论分析、住房资本背景、社会资本背景、保险资产背景、教育与专业知识背景等方面对我国学者的近期研究进行总结。

（1）经济学理论分析。王治政等（2015）对居民金融资产配置的经济学基础问题进行了梳理。他们基于金融决策框架，从效用函数和市场摩擦视角对家庭资产配置理论研究进展进行了评述，对投资者的递归偏好、风险损失偏好进行了讨论，并指出了推动家庭资产配置理论研究的几个关键问题，包括投资分散、本地情结、有限参与等。李心丹等（2011）在对个体金融决策基本框架及家庭金融特征分析基础上，对近年来国内外家庭金融研究进行系统述评：一是家庭投资决策研究回顾，包括市场参与决策、投资组合决策及交易决策等；二是家庭消费决策研究回顾，包括储蓄行为、住房抵押贷款以及信用卡贷款；三是中国市场家庭金融研究回顾等。

（2）住房资本背景。陈永伟等（2015）分析了住房财富对家庭金融市场参与决策及资产配置决策的影响作用。研究结果表明，住房财富的增加会显著提升家庭金融市场的参与概率，也会提升家庭风险资产的持有比例，即使在使用工具变量法及子样本回归处理了内生性问题后，以上结论依然成立。结果从微观上表明，房地产市场的发展在一定条件下不仅不会抑制金融市场的发展，反而会促进金融市场的发展。

（3）社会资本背景。郭士祺和梁平汉（2014）研究了社会互动与网络信息渠道对中国家庭参与股市决策的影响。首先，他们发现社会互动与网络信息渠道通过传递股市信息推动了家庭的股市参与，并且这两种机制在促进家庭股市参与上有相互替代的关系。其次，高股市参与水平社区中的家庭投资股市的可能性更大，这种社会乘数效应也是由社会互动发挥作用的，并且与替代效应是两个独立发挥作用的渠道。邻里股市投资业绩的异质性会对股市参与造成不同的影响，股市盈利与盈亏平衡都会显著促进股市参与，而投资亏损对股市参与的促进作用并不显著。作为传统的信息渠道，社会互动的作用在互联网时代被网络信息渠道部分替代。

（4）保险资产背景。宗庆庆等（2015）分析了社会养老保险对家庭风险金融资产投资的影响。研究发现：拥有社会养老保险会显著提高家庭持有风险金融资产的可能性和风险金融资产的比重，边际效应分别达到25%和22%。这一结果在控制了家庭的经济水平、人口统计学特征和主观投资风险偏好态度等因素后依旧稳健，他们的解释是社会养老保险能有效地降低未来的不确定性。廖朴和窦金龙（2015）考虑了保险等背景资产和耐用与非耐用支出等债务支出因素。他们在考虑代际收入转移的家庭消费-储蓄决策中，根据消费的特点将家庭消费分为耐用品消费和非耐用品消费，并引入财产保险和人寿保险，讨论家庭在耐用品、非耐用品、保险、风险投资和教育等方面的最优支出决策问题。模拟结果显示，风险投资和人寿保险之间存在替代关系；教育无法替代且独立于个体的风险态度；耐用品组合的折旧率对耐用品消费具有决定性的影响；个体的风险态度和效用折现率都会在较大程度上影响消费和投资需求。周钦等（2015）研究了在医疗保险覆盖下，家庭的预防性储蓄和资产结构问题。他们利用 2002 年中国居民家庭收入调查数据，发现医疗保险会显著改变城市和农村家庭的资产选择，参保家庭更加偏好较高风险水平的资产。王美娇和朱铭来（2015）从微观决策层面出发，分析我国商业健康保险需求的影响因素及商业健康保险购买对非必要消费和整体消费结构的影响。在控制人口统计特征、收入、健康信息和经济主观态度等四个方面因素以后，个人购买商业健康保险行为会促进其非必要消费，同时会对整体消费结构有显著影响而且相比于其他变量影响更为有效。

（5）教育与专业知识背景。秦芳等（2016）实证研究了金融知识对居民商业保险购买行为的影响。结果表明，金融知识的增加提高了我国居民家庭参与商业保险的可能性，并且这种影响在城市和农村家庭中没有显著差异；金融知识的增加提高了我国居民家庭商业保险的参与程度，即金融知识水平越高保费支出也越多。尹志超等（2015）研究了金融可得性对家庭金融市场参与及资产选择的影响。研究发现，金融可得性的提高会促进家庭更多地参与正规金融市场和进行资产配置，同时会降低家庭在非正规金融市场的参与和资产配置。研究还发现，金融可得性提高会通过降低家庭民间借出，使非正规借贷市场供给减少，进而降低民间借入比例。

本书将在现有国内外文献的基础上，从资产配置的经济学理论探讨、背景资产和背景负债引入资产组合管理的拓展与参数估计、特定背景下中国家庭资产组合的问卷与实证研究和差异化管理的个人金融资产组合等四个方面展开更深一步的研究。

第 3 章　引入背景风险后的大类资产配置理论探讨

3.1　基于期望效用理论

3.1.1　理论模型

模型假设效用函数 U 是两阶可导的增函数，且投资者满足严格的风险厌恶条件，即对于 $\forall w$，$U''(w) < 0$。

参考 Arrow（1971）、王江（2006）等的分析模型，投资者期末资产可简化为 $\tilde{w} = \alpha\tilde{x} + \tilde{y}$，其中，$\tilde{x}$、$\tilde{y}$ 表示随机变量，$\tilde{x}$ 表示每单位风险资产超额收益，$\tilde{y}$ 表示背景风险收益；α 表示投资风险资产的单位数量①。为了求得最优投资数量 α^*，需要最大化效用函数：

$$\max_{\alpha} V(\alpha) = E\big(U(\tilde{w})\big) = E\big(U(\alpha\tilde{x} + \tilde{y})\big) \tag{3-1}$$

定理 3-1：对于任意分布的 $\tilde{x}$ 和 $\tilde{y}$，当且仅当 $V'(0) > 0$ 时，$\alpha^* > 0$；如果 $V'(0) \leqslant 0$，则 $\alpha^* \leqslant 0$。

证明：由式（3-1）可得

$$V'(\alpha) = E\big(\tilde{x}U'(\alpha\tilde{x} + \tilde{y})\big) \tag{3-2}$$

$$V'(0) = E\big(\tilde{x}U'(\tilde{y})\big) \tag{3-3}$$

$$V''(\alpha) = E\big(\tilde{x}^2U''(\alpha\tilde{x} + \tilde{y})\big) < 0 \tag{3-4}$$

令 $V'(\alpha) = 0$ 可以求得 α^*。考虑到 $V'(\alpha)$ 是关于 α 的减函数，所以当 $V'(0) > 0$ 时，$\alpha^* > 0$；当 $V'(0) < 0$ 时，$\alpha^* \leqslant 0$。如果该风险资产无法卖空，那么 α 为非负数，即此时 $\alpha^* = 0$。

从定理 3-1 的证明过程可以看出，如果不考虑背景风险这一因素，那么风险资产投资数量只和风险资产超额收益有关，超额收益为正则进行投资，否则就不进行投资或者卖空；如果考虑背景风险这一因素，那么风险资产投资数量同时和风险资产超额收益与背景风险边际效用有关。一般来说，如果风险资产超额收益

---

① 严格地讲，投资者期末资产表达式应加上期初资产 w_0 与无风险收益 $(1 + r_f)$ 的乘积，不过忽略该常数对相关定理不产生实质性影响，且可以让推导更加简洁明了。

与背景风险边际效用呈正相关或低负相关关系，那么风险资产投资数量为正。

在下一个定理之前先证明一个引理。

引理 3-1：假设 $\tilde{x}$、$\tilde{t}$ 在 $\tilde{y}$ 条件下相互独立，且 $E(\tilde{x})>0$，$E(\tilde{t})>0$，有以下结论成立。

（1）如果 $E(\tilde{t}\mid\tilde{y})$ 关于 $\tilde{y}$ 递减（增），且 $E(\tilde{x}\mid\tilde{y})$ 关于 $\tilde{y}$ 递减（增），则 $E(\tilde{x}\tilde{t})>0$。

（2）如果 $E(\tilde{t}\mid\tilde{y})$ 关于 $\tilde{y}$ 递增（减），且 $E(\tilde{x}\mid\tilde{y})$ 关于 $\tilde{y}$ 递减（增），则 $E(\tilde{x}\tilde{t})<E(\tilde{x})E(\tilde{t})$。

（3）如果 $E(\tilde{x}\mid\tilde{y})$ 和 $\tilde{y}$ 独立，则 $E(\tilde{x}\tilde{t})>0$。

证明：依假设得 $E(\tilde{x}\tilde{t}\mid\tilde{y})=E(\tilde{x}\mid\tilde{y})E(\tilde{t}\mid\tilde{y})$。

（1）因为 $E(\tilde{t}\mid\tilde{y})$ 关于 $\tilde{y}$ 递减，$E(\tilde{x}\mid\tilde{y})$ 关于 $\tilde{y}$ 递减，由 $\dfrac{\mathrm{d}E(\tilde{x}\mid y)}{\mathrm{d}E(\tilde{t}\mid y)}=\dfrac{\mathrm{d}E(\tilde{x}\mid y)/\mathrm{d}y}{\mathrm{d}E(\tilde{t}\mid y)/\mathrm{d}y}>0$ 可知，$E(\tilde{x}\mid\tilde{y})$ 和 $E(\tilde{t}\mid\tilde{y})$ 正相关，即 $\mathrm{Cov}\left(E(\tilde{x}\mid\tilde{y}),E(\tilde{t}\mid\tilde{y})\right)>0$，展开得到

$$
\begin{aligned}
&E\left(E(\tilde{x}\mid\tilde{y})E(\tilde{t}\mid\tilde{y})\right)-E\left(E(\tilde{x}\mid\tilde{y})\right)E\left(E(\tilde{t}\mid\tilde{y})\right)\\
&=E\left(E(\tilde{x}\tilde{t}\mid\tilde{y})\right)-E(\tilde{x})E(\tilde{t})\\
&=E(\tilde{x}\tilde{t})-E(\tilde{x})E(\tilde{t})>0
\end{aligned}
\tag{3-5}
$$

所以，$E(\tilde{x}\tilde{t})>E(\tilde{x})E(\tilde{t})>0$。

（2）因为 $E(\tilde{t}\mid\tilde{y})$ 关于 $\tilde{y}$ 递增（减），$E(\tilde{x}\mid\tilde{y})$ 关于 $\tilde{y}$ 递减（增），所以 $E(\tilde{x}\mid\tilde{y})$ 和 $E(\tilde{t}\mid\tilde{y})$ 负相关，即 $\mathrm{Cov}\left(E(\tilde{x}\mid\tilde{y}),E(\tilde{t}\mid\tilde{y})\right)<0$，同式（3-5）展开得到

$$E(\tilde{x}\tilde{t})-E(\tilde{x})E(\tilde{t})<0 \tag{3-6}$$

（3）由条件可知，$E(\tilde{t}\mid\tilde{y})$ 和 $E(\tilde{x}\mid\tilde{y})$ 独立，所以两者也不相关，即 $\mathrm{Cov}\left(E(\tilde{x}\mid\tilde{y}),\ E(\tilde{t}\mid\tilde{y})\right)=0$，同式（3-5）展开可得

$$E(\tilde{x}\tilde{t})-E(\tilde{x})E(\tilde{t})=0 \tag{3-7}$$

定理 3-2：假设 $\tilde{x}$、$U'(\tilde{y})$ 在 $\tilde{y}$ 条件下相互独立，$E(\tilde{x})>0$，如果 $E(\tilde{x}\mid\tilde{y})$ 关于 $\tilde{y}$ 递减，那么 $\alpha^*>0$；如果 $E(\tilde{x}\mid\tilde{y})$ 关于 $\tilde{y}$ 递增，那么 $\alpha^*\leqslant h$，其中 h 为一正的常数；如果 $E(\tilde{x}\mid\tilde{y})$ 和 $\tilde{y}$ 独立，那么 $\alpha^*>0$。

证明：由效用函数的凹性可知，$E\left(U'(\tilde{y})\mid\tilde{y}\right)=E\left(U'(\tilde{y})\right)$ 关于 $\tilde{y}$ 递减。

令 $\tilde{t}=U'(\tilde{y})$，则 $V'(0)=E(\tilde{x}\tilde{t})=E\left(\tilde{x}U'(\tilde{y})\right)$。

由引理 3-1 可知，当 $E(\tilde{x}\mid\tilde{y})$ 关于 $\tilde{y}$ 递减时，$V'(0)>0$，此时 $\alpha^*>0$。同理可

知当$E(\tilde{x}\mid\tilde{y})$关于$\tilde{y}$递增时，那么$V'(0)=E(\tilde{x}U'(\tilde{y}))=E(\tilde{x}\tilde{t})=E(\tilde{x})E(U'(\tilde{y}))\geqslant 0$。由于$E(\tilde{x})E(U'(\tilde{y}))>0$，所以$\alpha^*\leqslant h$，其中$h$为一正的常数；如果$E(\tilde{x}\mid\tilde{y})$和$\tilde{y}$独立，那么$V'(0)=E(\tilde{x}U'(\tilde{y}))=E(\tilde{x}\tilde{t})=E(\tilde{x})E(U'(\tilde{y}))\geqslant 0$，此时$\alpha^*>0$。

定理 3-2 的经济意义是符合直觉的。如果单位风险资产超额收益关于背景风险收益是递减的，那么投资风险资产可以降低整个资产组合的方差，起到分散风险的作用，从而使投资者投资一定数量的风险资产；相反地，如果单位风险资产超额收益关于背景风险收益是递增的，投资者需要做出权衡：一方面，投资风险资产会增加资产组合的方差；另一方面，投资风险资产会增加整个资产组合的收益。当方差增加效用大于收益效应时，投资者将不会投资风险资产，即$\alpha\leqslant 0$；当方差增加效用小于收益效应时，投资者会投资一定数量的风险资产，即$0<\alpha\leqslant h$。此外，如果风险资产超额收益与背景风险收益独立，那么正的收益效应会使投资者做出投资风险资产的决定。

3.1.2 期望效用理论下的资产配置应用分析

在期望效用理论下，本节以$U(w)=-\mathrm{e}^{-c\tilde{w}}$（负指数效用函数，其中$c$表示资产价值）为例进行应用分析。

1. 从风险资产投资最优数量α^*角度探讨

根据前文设定，投资者期末资产总额为$\tilde{w}=\alpha\tilde{x}+\tilde{y}$。假设$\tilde{x}\sim N(u_x,\sigma_x^2)$，$\tilde{y}\sim N(u_y,\sigma_y^2)$，从而$E(\tilde{w})=\alpha u_x+u_y$，$\mathrm{Var}(\tilde{w})=\alpha^2\sigma_x^2+\sigma_y^2+2\alpha\rho\sigma_x\sigma_y$，其中，$\rho$表示$\tilde{x}$与$\tilde{y}$的相关系数。

由于效用函数$U(\tilde{w})=-\mathrm{e}^{-c\tilde{w}}$，目标函数等价于：

$$\max_{\alpha} E(U(\tilde{w}))=E(-\mathrm{e}^{-c\tilde{w}})\Longleftrightarrow\max_{\alpha} cE(\tilde{w})-\frac{1}{2}c^2\mathrm{Var}(\tilde{w}) \tag{3-8}$$

令$f(\alpha)=cE(\tilde{w})-\frac{1}{2}c^2\mathrm{Var}(\tilde{w})=c\alpha u_x+cu_y-\frac{1}{2}c^2(\alpha^2\sigma_x^2+\sigma_y^2+2\rho\sigma_x\sigma_y)$，由$\frac{\partial f(\alpha)}{\partial\alpha}=cu_x-\frac{1}{2}c^2(2\alpha\sigma_x^2+2\rho\sigma_x\sigma_y)=0$，可得

$$\alpha^*=\frac{u_x-c\rho\sigma_x\sigma_y}{c\sigma_x^2} \tag{3-9}$$

由α^*表达式可以得到以下几点结论：①α^*是否大于 0，与u_x、c、ρ、σ_x、σ_y相关，与u_y无关；②α^*和u_x呈正相关关系，而和c、ρ、σ_y呈负相关关系。

α^*的表达式与定理 3-2 所表达的内容基本一致。首先，风险资产的超额收益

越高，投资者就越可能对其进行投资；其次，如果风险资产超额收益和背景风险收益呈负相关关系，那么投资者就会进行风险资产投资；最后，如果风险资产超额收益和背景风险收益呈正相关关系且相关系数越接近 1，那么当风险资产方差较小时，投资风险资产的数量可能为正，当风险资产方差大小超过一定限制时，投资风险资产的数量将小于 0（此时卖空风险资产）。

2. 从确定性等价角度探讨

确定性等价（CE）是期望效用理论中的重要概念，可用于判断某种资产是否值得投资。对风险厌恶的投资者来说，如果某种风险资产值得投资，那么 CE 大于 0，反之 CE 小于 0。假设投资者从风险资产获得的超额收益为 $\tilde{x}$，背景风险收益为 $\tilde{y}$，则期末收益为 $\tilde{w}=\tilde{x}+\tilde{y}$。

假设 $\tilde{x}\sim N\left(u_x,\sigma_x^2\right)$，$\tilde{y}\sim N\left(u_y,\sigma_y^2\right)$，则 $\tilde{x}+\tilde{y}\sim N\left(u_x+u_y,\sigma_x^2+\sigma_y^2+2\rho\sigma_x\sigma_y\right)$，其中，$\rho$ 表示 $\tilde{x}$ 和 $\tilde{y}$ 的相关系数，从而 $E\left(U\left(\tilde{w}\right)\right)=-E\left(\mathrm{e}^{-c\tilde{w}}\right)=-\mathrm{e}^{\frac{1}{2}c^2\left(\sigma_x^2+\sigma_y^2+2\rho\sigma_x\sigma_y\right)-c\left(u_x+u_y\right)}$。

因为

$$\mathrm{CE}=U^{-1}E\left(U\left(\tilde{w}\right)\right)$$

所以

$$-\mathrm{e}^{-cw}=-\mathrm{e}^{-c\mathrm{CE}}=E\left(U\left(\tilde{w}\right)\right)=-\mathrm{e}^{\frac{1}{2}c^2\left(\sigma_x^2+\sigma_y^2+2\rho\sigma_x\sigma_y\right)-c\left(u_x+u_y\right)}$$

从而得到

$$\mathrm{CE}_{\tilde{x}+\tilde{y}}=u_x+u_y-\frac{1}{2}c\left(\sigma_x^2+\sigma_y^2+2\rho\sigma_x\sigma_y\right)$$

当不存在风险资产超额收益 $\tilde{x}$ 时，$\tilde{w}=\tilde{y}$，同理可求出 $\mathrm{CE}_{\tilde{y}}=u_y-\frac{1}{2}c\sigma_y^2$，所以由 $\tilde{x}$ 带来的 $\mathrm{CE}_{\tilde{x}}$ 为

$$\mathrm{CE}_{\tilde{x}}=\mathrm{CE}_{\tilde{x}+\tilde{y}}-\mathrm{CE}_{\tilde{y}}=u_x-\frac{1}{2}c\left(\sigma_x^2+2\rho\sigma_x\sigma_y\right) \tag{3-10}$$

从 $\mathrm{CE}_{\tilde{x}}$ 表达式可以发现，$\mathrm{CE}_{\tilde{x}}$ 是否大于 0，与 u_x、c、ρ、σ_x、σ_y 相关，与 u_y 无关，具体地，和 u_x 呈正相关关系，而和 c、ρ、σ_y 呈负相关关系。当 $\rho>0$ 时，$\mathrm{CE}_{\tilde{x}}$ 和 σ_x 呈负相关关系；当 $\rho<0$ 且 $\sigma_x\leqslant-\rho\sigma_y$ 时，$\mathrm{CE}_{\tilde{x}}$ 和 σ_x 呈正相关关系；当 $\rho<0$ 且 $\sigma_x>-\rho\sigma_y$ 时，$\mathrm{CE}_{\tilde{x}}$ 和 σ_x 呈负相关关系。

针对上述得到的 $\mathrm{CE}_{\tilde{x}}$ 和 α^* 表达式，我们可以通过图形进行分析。令 $u_x=1$，$c=0.5$，$\sigma_y=5$，此时 α^* 和 $\mathrm{CE}_{\tilde{x}}$ 关于 σ_x 和 ρ 的关系可分别用图 3-1 和图 3-2 来展

示。两张图清晰地反映了上文中的结论。从图 3-1 可以发现，在其他条件相同的情况下，风险资产超额收益和背景风险收益的相关系数越小，风险资产最优投资数量越大；当风险资产标准差足够大时，无论相关系数为正还是为负，风险资产最优投资数量都趋向于 0。从图 3-2 可以发现，在其他条件相同的情况下，风险资产超额收益和背景风险收益的相关系数越小，确定性等价越大；当风险资产标准差足够小时，无论相关系数为正还是为负，确定性等价都大于 0；当相关系数小于 0 时，确定性等价先随着风险资产标准差的增加而增加，当风险资产标准差到达某个值时，确定性等价达到最大值，随后确定性等价随着风险资产标准差的增加而减小。

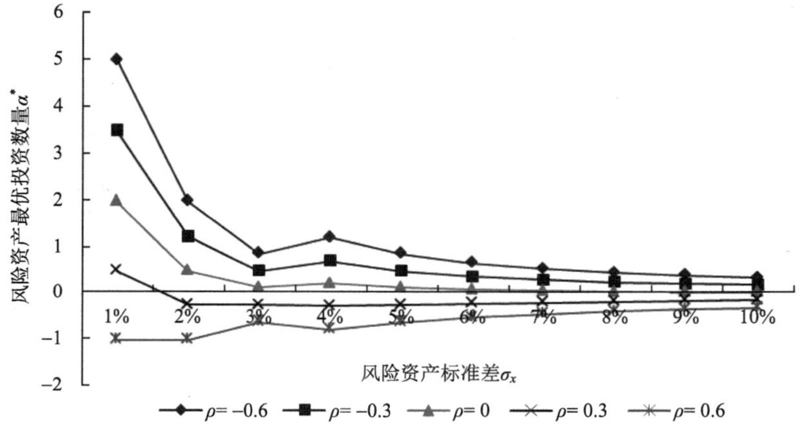

图 3-1　风险资产最优投资数量 α^* 和风险资产标准差 σ_x、相关系数 ρ 的关系

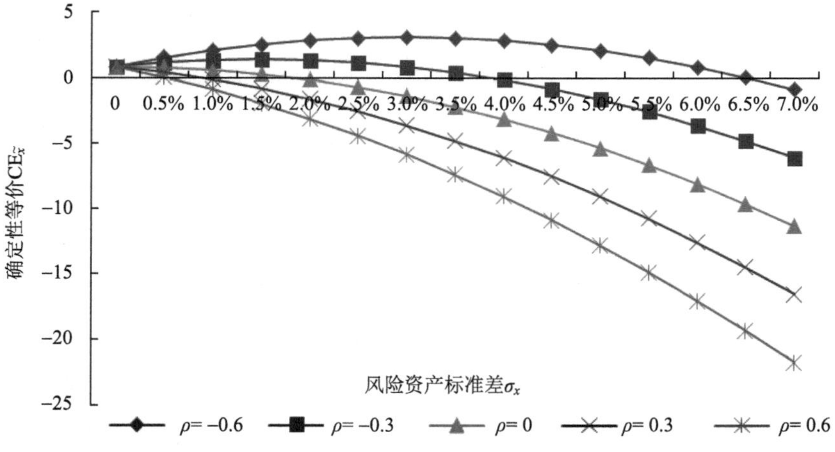

图 3-2　确定性等价 $CE_{\tilde{x}}$ 和风险资产标准差 σ_x、相关系数 ρ 的关系

从上述的讨论可以看出，影响 $CE_{\tilde{x}}$ 和 α^* 的参数及其个数完全相同，且性质基本一致，$CE_{\tilde{x}}$ 和 α^* 的关系就像是一枚硬币的两面。$CE_{\tilde{x}}$ 的应用分析也从侧面论证

了定理 3-2 的合理性。

3.2　基于均值-方差效用理论

3.2.1　理论模型

在均值-方差效用理论下，效用函数$U=U(v,u)$，$U:R_+\times\mathbb{R}\to\mathbb{R}$，其中，$v$表示风险资产方差，$u$表示资产期望。效用函数满足以下条件：$\frac{\partial U(v,u)}{\partial v}<0$，$\frac{\partial U(v,u)}{\partial u}>0$。在 Eichner（2008）建立的均值-方差效用理论框架下，如果效用函数满足递减绝对风险厌恶性质，则(v,u)平面上效用函数的斜率$\gamma(v,u)$满足$\frac{\partial\gamma}{\partial u}\leqslant 0$；如果效用函数满足风险波动性质，则$\gamma(v,u)$满足$\frac{\partial\gamma}{\partial u}\leqslant 0$和$\frac{\partial\gamma}{\partial v}\geqslant 0$。

与期望效用理论相同，投资者期末资产表示为$\tilde{w}=\alpha\tilde{x}+\tilde{y}$，其中，$\tilde{x}$和$\tilde{y}$表示随机变量，$\tilde{x}$表示单位风险资产超额收益，$\tilde{y}$表示背景风险收益；$\alpha$表示风险资产投资数量。由上可以推出$v=\operatorname{Var}(\tilde{w})=\alpha^2\sigma_x^2+\sigma_y^2+2\rho\alpha\sigma_x\sigma_y$，$u=E(\tilde{w})=\alpha u_x+u_y$，因此效用函数$U(v,u)=U\left(\alpha^2\sigma_x^2+\sigma_y^2+2\rho\alpha\sigma_x\sigma_y,\alpha u_x+u_y\right)$。由上可知目标函数：

$$\max_{\alpha}U\left(\alpha^2\sigma_x^2+\sigma_y^2+2\rho\alpha\sigma_x\sigma_y,\alpha u_x+u_y\right) \tag{3-11}$$

对式（3-11）求导，令$\frac{\partial U}{\partial\alpha}=0$，即$(2\alpha\sigma_x^2+2\rho\sigma_x\sigma_y)\frac{\partial U}{\partial v}+u_x\frac{\partial U}{\partial u}=0$，稍作变换得

$$2\alpha\sigma_x^2+2\rho\sigma_x\sigma_y=u_x\left(-\frac{\partial U/\partial u}{\partial U/\partial v}\right)=u_x\frac{1}{\gamma(v,u)} \tag{3-12}$$

由式（3-12）解得

$$\alpha^*=\frac{u_x\frac{1}{\gamma(v,u)}-2\rho\sigma_x\sigma_y}{2\sigma_x^2} \tag{3-13}$$

由α^*表达式可知，α^*的大小与u_x、$\gamma(v,u)$、ρ、σ_x、σ_y有关。从α^*的求解过程来看，只要给定均值-方差效用函数具体形式、风险资产和背景风险的收益风险特征，就可以得到α^*的解。和期望效用理论下的模型一样，当风险资产超额收益和背景风险收益独立时，风险资产投资数量为正。相比于期望效用理论，均

值-方差效用理论下的最优风险资产投资数量的求解过程简单明了。

下面的定理 3-3 和定理 3-4 可以通过 α^* 表达式证明。

定理 3-3：如果效用函数满足递减绝对风险厌恶性质，那么 α^* 和 u_x 呈正相关关系。

递减绝对风险厌恶性质表明投资者的风险厌恶程度随着期望资产的增加而下降，定理 3-3 表明这类投资者会随着风险资产超额收益的增加而增加风险资产的投资。

定理 3-4：如果效用函数满足风险波动性质，当 $\rho \leqslant 0$ 时，α^* 和 σ_x 呈负相关关系；当 $\rho > 0$ 时，α^* 和 σ_y 呈负相关关系。

风险波动性质包含了递减绝对风险厌恶性质，且对风险厌恶程度和资产方差的关系进行了分析，因此满足该性质的效用函数不仅可以推出定理 3-3 的结论，也可以推出定理 3-4 的结论。满足该性质的投资者的风险厌恶程度会随着资产风险的增加而增加，所以其风险资产投资数量一般随着资产风险的增加而下降。

定理 3-5：若投资者期末资产为 $\tilde{w} = \alpha\tilde{x} + r\tilde{y}$，其中 $r > 0$①，表示背景资产的比例。假设效用函数满足风险波动性质。如果满足下列条件 $r\sigma_y + \alpha\rho\sigma_x \leqslant 0$，$u_y \geqslant 0$，则 α 是关于 r 的减函数。

证明：由 $\tilde{w}$ 的表达式可得 $u = \alpha u_x + r u_y$，$v = \alpha^2\sigma_x^2 + r^2\sigma_y^2 + 2r\rho\alpha\sigma_x\sigma_y$。

由求导链式法则，$\dfrac{\partial\gamma}{\partial r} = \dfrac{\partial\gamma}{\partial v}\dfrac{\partial v}{\partial r} + \dfrac{\partial\gamma}{\partial u}\dfrac{\partial u}{\partial r} = \gamma_v\left(2r\sigma_y^2 + 2\alpha\rho\sigma_x\sigma_y\right) + \gamma_u u_y$。由于 $\gamma_v \geqslant 0$，$2r\sigma_y^2 + 2\alpha\rho\sigma_x\sigma_y \leqslant 0$，$\gamma_u \leqslant 0$，$u_y \geqslant 0$，从而 $\dfrac{\partial\gamma}{\partial r} \leqslant 0$。又因为 $U(v,u)$ 为凹函数，所以 $\dfrac{\partial\gamma}{\partial\alpha} \leqslant 0$。

由隐函数定理可知：$\dfrac{\mathrm{d}\alpha}{\mathrm{d}r} = -\dfrac{\partial\gamma/\partial r}{\partial\gamma/\partial\alpha} \leqslant 0$，即 α 是关于 r 的减函数。

3.2.2 均值-方差效用理论下的资产配置应用分析

接下来将使用期望效用理论中的效用函数 $U(w) = -\mathrm{e}^{-c\tilde{w}}$ 在均值-方差效用理论下进行分析。假设 $\tilde{w}$ 为正态分布，则可以得到均值-方差效用理论下的效用函数：

$$U(v,u) = \int_{-\infty}^{+\infty} U(\tilde{w}) f(\tilde{w}) \mathrm{d}\tilde{w} \tag{3-14}$$

其中，$f(\tilde{w})$ 表示正态分布 $N(u,v)$ 的密度函数。通过计算得到

① r 的引入仅为便于讨论背景风险对风险资产投资数量 α 的影响。

$$U(v,u)=\int_{-\infty}^{+\infty}U(\tilde{w})f(\tilde{w})\mathrm{d}\tilde{w}=\int_{-\infty}^{+\infty}\left(-\mathrm{e}^{-c\tilde{w}}\right)f(\tilde{w})\mathrm{d}\tilde{w}=-\mathrm{e}^{-c\left(u-\frac{cv}{2}\right)}$$

该效用函数有如下性质：

$$\frac{\partial U}{\partial v}=-\frac{c^2}{2}\mathrm{e}^{-c\left(u-\frac{cv}{2}\right)}<0 \tag{3-15}$$

$$\frac{\partial U}{\partial u}=c\mathrm{e}^{-c\left(u-\frac{cv}{2}\right)}>0 \tag{3-16}$$

$$\gamma(v,u)=-\frac{U_v}{U_u}=\frac{c}{2}>0 \tag{3-17}$$

由理论模型可知：

$$\alpha^*=\frac{u_x\dfrac{1}{\gamma(v,u)}-2\rho\sigma_x\sigma_y}{2\sigma_x^2}=\frac{\dfrac{2u_x}{c}-2\rho\sigma_x\sigma_y}{2\sigma_x^2}=\frac{u_x-c\rho\sigma_x\sigma_y}{c\sigma_x^2} \tag{3-18}$$

因为该效用函数同时满足递减绝对风险厌恶性质和风险波动性质，因此由定理 3-3 和定理 3-4 可知，α^* 和 u_x 呈正相关关系；当 $\rho\leqslant 0$ 时，α^* 和 σ_x 呈负相关关系；当 $\rho>0$ 时，α^* 和 σ_y 呈负相关关系。式（3-18）也直观地展示了上述定理。此外，式（3-18）的 α^* 表达式和在期望效用理论下以 $U(w)=-\mathrm{e}^{-c\tilde{w}}$ 为例得到的 α^* 表达式相同，这也说明了期望效用理论和均值-方差效用理论有相通之处。

3.3　“相乘”性非金融资产与负债风险下的理论模型

目前为止，本书所讨论的背景风险与风险资产是一种“相加”关系，但还有一种类型的背景风险是“相乘”的关系。比如，当投资者在国外的投资面临汇率波动时，此时汇率因素就是“相乘”性背景风险。这种更加复杂的背景风险在现实中也很常见，有必要对其进行研究。

在“相乘”性背景风险理论模型下，投资者期末资产表示为 $\tilde{w}=(w_1+\alpha\tilde{x})\tilde{y}_1$，其中，$w_1$ 表示期初资产 w_0 和无风险收益 $(1+r_f)$ 的乘积；α 表示投资 α 单位数量的风险资产；$\tilde{x}$ 表示每单位风险资产超额收益；$\tilde{y}_1$ 表示“相乘”性背景风险。

3.3.1　期望效用理论

定理 3-6： 对于任意分布的 $\tilde{x}$ 和 $\tilde{y}_1$，当且仅当 $V'(0)>0$ 时，$\alpha^*>0$；如果 $V'(0)\leqslant 0$，则 $\alpha^*\leqslant 0$。

由上可得

$$V'(\alpha)=E\left(\tilde{x}\,\tilde{y}_1U'\left(\left(w_1+\alpha\tilde{x}\right)\tilde{y}_1\right)\right) \tag{3-19}$$

$$V'(0)=E\left(\tilde{x}\,\tilde{y}_1U'\left(w_1\tilde{y}_1\right)\right) \tag{3-20}$$

$$V''(\alpha)=E\left(\left(\tilde{x}\,\tilde{y}_1\right)^2U''\left(\left(w_1+\alpha\tilde{x}\right)\tilde{y}_1\right)\right)<0 \tag{3-21}$$

令$V'(\alpha)=0$可以求得α^*。考虑到$V'(\alpha)$是关于α的减函数，所以当$V'(0)>0$时，$\alpha^*>0$；当$V'(0)\leqslant 0$时，$\alpha^*\leqslant 0$。如果该风险资产无法卖空，那么α为非负数，即此时$\alpha^*=0$。

定理 3-7: 假设$E(\tilde{x})>0$，关于随机变量z，令$r_{\mathrm{A}}(z)=-\dfrac{E\left(U''(z)\right)}{E\left(U'(z)\right)}$。如果$E(\tilde{x}\mid y_1)$是$y_1$（背景资产）增（减）函数，且$w_1y_1r_{\mathrm{A}}(w_1y_1)<(>)1$，那$\alpha^*>0$；如果$E(\tilde{x}\mid y_1)$是$y_1$增（减）函数，且$w_1y_1r_{\mathrm{A}}(w_1y_1)>(<)1$，那么$\alpha^*\leqslant h$，其中$h$为一正的常数；如果$E(\tilde{x}\mid y_1)$和$y_1$独立，那么$\alpha^*>0$。

证明：令$\tilde{t}=\tilde{y}_1U'(w_1\tilde{y}_1)$，对$E(\tilde{t}\mid y_1)$关于$y_1$求导可得

$$\begin{aligned}\frac{\mathrm{d}E(\tilde{t}\mid y_1)}{\mathrm{d}y_1}&=\frac{\mathrm{d}E\left(y_1U'(w_1y_1)\mid y_1\right)}{\mathrm{d}y_1}=E\left(U'(w_1y_1)\right)+w_1y_1E\left(y_1U''(w_1y_1)\right)\\&=E\left(U'(w_1y_1)\right)\left(1+w_1y_1\frac{E\left(U''(w_1y_1)\right)}{E\left(U'(w_1y_1)\right)}\right)\\&=E\left(U'(w_1y_1)\right)\left(1-w_1y_1r_{\mathrm{A}}(w_1y_1)\right)\end{aligned} \tag{3-22}$$

所以，当$w_1y_1r_{\mathrm{A}}(w_1y_1)<(>)1$时，$\dfrac{\mathrm{d}E(\tilde{t}\mid y_1)}{\mathrm{d}y_1}>(<)0$，即$E(\tilde{t}\mid y_1)$关于$y_1$是增（减）函数。又因为$E(\tilde{x}\mid y_1)$关于$y_1$是增（减）函数，由引理 3-1 可知$V'(0)=E(\tilde{x}\tilde{t})>0$，此时$\alpha^*>0$。定理另外两条结论同理可证。

相比于“相加”性背景风险理论模型，在“相乘”性背景风险理论模型下，风险资产最优投资数量的决定不仅要考虑风险资产超额收益和背景风险收益的关系，而且要考虑投资者期初资产和风险厌恶系数等因素，所以结论也将更加多样化。在期望效用理论下，两种模型的结论存在以下异同点。首先，在“相加”性背景风险模型中，如果风险资产超额收益关于背景风险收益是递减的，那么投资者一定会进行风险资产投资，但在“相乘”性背景风险模型中该结论并不一定成立。如果投资者风险厌恶系数和期初资产规模较小，那么投资者可能不会投资风险资产。其次，在“相加”性背景风险模型中，如果风险资产超额收益关于背景

风险收益是递增的，那么投资者有可能不会投资风险资产，但在“相乘”性背景风险模型中，如果投资者风险厌恶系数和期初资产规模足够小，那么投资者仍会投资风险资产。最后，如果风险资产超额收益和背景风险收益独立，那么在两种背景风险理论模型中，投资者都会进行风险资产的投资。

3.3.2　均值-方差效用理论

期末投资者资产期望 $u = E\left(U\left(\tilde{w}\right)\right) = w_1 E\left(\tilde{y}_1\right) + \alpha E\left(\tilde{x}\tilde{y}_1\right) = w_1 u_{y_1} + \alpha u_{xy_1}$，其中，$u_{y_1}$、$u_{xy_1}$ 分别表示 $\tilde{y}_1$ 和 $\tilde{x}\tilde{y}_1$ 的期望。

$$v = \mathrm{Var}\left(\tilde{w}\right) = \mathrm{Var}\left(\left(w_1 + \alpha\tilde{x}\right)\tilde{y}_1\right) = w_1^2\sigma_{y_1}^2 + \alpha^2\sigma_{xy_1}^2 + 2w_1\alpha\rho\sigma_{y_1}\sigma_{xy_1}$$

其中，$\sigma_{y_1}^2$、$\sigma_{xy_1}^2$ 分别表示 $\tilde{y}_1$、$\tilde{x}\tilde{y}_1$ 的方差。

目标函数如下：

$$\max_{\alpha} U\left(v,u\right) = U\left(w_1^2\sigma_{y_1}^2 + \alpha^2\sigma_{xy_1}^2 + 2w_1\alpha\rho\sigma_{y_1}\sigma_{xy_1}, w_1 u_{y_1} + \alpha u_{xy_1}\right) \tag{3-23}$$

由 $\dfrac{\partial \mathrm{U}}{\partial\alpha} = 0$ 得到

$$\left(2\alpha\sigma_{xy_1}^2 + 2w_1\rho\sigma_{y_1}\sigma_{xy_1}\right)\frac{\partial \mathrm{U}}{\partial v} + u_{xy_1}\frac{\partial \mathrm{U}}{\partial u} = 0 \tag{3-24}$$

从而得到

$$\alpha^* = \frac{u_{xy_1}\dfrac{1}{\gamma\left(v,u\right)} - 2w_1\rho\sigma_{y_1}\sigma_{xy_1}}{\sigma_{xy_1}^2} \tag{3-25}$$

从上面推导过程可以看出，“相乘”性背景风险下的均值-方差效用理论模型与“相加”性背景风险下的模型得到的结果形式基本相同，在 u_{xy_1}、w_1、ρ、σ_{y_1}、σ_{xy_1} 和 $\gamma\left(v,u\right)$ 已知的情况下就可以得到投资者风险资产最优投资数量，因此两种背景风险下的分析框架也基本相同。

和期望效用理论的“相乘”性背景风险模型一样，当风险资产超额收益和背景风险收益独立时，风险资产最优投资数量为正。不过，当风险资产超额收益和背景风险收益负相关时，期望效用理论“相乘”性背景风险模型不能得出风险资产最优投资数量为正的结论，但均值-方差效用理论“相乘”性背景风险模型可以得出此结论。此外，均值-方差效用理论“相乘”性背景风险模型即使没有给出具体的效用函数形式，依然可以得到风险资产最优投资数量的表达式，这也使分析各变量对风险资产最优投资数量 α^* 的影响时更加简洁直观。

3.4 两种效用理论模型的对比

期望效用理论和均值-方差效用理论下的模型主要有以下异同点。

首先，两种理论模型假设不同。期望效用理论模型中的假设较均值-方差效用理论模型中的假设更严格。

其次，两种理论模型复杂程度不同。在期望效用理论“相乘”性背景风险模型中，当效用函数形式和相关收益分布较为复杂时，风险资产最优投资数量的求解可能需要非常复杂的数学计算，且某些结论较难理解；而均值-方差效用理论处理“相加”性及“相乘”性背景风险模型的过程都较为直观，且在求解的过程中将效用函数、收益分布两个因素分开，大大简化了风险资产最优投资数量的计算过程。

再次，两种理论模型结论有差异。期望效用理论模型得出的结论与风险资产超额收益和背景风险收益的相关关系、投资者的期初资产和风险厌恶程度密切相关；而均值-方差效用理论模型得出的结论和效用函数斜率的性质紧密相关。

最后，两种理论模型有相通之处。一方面，在“相加”性背景风险模型应用分析中，两者可以推导出相同的风险资产最优投资数量；另一方面，当风险资产超额收益和背景风险收益独立时，两者推导出的风险资产最优投资数量为正。

3.5 理论模型结论与应用

3.5.1 理论模型结论

为了研究“相加”性和“相乘”性背景风险对资产配置的影响，本章通过期望效用理论和均值-方差效用理论对其进行了理论建模，并得到以下几点结论。

（1）在两种效用理论模型下，只要风险资产超额收益与背景风险收益独立，风险资产正收益效应会使风险资产投资数量为正。

（2）在期望效用理论框架下的“相加”性背景风险理论模型表明，如果风险资产超额收益与背景风险边际效用呈正相关或低负相关关系，那么风险资产投资数量为正；如果风险资产超额收益关于背景风险收益是递减的，那么投资风险资产可以降低资产方差，从而使风险资产投资数量为正；相反地，如果风险资产超额收益关于背景风险收益是递增的，投资者需要在方差增加效应和收益效应中做出权衡。

（3）在均值-方差效用理论框架下的“相加”性背景风险理论模型表明，风险资产投资数量和风险资产期望与方差、背景风险方差、背景风险收益与风险资产超额收益的收益相关系数以及投资者风险厌恶相关；如果效用函数满足递减绝对风险厌恶性质，那么风险资产投资数量和风险资产超额收益呈正相关关系；如果效用函数满足风险波动性质，当背景风险与风险资产的收益相关系数非正时，风险资产投资数量和风险资产收益方差呈正相关关系；当背景风险与风险资产的收益相关系数为正时，风险资产投资数量和背景风险收益方差呈负相关关系；在背景风险因素为不受欢迎的（undesirable）条件下，如果投资者的效用函数具有风险波动性，那么其投资更加保守，风险资产投资数量也会降低。相比于期望效用理论框架下的“相加”性背景风险模型，均值-方差效用理论框架下的“相加”性背景风险模型中的风险资产最优投资数量的求解更加容易。

（4）在期望效用理论框架下的“相乘”性背景风险理论模型表明，风险资产投资数量的决定不仅要考虑风险资产超额收益和背景风险收益的关系，而且要考虑投资者期初资产和风险厌恶系数等因素，所以结论更加多样性。在“相加”性背景风险理论模型中的部分结论在“相乘”性背景风险理论模型中不一定成立。比如，在“相加”性模型中，如果风险资产超额收益关于背景风险收益是递减的，那么风险资产投资数量为正，但在“相乘”性模型中，如果投资者风险厌恶系数和期初资产规模较小，那么风险资产投资数量可能为负；在“相加”性模型中，如果风险资产超额收益关于背景风险收益递增，那么风险资产投资数量可能为负，但在“相乘”性模型中，如果投资者风险厌恶系数和期初资产规模足够小，那么风险资产投资数量可能为正。

（5）在均值-方差效用理论框架下，“相乘”性与“相加”性背景风险理论模型得到的投资数量表达式形式基本相同，只要给定均值-方差效用函数具体形式、风险资产、期初资产和背景风险收益的风险特征，就能够得到投资者风险资产最优投资数量，因此可以沿用“相加”性背景风险理论模型来进行相关分析。

3.5.2　理论模型应用

本章建立的期望效用理论和均值-方差效用理论模型有以下几个重要的应用方向。

（1）投资决策。这是理论模型最重要的应用方向。理论模型研究表明，风险资产的配置不能忽略背景风险因素，也不能忽略风险资产和背景风险之间的相关性。投资者做投资决策之前，需要尽可能精确地估计风险资产和背景风险的相关性，从而提高投资决策的准确性。

（2）推断竞争者风险偏好。个人或者集体在进行投资决策时，往往会对竞争者的风险偏好进行研究。对竞争者之前的投资决策进行研究时，如果忽略了与决策相关的竞争者背景风险因素，那么就会低估或者高估竞争者的风险偏好水平。比如，竞争者非常厌恶风险，但由于背景风险因素的存在，投资了某个收益一般且风险较高的资产，如果忽略了竞争者的背景风险因素，那么评估结果往往会低估竞争者的风险厌恶水平，从而使自身的投资决策受到负面影响。

（3）股权溢价之谜的解释。股权溢价之谜指的是股票收益率远远超过无风险收益率的现象，针对这个现象的解释是投资者的相对风险厌恶系数非常高。本章的理论模型研究可以为股权溢价之谜的解释提供思路。如果背景风险与股权资产呈正相关关系，那么背景风险可以理解为股权资产的一种替代品；如果背景风险与股权资产呈负相关关系，那么背景风险可以理解为股权资产的一种互补品。很显然，当两者之间的关系体现为替代品时，就有可能出现股权溢价的现象。

第 4 章　家庭负债因子与最优资产选择

传统的家庭资产组合选择模型并没有直接包含家庭负债的概念，但随着生命周期资产配置理论的发展，开始有学者在消费-投资组合决策模型中引入借贷约束、消费偏好，以及通过贴现因子引入条件生存概率，关于负债与家庭资产组合配置的研究逐步增加。接下来本章将从家庭负债属性的角度，分别对金融负债、非金融负债与家庭资产组合选择的相关研究进行梳理。

4.1　家庭负债因子与家庭资产选择文献

4.1.1　家庭金融负债

当前关于家庭负债与家庭资产组合选择的研究，主要集中在住房抵押贷款、消费贷款等显性金融负债，家庭负债对房产、金融资产等家庭资产的影响大体可分为债务内生和债务外生两个研究方向。

1. 将家庭债务视为内生选择变量

该类研究主要应用于跨期消费模型中，家庭负债被视为居民平滑消费的重要途径之一，其中最具代表性的为 Attanasio（1999）提出的“钟形收入理论”，该理论的观点是年轻时负债消费，收入提升后再增加储蓄还债，老年则通过消耗储蓄进行消费。因此主要的研究逻辑是从负债与消费之间的相互关系出发，进而探究对资产组合选择的影响。此外，是否持有房产和金融资产也将对家庭的负债行为产生影响，Debelle（2004）研究指出，房价上涨带来的资产抵押价值的提升将促使家庭增加负债；Del-Rio（2005）研究发现没有金融资产的家庭更有可能进行借款。

2. 将家庭债务视为外生给定变量

该类研究主要是从家庭借贷约束的角度出发，通过分析借贷约束与家庭负债行为之间的相关性，探究家庭负债对家庭资产组合选择影响。Koo 等（2016）在消费-投资组合决策模型中引入借贷约束，他发现投资人会降低对无风险资产的配置比例去配置其他非流动资产，以破除借贷约束获得贷款。但 Guiso 等（1996）研究指出拥有借贷约束的家庭会被迫持有更多的预防性资产，从而减少对高风险资产的持有。国内的相关研究也得出了类似的结论，如段军山和崔蒙雪（2016）研究指出借贷约束通过提高家庭的风险厌恶度从而减少对股票和房产的投资；王聪和田存志（2012）通过实证研究发现，借贷约束将降低家庭参与金融市场的概率以及对股票资产的配置比例。

4.1.2　家庭负债因子与家庭资产组合选择

相比于家庭金融债务，关于家庭非金融债务与家庭资产组合选择的研究并不丰富，主要是由于在传统的家庭资产负债表分析框架下，无法对非金融债务这类无形负债进行定义及估值。因此，本节首先回顾了已有关于家庭资产负债的研究，其次梳理了家庭负债因子的识别和估计方法，最后对当前主流的家庭资产组合管理理论及应用模型进行了总结。

1. 家庭经济范式下的资产负债表

最早对家庭资产负债表进行拓展的是 Wilcox（2006）提出的修正的资产负债表，其主要贡献在于从住户全生命周期的角度出发，运用未来预期现金流贴现的思想对家庭的资产和负债项目进行估值。比如，将退休后预期的养老支出的贴现值作为负债，将应对未来消费支出而提前进行储蓄的现值作为资产，资产扣除负债后的盈余即可支配财富。该分析框架以最大化可支配财富的增长率为最终目标，广泛应用于个人养老金的组合管理中。

Rudd 和 Siegel（2014）在 Wilcox（2006）的基础上进一步提出家庭经济范式下的资产负债表，以市值对资产负债项目进行估计，即将未来现金流贴现的估值思想应用于所有的资产负债项目，使更多的非金融资产和非金融负债被纳入分析框架，如人力资本（未来劳动收入的贴现值）、房产等非现金交易的经济资产，以及消费负债（未来预期的消费支出的贴现值）、税负等经济负债。该研究的后半部分同时指出，应当考虑未来收入和支出的不确定性，从全生命周期的角度进行家庭资产配置，将当期收入-支出现金流的匹配转化为对家庭资产-负债的管理，通过合理配置资产积累盈余来支付负债。

因此，相比于传统的资产负债表，家庭经济范式下的资产负债表是研究家庭资产-负债管理的有力分析工具。一方面，对资产负债项目进行资本化处理，使过去难以识别和估计的无形资产和负债被纳入分析框架；另一方面，考虑了未来收入支出在规模和贴现期限上的不确定性，将仅关注资产风险的家庭资产组合选择研究进一步拓展至研究家庭负债风险及与资产的相关性风险。

2. 家庭负债因子的识别及估计：通胀因子与老龄因子

在家庭经济范式下的资产负债表中，可将家庭未来消费支出的资本化值视为家庭的隐性消费负债。通过对文献的总结，家庭隐性消费负债中最重要的两类负债因子为通胀因子和老龄因子。

1）通胀因子

通胀因子反映的是消费价格变化对家庭消费支出的影响，而少有学者考虑消费量变化的影响，主要原因在于诸多研究均认为居民消费存在惯性。Chetty 和 Szeidl（2016）指出可将居民的消费支出分为消费承诺支出和消费习惯形成，其中消费承诺支出为住房贷款、耐用品消费等，几乎不发生变化；消费习惯形成则是由于消费者心理上强烈希望当前生活水平不低于过去某个值，而保持了原有的消费水平。这一理论在实证中也得到验证，即使是在金融危机中，家庭的实际消费支出并没有下降。因此，通胀因子可以较好地反映家庭债务性支出的变化。

关于通胀因子的估计有以下三种方法：①Martellini 和 Milhau（2010）在主权财富基金资产配置的研究中，以服从均值回复过程的通胀率作为通胀因子的代理变量；②以通胀率为基准，通胀为负时不做调整，即通胀因子的估计为 $\prod_{t=1}^{N}\left\{\max\left(1,1+\text{inflation rate}(t)\right)\right\}$；③通胀率与权益类资产挂钩，通胀因子的估计为 $\prod_{t=1}^{N}\left\{\max\left(1,1+b\times\text{equity rate}(t)\right)\right\}$，$b$ 为挂钩系数。

2）老龄因子

老龄因子反映的是平均寿命延长对家庭未来支出贴现值的影响。在养老金管理中常用老龄风险来衡量，即平均寿命延长导致资产可能被提前耗尽的风险。Milevsky（2006）提出以实际寿命超预期所导致的资产被提前耗尽的概率作为老龄风险的度量。在家庭资产配置领域，主要用生存概率来计算老龄因子。Lee 和 Carter（1992）使用随机离散模型预测死亡率，Milevsky 和 David Promislow（2001）发展了随机连续模型。Ibboston 等（2007）将死亡率作为人力资本的损耗纳入生命周期的资产配置模型，分析老龄风险对家庭金融资产配置的影响。

3. 关于负债与家庭资产组合选择的理论分析

关于负债与家庭资产组合选择的关系，最早由 Sharpe 和 Tint（1990）从定性分析的角度指出，债务与资产的协方差是家庭考虑负债后改变资产配置的主要因素。Amenc 等（2009）研究指出，如果能对资产和负债实现期限和现金流的完全匹配，那么资产组合可以始终支持未来债务性现金流出。所以在资产组合管理模型中考虑负债的影响后，应当增加与债务正相关资产的配置，以对冲债务支出提升的风险。该思想在主权财富管理领域得到广泛应用，主要是因为主权财富基金的支出项目常常受到外汇、大宗商品价格及通胀率的影响，所以其负债与金融资产之间存在较强的相关性，常通过资产配置来对冲相关负债风险。

类似的逻辑同样可以应用在家庭资产配置领域，如宏观因素导致的通胀风险将同时影响家庭的消费负债以及金融资产的收益表现，因此家庭消费负债与金融资产之间也存在协方差风险，理论上家庭居民可通过资产配置对负债风险进行对冲。在家庭资产配置领域讨论负债风险的研究寥寥，仅有 Huang 和 Milevsky(2011)基于生命周期耗尽风险最小模型研究了退休家庭如何在通胀连接债券基金和普通投资基金之间进行配置，以实现对通胀风险的最优对冲，但没有考虑其他家庭负债风险对家庭资产组合选择结果的影响。

4. 包含负债因素的家庭资产组合选择模型

从目前的研究来看，考虑负债的资产组合选择模型主要是在传统资产组合选择模型的基础上引入负债变量。传统的资产组合选择模型主要包括静态和动态两类。其中，静态资产组合选择模型中最具代表性的为 Markowitz（1952）提出的现代资产组合理论，即首先通过最大化夏普比率（Sharpe ratio）求得最优的风险资产组合，其次根据个人的风险偏好确定无风险资产和风险资产的配置比例；动态资产组合选择模型主要是基于消费-投资组合选择框架，较为经典的是 Samuelson（1969）、Merton（1969，1971）提出的包含人力资本的终生消费-投资组合选择模型，将消费支出、投资决策作为内生变量，通过最大化终生消费效用求解最优的投资和消费。因此，考虑负债的资产组合选择模型也演化出了均值-方差效用理论下的静态资产组合选择模型和基于消费-投资组合选择框架的动态资产组合选择模型两类。

1）包含负债因素的静态资产组合选择模型

Elton 和 Gruber（1992）、Keel 和 Müller（1995）均提出了均值-方差框架下的考虑负债的资产组合选择模型。其主要构建思想为将负债视为负的资产纳入传统的均值-方差模型中，将对资产组合最优风险收益比的选择问题转化为扣除负债后的盈余资产风险收益比的最优选择问题。

2）包含负债因素的动态资产组合选择模型

最早在动态资产组合选择模型中引入负债因素的是 Merton（1993），他在大学捐赠基金的资产配置研究中考虑了学校各项支出构成的背景负债，以及投资收益等背景资产与未来支出 Weiner（维纳）项之间的相关性风险。其研究发现背景资产、背景负债自身的风险以及与金融资产之间的协方差风险，均会影响金融资产的配置结果。Dimmock（2012）从实证的角度对 Merton（1993）的模型结论进行了验证，发现大学捐赠基金背景资产的波动率与其股票持有比例之间呈负相关关系。

总之，目前关于家庭负债与家庭资产组合选择的研究有以下两大特点。第一，从债务属性上看，对金融债务与家庭资产组合选择的研究已较为丰富，而对于以消费负债为代表的家庭非金融负债与家庭资产组合选择的研究仍较少，并没有学者系统地对家庭负债因子进行识别和估计，也没有学者从对冲家庭负债风险角度研究家庭资产组合选择行为。第二，从理论模型上看，包含负债因素的资产组合选择模型在消费-投资组合选择框架下的动态资产组合选择领域中已有较完善的发展，而少有学者在基于马科维茨经典理论的静态资产组合选择模型中讨论负债因素对资产组合选择的影响。目前仅在主权财富基金管理领域有较多的应用，并没有学者在家庭资产组合选择领域运用静态资产组合选择模型来探究家庭负债对资产组合选择的影响。

基于此，本章将系统地对家庭负债因子进行识别并提出相应的估计方法，同时在传统的均值-方差静态资产组合选择模型中纳入负债因素，并应用于家庭最优资产组合选择的研究，包括理论模型的构建推导以及结合数据求解家庭最优资产组合配置。

4.2　考虑负债因子的家庭资产组合选择模型

4.2.1　理论框架

根据近年来国内外关于家庭资产及负债的研究，整理得到如表 4-1 所示的家庭经济范式下的资产负债表。

表 4-1　家庭经济范式下的资产负债表

<table>
<tr><th colspan="2">资产</th><th colspan="2">负债及权益</th></tr>
<tr><td rowspan="2">金融资产</td><td>无风险资产</td><td rowspan="3">消费负债</td><td>消费习惯形成的债务估计贴现值之和</td></tr>
<tr><td>风险资产</td><td>消费承诺支出的债务估计贴现值之和</td></tr>
<tr><td rowspan="7">非金融资产</td><td rowspan="3">人力资本：预期的人力资本现值</td><td>生活方式支出贴现值和</td></tr>
<tr><td rowspan="3">或有消费支出</td><td>或有子女教育支出贴现值和</td></tr>
<tr><td>或有馈赠与捐赠贴现值</td></tr>
<tr><td rowspan="4">房产</td><td>居民或有所得税、房产税的贴现值和</td></tr>
<tr><td>住房贷款</td><td>居民或有的购房支出</td></tr>
<tr><td rowspan="2">其他贷款</td><td>居民或有消费贷款</td></tr>
<tr><td>流动性贷款</td></tr>
<tr><td rowspan="3">其他资产</td><td>其他公司股权</td><td colspan="2" rowspan="3">个人及家庭盈余</td></tr>
<tr><td>健康资本</td></tr>
<tr><td>社会关系资本</td></tr>
</table>

本节在模型变量的设定上主要关注负债端的消费负债，即家庭未来消费支出的贴现值之和；资产端主要关注家庭对可识别的风险资产的配置，包括股票资产及债券资产的大类配置，以及股票资产中对二级行业的配置，核心讨论风险资产与家庭负债之间的协方差风险对最优风险资产组合选择结果的影响。

在模型的构建上，总体思路是基于马科维茨均值-方差资产组合理论，将家庭负债视为负的资产纳入传统的资产组合选择模型，以盈余资产增长率的最大化为目标函数，推导求得考虑家庭负债前后家庭资产配置的最小方差组合、有效组合及最优风险资产组合的解析解，为求解最优组合的数值解及负债因素对最优组合权重的敏感性分析提供理论模型基础。

4.2.2　模型构建

（1）对于家庭资产 A，本节假设居民的可投资资产为风险资产 $A_i\left(i \in I=(1,2,\cdots,N)\right)$，对应资产收益率为 $\tilde{R}_A$，本节主要考虑股票资产及债券资产。

（2）对于家庭负债 D，本章将家庭经常性消费支出视为家庭的主要负债。由于消费负债并不具备交易属性，无法用市场价值来估计，参考 Wise（1984）提出的可以将固定资金在各期的随机再投资收入之和等价于以某个固定利率投资债券收入之和，本节将未来各期随机性消费支出的贴现值之和作为家庭负债 D，得到负债增长率 $\tilde{R}_D$。

（3）对于盈余资产 S，本节定义家庭盈余资产为家庭资产减家庭负债，盈余资产增长率为 $\tilde{R}_S$，其中：

$$S=A-D \tag{4-1}$$

（4）对于最优化问题，本章以盈余资产增长率的最大化为最终目标。遵循均值-方差资产组合理论，即在给定期望收益率 μ_A 下，最小化盈余资产增长率的方差，其中，μ_S 表示盈余资产的给定收益率；投资策略 $x=(x_i)_{i\in I}$ 表示各个资产的配置比例。

$$\begin{gathered}\min_x \operatorname{Var}\left(\tilde{R}_S(x)\right)\\ \text{s.t.}\quad E\left(\tilde{R}_S(x)\right)\geqslant \mu_S;\ \sum_{i\in I}x_i=1\end{gathered} \tag{4-2}$$

假设随机变量资产收益率 $\tilde{R}_A$、负债增长率 $\tilde{R}_D$ 服从正态分布。正态分布的线性组合仍为正态分布，由式（4-1）可得到盈余资产增长率 $\tilde{R}_S$ 也服从正态分布。

若期初资产为 A_0，期初负债为 D_0，可得到期初家庭盈余资产 $S_0=A_0-D_0$。下一时期家庭资产 $\tilde{A}_1=A_0[1+\tilde{R}_A(x)]$，家庭负债 $\tilde{D}_1=D_0[1+\tilde{R}_D(x)]$，则盈余资产 $\tilde{S}_1=\tilde{A}_1-\tilde{D}_1=A_0[1+\tilde{R}_A(x)]-D_0[1+\tilde{R}_D]$，可推得

$$\tilde{S}_1 - S_0 = A_0\tilde{R}_A(x) - D_0\tilde{R}_D \tag{4-3}$$

由正态分布假设可进一步推得

$$\tilde{R}_S = \frac{\tilde{S}_1 - S_0}{S_0} = \frac{\tilde{S}_1 - S_0}{A_0} = \tilde{R}_A(x) - l_0\tilde{R}_D \tag{4-4}$$

其中，$l_0 = \dfrac{D_0}{A_0}$ 表示期初家庭负债率。

假定家庭为风险厌恶型投资者，效用函数为 $U = \dfrac{W^{1-r} - 1}{1-r}$，风险厌恶系数 $r \geqslant 0$。在马科维茨均值-方差框架下，将考虑负债后的最优化问题式（4-2）转变为求解问题：

$$\min_x \operatorname{Var}\left(\tilde{R}_A(x) - l_0\tilde{R}_D\right) \tag{4-5}$$

$$\text{s.t.}\quad E\left(\tilde{R}_S(x)\right) \geqslant r_S;\ \sum_{i\in I} x_i = 1$$

其中，$\tilde{R}_A$ 表示风险资产组合收益率，$\tilde{R}_A = \sum_{i\in I} x_i \tilde{R}_i$，$\tilde{R}_i$ 表示第 i 个资产的收益率；I 表示风险资产集合；x 表示组合投资策略，$x = (x_i)_{i\in I}$；r_S 表示家庭对盈余资产的风险承受能力，基于幂函数的效用函数假设，等同于风险厌恶系数 r 的倒数。

若变量 $\tilde{R}_D$、$\tilde{R}_i$ 的均值和方差均存在，式（4-5）等价于求解：

$$\min_{x\in R^n} \left(\frac{1}{2}\sum_{i,j\in I} x_i V_{ij} x_j - l_0 \sum_{i\in I} \gamma_i x_i\right) \tag{4-6}$$

$$\text{s.t.}\quad \sum_{i\in I} \mu_i x_i \geqslant \mu_S \tag{4-6a}$$

$$\sum_{i\in I} x_i = 1 \tag{4-6b}$$

其中，V_{ij} 表示风险资产收益率的协方差矩阵，$V_{ij} = \operatorname{Cov}(\tilde{R}_i, \tilde{R}_j)$（$i, j \in I$）；$\gamma_i$ 表示风险资产收益与负债的协方差矩阵，$\gamma_i = \operatorname{Cov}(\tilde{R}_i, \tilde{R}_D)$（$i \in I$）；$\mu_i$ 表示风险资产平均收益率，$\mu_i = E(\tilde{R}_i)$（$i \in I$）。

4.2.3　模型求解

本节先提出如下假设。

A1：风险资产收益率的方差-协方差矩阵 $V = (V_{i,j})_{i,j\in I}$ 为正则矩阵。

A2：风险资产的期望收益不完全相同，即存在风险资产 $i, j \in I$，使 $E(\tilde{R}_i) \neq E(\tilde{R}_j)$。

若假设 A1 和 A2 同时满足，可以得到以下结论：①最优化问题是式（4-6）

存在唯一解 x^*；②且式（4-6）存在解 $x^{\min}$，使资产组合预期收益率 $\mu_S^{\min}=\mu_S(x^{\min})$；③当且仅当 $\mu_S \geqslant \mu_S^{\min}$ 时，式（4-6）中约束条件（4-6a）的等号成立。

根据 Kuhn-Tucker（库恩-塔克）条件，式（4-6）的最优化问题等价于求解：

$$Vx^* - l_0\gamma - \lambda\mu - \upsilon e = 0,\ \lambda \geqslant 0, \upsilon \in R \tag{4-7}$$

$$\mu x^* = \mu_S \tag{4-8}$$

$$e^{\mathrm{T}} x^* = 1 \tag{4-9}$$

其中，V 表示风险资产收益率的方差-协方差矩阵，$V=(V_{ij})_{i,j\in I}$；γ 表示风险资产收益率与家庭负债因子的协方差矩阵，$\gamma=(\gamma_i)_{i\in I}$；$\mu$ 表示风险资产的平均收益率，$\mu=(\mu_i)_{i\in I}$；$e^{\mathrm{T}}=(1,1,\cdots,1)\in R^n$。

1. 最小方差组合

求解最小方差组合 $x^{\min}$ 考虑最优化问题式（4-6）在松弛条件为 0 的情形不成立，即式（4-7）中 $\lambda=0$，根据式（4-7）及式（4-9）即可推得最小方差组合 $x^{\min}$：

$$x^{\min} = l_0 V^{-1}\gamma + l_0 \frac{1}{e^{\mathrm{T}}V^{-1}e}\left(\frac{1}{l_0} - e^{\mathrm{T}}V^{-1}\gamma\right)\cdot V^{-1}e \tag{4-10}$$

或者

$$x^{\min} = \frac{1}{e^{\mathrm{T}}V^{-1}e}V^{-1}e + l_0\left(V^{-1}\gamma - \frac{e^{\mathrm{T}}V^{-1}\gamma}{e^{\mathrm{T}}V^{-1}e}V^{-1}e\right) \tag{4-11}$$

进一步对式（4-11）中 l_0 分情况讨论：

（1）$l_0=0$ 时，$x^{\min}=\frac{1}{e^{\mathrm{T}}V^{-1}e}V^{-1}e$，即不考虑负债情况下的最小方差组合 $\hat{x}^{\min}$：

$$\hat{x}^{\min} = \frac{1}{e^{\mathrm{T}}V^{-1}e}V^{-1}e \tag{4-12}$$

（2）$l_0 \neq 0$ 时，$x^{\min}=\hat{x}^{\min}+l_0\left(V^{-1}\gamma - \frac{e^{\mathrm{T}}V^{-1}\gamma}{e^{\mathrm{T}}V^{-1}e}V^{-1}e\right)$，将左式中等号右边第二项定义为

$$z^{\min} = l_0\left(V^{-1}\gamma - \frac{e^{\mathrm{T}}V^{-1}\gamma}{e^{\mathrm{T}}V^{-1}e}V^{-1}e\right) \tag{4-13}$$

其中，$\sum_{i\in I} z_i^{\min} = 0$。

进一步可得到

$$x^{\min} - \hat{x}^{\min} = z^{\min} = l_0\left(V^{-1}\gamma - \frac{e^{\mathrm{T}}V^{-1}\gamma}{e^{\mathrm{T}}V^{-1}e}V^{-1}e\right) \tag{4-14}$$

从式（4-14）中可以发现，考虑负债后最小方差组合的变动 $z^{\min}$ 一方面与风险资产自身风险 V 有关，另一方面与风险资产收益率和家庭负债因子的协方差矩阵 γ 呈线性相关。对式（4-14）进行改写，得到考虑负债后最小方差组合 $x^{\min}$ 的表达式：

$$x^{\min} = \hat{x}^{\min} + z^{\min} \tag{4-15}$$

2. 有效组合

根据有效组合的定义 $\mu_S \geqslant \mu_S{}^{\min} = \mu' x^{\min}$，对应式(4-7)中 $\lambda > 0$，可将式(4-15)改写为

$$x^* = x^{\min} + \lambda z^* \tag{4-16}$$

其中，$z^* = V^{-1}\mu - \dfrac{e^{\mathrm{T}}V^{-1}\mu}{e^{\mathrm{T}}V^{-1}e}V^{-1}e$，$\sum\limits_{i\in I} z_i^* = 0$。

由式（4-15）和式（4-16）可推得所有的有效组合 x^* 构成的有效集 E：

$$x^* = \hat{x}^{\min} + z^{\min} + \lambda z^*,\ \lambda \geqslant 0 \tag{4-17}$$

联立式（4-13）得到

$$x^* - (\hat{x}^{\min} + \lambda z^*) = z^{\min} = l_0\left(V^{-1}\gamma - \frac{e^{\mathrm{T}}V^{-1}\gamma}{e^{\mathrm{T}}V^{-1}e}V^{-1}e\right) \tag{4-18}$$

相比于不考虑负债时的情况，即式（4-18）中 $\gamma = 0$、$l_0 = 0$，考虑负债后的有效组合增加了 $z^{\min} = l_0\left(V^{-1}\gamma - \dfrac{e^{\mathrm{T}}V^{-1}\gamma}{e^{\mathrm{T}}V^{-1}e}V^{-1}e\right)$，所以考虑负债后的有效集 E 将以 $z^{\min}$ 进行平行移动，且这部分由负债所带来的增量 $z^{\min}$ 与家庭资产负债率 l_0、家庭负债因子与风险资产收益率的协方差矩阵 $(\gamma_i)_{i\in I} = (\mathrm{Cov}(\tilde{R}_i, \tilde{R}_D))_{i\in I}$ 均成线性相关。

3. 有效集

根据金融经济学中对马科维茨经典资产组合选择模型的推导，可知：

$$\mathrm{Cov}\left(\tilde{R}_A(z^*), \tilde{R}_A(x^{\min}) - l_0\tilde{R}_L\right) = 0 \tag{4-19}$$

将式（4-11）代入式（4-19）可推得

$$\mathrm{Cov}\left(\tilde{R}_A(z^*), \tilde{R}_A(x^{\min}) - l_0\tilde{R}_L\right) = z^{*\prime}Vx^{\min} - l_0 z^{*\prime}\gamma$$

再根据式（4-15）和式（4-19），可推得任意有效组合 x^* 的风险收益特征：

$$E\left(\tilde{R}_S(x^*)\right)=E\left(\tilde{R}_A(x^*)-l_0\tilde{R}_D\right)=E\left(\tilde{R}_A(x^{\min})-l_0\tilde{R}_D\right)+\lambda E\left(\tilde{R}_A(z^*)\right) \quad (4\text{-}20)$$
$$\operatorname{Var}\left(\tilde{R}_S(x^*)\right)=\operatorname{Var}\left(\tilde{R}_A(x^*)-l_0\tilde{R}_D\right)=\operatorname{Var}\left(\tilde{R}_A(x^{\min})-l_0\tilde{R}_D\right)+\lambda^2\operatorname{Var}\left(\tilde{R}_A(z^*)\right)$$

联立式（4-20），迭代消除 λ 可得到在满足前述假设情况下的有效集。

（1）当 $\operatorname{Var}\left(\tilde{R}_A(x^*)-l_0\tilde{R}_D\right)>0$ 时，即资产无法完全实现对负债的复制，$E\left(\tilde{R}_S(x^*)\right)$ 与 $\operatorname{Var}\left(\tilde{R}_S(x^*)\right)$ 构成的有效边界为双曲线。

（2）当 $\operatorname{Var}\left(\tilde{R}_A(x^*)-l_0\tilde{R}_D\right)=0$ 时，即资产组合实现了对负债的完全复制，$E\left(\tilde{R}_S(x^*)\right)$ 与 $\operatorname{Var}\left(\tilde{R}_S(x^*)\right)$ 构成的有效边界为两条交叉的直线，即上述双曲线的渐近线，并且能通过资产配置对负债完全复制的前提条件为，当且仅当存在 $(d_0,d_1,\cdots,d_n)\in R^{n+1}$，使 $\tilde{R}_D=d_0+\sum_{i=1}^{n}d_i\tilde{R}_i$，其中，$\sum_{i=1}^{n}d_i=\dfrac{1}{l_0}$。

4.2.4 模型拓展

由式（4-13）可知，考虑负债因素给有效组合带来的变化 $z^{\min}$ 与协方差矩阵 $(\gamma_i)_{i\in I}=(\operatorname{Cov}(\tilde{R}_i,\tilde{R}_D))_{i\in I}$ 成线性相关。因此，可进一步对家庭负债因子做线性化拆分，将模型拓展至探究各细分负债因子对最优解的影响。

假设家庭负债增长率受到多种因素的共同影响，并且可表示为多个负债因子的线性组合，因此可将总负债增长率定义为

$$\tilde{R}_D=c_0+\sum_{h=1}^{k}c_h\tilde{R}_D^h \quad (4\text{-}21)$$

其中，c_0 表示常数项；c_h 表示系数项。

将式（4-21）代入协方差矩阵 $(\gamma_i)_{i\in I}=(\operatorname{Cov}(\tilde{R}_i,\tilde{R}_D))_{i\in I}$，可将负债因子与风险资产收益率之间的协方差矩阵表示为式（4-22），即各细分负债因子与风险资产收益率之间协方差矩阵的线性组合：

$$\gamma=\sum_{h=1}^{k}c_h\gamma^h \quad (4\text{-}22)$$

其中，$\gamma^h=\operatorname{Cov}(\tilde{R}_D^h,\tilde{R}_i)$。

根据式（4-22）和式（4-13）可得到

$$z^{\min}=l_0\sum_{h=1}^{k}c_h z^h \quad (4\text{-}23)$$

其中，$z^h=V^{-1}\gamma^h-\dfrac{e^{\mathrm{T}}V^{-1}\gamma^h}{e^{\mathrm{T}}V^{-1}e}V^{-1}e$

再将式（4-23）代入式（4-17）可得到有效组合：

$$x^* = \hat{x}^{\min} + l_0 \sum_{h=1}^{k} c_h z^h + \lambda z^*, \quad \lambda \geqslant 0 \tag{4-24}$$

可改写为

$$x^* - (\hat{x}^{\min} + \lambda z^*) = z^{\min} = l_0 \sum_{h=1}^{k} c_h z^h \tag{4-25}$$

由式（4-25）可知，由负债带来的有效组合的变化 $z^{\min}$ 为各个负债因子 $\tilde{R}_D^h$ $(h=1,2,\cdots,k)$ 与资产收益率协方差矩阵 z^h 的线性组合。因此可以得到结论，若家庭负债为多个负债因子的线性组合，那么考虑负债后对最优资产组合解的影响也可表示为各个负债因子影响的线性组合。

4.2.5　变量的识别和估计

1. 家庭负债因子的识别和估计

1）家庭负债因子的识别

假设在时刻 t 为家庭制定资产组合选择方案，如式（4-26）所示，定义家庭负债 D_t 为 $[t, t+T]$ 各期消费支出贴现到 t 时刻的资本化值。其中，T 表示模型主观选择变量，若 T=0 即不对债务进行资本化处理，表示完全不考虑、不对冲家庭负债因子。若 T=M（预期剩余寿命），则表示完全对冲家庭负债因子，也可以主观选取任何对冲期限。

$$\begin{aligned} D_t &= C_t + \theta_{t+1} C_{t+1} + \left(\theta_{t+2}\right)^2 C_{t+2} + \cdots + \left(\theta_{t+T}\right)^T C_{t+T} \\ &= \sum_{i=0}^{T} \left(\theta_{t+i}\right)^i C_{t+i} = \sum_{i=0}^{T} \left(\theta_{t+i}\right)^i P_{t+i} Q_{t+i} \end{aligned} \tag{4-26}$$

$$C_t = P_t \times Q_t \tag{4-27}$$

其中，D_t 表示各期家庭消费负债规模；C_t 表示各期消费支出现金流；θ_t 表示各期消费支出的贴现率；P_t 表示各期消费价格；Q_t 表示各期消费数量。

可进一步将式（4-26）写成如下随机变量的形式：

$$\tilde{D} = \tilde{C} \sum_{i=0}^{T} \tilde{\theta}^t = \tilde{C} \times \frac{1 - \tilde{\theta}^{T+1}}{1 - \tilde{\theta}} = \tilde{C} \times \tilde{L} \tag{4-28}$$

并将式（4-28）中的 $\tilde{L}$ 定义为贴现因子：

$$\tilde{L} = \frac{1 - \tilde{\theta}^{T+1}}{1 - \tilde{\theta}} \tag{4-29}$$

对式（4-28）两边同时取对数并微分可得到

$$\frac{\Delta D_t}{D_t}=\frac{\Delta C_t}{C_t}+\frac{\Delta L_t}{L_t} \tag{4-30}$$

其中，$\frac{\Delta D_t}{D_t}$ 表示家庭负债因子，用家庭负债的增长率来表示；$\frac{\Delta C_t}{C_t}$ 表示消费支出因子，用各期消费现金支出的增长率来表示；$\frac{\Delta L_t}{L_t}$ 表示老龄因子，与死亡率及时间贴现率有关，用贴现因子的增长率来表示。

由式（4-30）可知，家庭负债的增长率可拆分为消费现金支出增长率和贴现因子增长率之和，因此家庭负债因子 $\frac{\Delta D_t}{D_t}$ 可拆分为消费支出因子 $\frac{\Delta C_t}{C_t}$ 和老龄因子 $\frac{\Delta L_t}{L_t}$ 分别进行讨论。若再对式（4-27）两边同时取对数并微分后代入，可进一步将式（4-30）改写为

$$\frac{\Delta D_t}{D_t}=\frac{\Delta P_t}{P_t}+\frac{\Delta Q_t}{Q_t}+\frac{\Delta L_t}{L_t} \tag{4-31}$$

其中，$\frac{\Delta P_t}{P_t}$ 表示通胀因子，用消费价格的增长率表示；$\frac{\Delta Q_t}{Q_t}$ 表示生活方式因子，用消费量的增长率表示；$\frac{\Delta L_t}{L_t}$ 表示老龄因子，满足如下公式：

$$\frac{\Delta L_t}{L_t}=\frac{(1-\theta_t)^T-(T+1)\theta_t^T}{1-\theta_t}\Delta\theta_t \tag{4-32}$$

由式（4-31）可知，家庭负债的增长率可近似为消费价格的增长率、消费量的增长率、贴现因子的增长率之和。因此本节将家庭负债因子 $\frac{\Delta D_t}{D_t}$ 识别为通胀因子 $\frac{\Delta P_t}{P_t}$、生活方式因子 $\frac{\Delta Q_t}{Q_t}$ 以及老龄因子 $\frac{\Delta L_t}{L_t}$，分别探究其对最优资产组合的影响。

2）家庭负债因子的估计

（1）通胀因子 $\frac{\Delta P_t}{P_t}$：消费价格的增长率。其反映居民消费价格水平的变化，用居民消费价格指数（consumer price index，CPI）的同比增长率近似为消费价格的增长，按照消费品用途划分，我国居民消费价格指数可划分为八大类。

（2）生活方式因子 $\frac{\Delta Q_t}{Q_t}$：消费量的增长率。其反映居民消费习惯的变化，如增加或减少特定消费类型的消费量。本节通过消费支出和消费价格数据间接估计

居民的消费量数据。

先可将式（4-27）改写为$Q_t = \dfrac{C_t}{P_t}$，进一步可得到

$$\frac{\Delta Q_t}{Q_t} = \frac{Q_{t+1}}{Q_t} - 1 = \left(\frac{\Delta C_t}{C_t} + 1\right) \bigg/ \left(\frac{\Delta P_t}{P_t} + 1\right) \tag{4-33}$$

因此生活方式因子$\dfrac{\Delta Q_t}{Q_t}$可由消费支出因子$\dfrac{\Delta C_t}{C_t}$扣除通胀因子$\dfrac{\Delta P_t}{P_t}$计算得到。其中，消费支出因子$\dfrac{\Delta C_t}{C_t}$取 2000~2019 年社会消费品零售总额的月度同比增长率序列数据；通胀因子$\dfrac{\Delta P_t}{P_t}$取 2000~2009 年 CPI 同比月增长率序列数据，从而推算得到生活方式因子的月度时间序列数据。

（3）老龄因子$\dfrac{\Delta L_t}{L_t}$：贴现因子的增长率。由式（4-29）可知，影响老龄因子的核心变量为贴现率$\tilde{\theta}$。参考 Yao 和 Zhang（2005）的研究，各期消费效用的贴现率包括条件生存概率$F(t)$以及时间贴现率β，分别反映客观的生存率及家庭的主观时间偏好。

关于贴现率的估计，本节首先定义条件生存概率：$P(T \mid t) = \mathrm{e}^{-\lambda T}$，表示在当前时刻$t$的存活条件下继续存活$T$年的概率。其中，$\lambda$表示死亡率，取原中国保险监督管理委员会（以下简称保监会）发布的《中国人身保险业经验生命表（2010—2013）》记录的各个年龄的死亡率。随后，对未来i时刻的消费支出采用连续时间贴现率$\mathrm{e}^{-\gamma i}$贴现，可得到

$$\begin{gathered}\text{未来}i\text{时刻的消费支出现值}=\mathrm{e}^{-\lambda i}\mathrm{e}^{-\gamma i}C_i = \mathrm{e}^{-(\gamma+\lambda)i}C_i = \theta^i C_i \\ \text{未来 }i\text{ 时刻单位消费支出的现值}\theta^i=\mathrm{e}^{-(\gamma+\lambda)i}\end{gathered} \tag{4-34}$$

从式（4-34）中不难发现，如果不考虑时间贴现率γ的变化，随着死亡率λ下降，条件生存概率上升，将使单位消费支出的现值上升，从而带来家庭资本化债务的上升。因此老龄风险表示的是生存概率上升所带来的家庭债务资本化值提升的风险。

3）家庭资产负债率的估计

由于本节定义的家庭负债为家庭未来消费支出的现值，而我国家庭居民负债消费的观念并不强，因此根据表 4-1 计算的家庭负债率（即家庭消费占可支配收入的比例）无法真实反映我国居民家庭的消费负债情况，需要重新进行估计。考虑到美国家庭通过负债进行消费的动力较强，其家庭负债在一定程度上包含了对未来消费的预期。因此，本节参照美国家庭负债占金融资产的比例、美国家庭消费占可支配收入的比例，基于我国家庭消费占可支配收入的比例计算得到调整后

的我国家庭负债占金融资产的比例。如表 4-2 所示，我国调整后的家庭负债/金融资产自 2014 年以来在 26%~35%波动。本节将调整后的家庭负债/金融资产作为初始家庭资产负债率 l_0。在后文的模型设定和实证分析中，取 l_0=30%，并假设为外生变量保持不变，初始家庭资产负债率也可由配置主体自行选择，一方面在家庭经济框架下不同家庭的负债参数存在异质性，另一方面家庭主体也可能存在不同的负债对冲意愿。

表 4-2 中国和美国家庭负债率及中国家庭负债占金融资产比例调整

指标	国家	2009 年	2010 年	2011 年	2012 年	2013 年	2014 年	2015 年	2016 年	2017 年	2018 年
家庭消费/可支配收入	美国	90%	90%	90%	88%	90%	90%	89%	90%	90%	89%
	中国	60%	58%	59%	59%	62%	62%	63%	64%	63%	63%
家庭负债/金融资产	美国	28%	25%	24%	23%	20%	20%	20%	19%	18%	19%
	中国	13%	15%	16%	16%	18%	19%	20%	22%	20%	20%
	中国（调整后）	10%	15%	16%	18%	23%	26%	28%	35%	31%	31%

2. 资产及与负债协方差风险的识别和估计

1）拟投资资产的识别

本节主要考虑股票和债券两类风险资产。从分散风险的角度考虑，本节在资产组合选择的实证研究中以综合指数作为投资标的。具体如下。

（1）风险资产的大类资产配置。本节在大类资产配置中分别以沪深 300 指数、中证全债指数代表股票资产和债券资产。

（2）股票资产的二级行业配置。选择 Wind 数据库提供的 Wind 行业指数①。其行业分类标准参照 GICS（global industry classification standard，全球行业分类系统）四级行业体系，并根据中国实际情况进行了微调。

2）风险资产收益率均值和方差的估计

在估计风险资产收益率的均值和方差时，先用如下单指数回归模型对收益率数据进行回归：

$$R_i - R_f = \beta(R_M - R_f) + \varepsilon \tag{4-35}$$

其中，R_M 表示 Wind 全 A 指数②的月度对数收益率，覆盖了全部上海证券交易所和

① Wind 行业指数由 Wind 数据库提供，以上海证券交易所、深圳证券交易所中上市交易的全部股票为取样范围，以自由流通股本为权重加权计算得到。

② Wind 全 A 指数选取所有在上海证券交易所、深圳证券交易所上市的 A 股股票作为样本股，以自由流通股本为权重加权计算得到，较为全面地反映了全部 A 股的走势。

深圳证券交易所上市的 A 股股票，相比于沪深 300 指数更具代表性；无风险收益率 R_f 表示 10 年期国债月度收益率；β 表示标的指数收益率相对于市场指数的敏感性。

为确保估计结果的有效性，对风险资产收益率序列进行单位根检验后再进行式（4-35）的回归，取最终拟合值序列 $\hat{R}_i$ 的平均值作为风险资产的期望收益率，取残差序列 $\hat{\varepsilon} = R_i - \hat{R}_i$ 的平均值作为平均波动率。

3）风险资产收益率与负债之间协方差风险的估计

本节先构建如式（4-36）所示的一元回归方程，对各个负债因子与对应风险资产收益率之间的相关性进行检验，进而计算两者之间的协方差矩阵：

$$\tilde{R}_A(x)_t = \alpha_0 + \alpha_1(\tilde{R}_D)_t + \varepsilon_t, \quad x = (x_i)_{i \in I} \tag{4-36}$$

对负债因子 $\tilde{R}_D$ 分别取消费支出因子、通胀因子、生活方式因子进行如式（4-26）所示的回归分析再计算得到协方差矩阵 $\gamma_i = \mathrm{Cov}(\tilde{R}_i, \tilde{R}_D)$（$i \in I$）。需要说明的是，由式（4-32）和式（4-34）可知，老龄因子的风险本质上是生存概率导致的贴现率发生变化的风险，因此在分析老龄因子时，着重研究生存概率的变化对家庭资产组合选择的影响。考虑到生命表仅有 1990~1993 年、2000~2003 年、2010~2013 年三个时间段观测到的宏观死亡率数据，因此对老龄因子的分析采取静态数值法进行对比研究。

4.3　家庭负债因子与最优风险资产大类配置

按照由上而下的投资思路，本节将家庭最优资产组合选择分为两部分，一是家庭在股票资产和债券资产之间的大类资产配置，二是家庭在股票资产中的二级行业配置，分别探究家庭负债因子对资产组合选择结果的影响，总体思路如下。

首先，结合实证数据，基于马科维茨的经典资产配置模型，求解不考虑负债的最优风险资产配置比例。其次，通过完成对相关参数和变量的估计，代入第 3 章理论模型的数值解，求得考虑负债后家庭资产组合配置结果，并与不考虑负债的情况进行比较。最后，更进一步地在股票资产的二级行业配置中对家庭的消费支出因子、通胀因子、生活方式因子与对应风险资产收益率之间的协方差风险进行敏感性分析，为异质性家庭的配置决策提供参考。

4.3.1　不考虑负债的最优风险资产组合

关于不考虑负债的最优风险资产配置求解可分为两步：第一步，假设家庭在股票资产和债券资产之间进行风险资产的选择，根据模型得到解析解，确定资产和负债之间的最优配置比例；第二步，在股票资产中根据各个行业指数的风险收益特征，确定各个行业的最优风险资产配置比例。

在数据选择方面，股票资产选择沪深 300 指数，债券资产选择中证全债指数，取月度收盘价的对数收益率衡量风险资产的收益情况，再求股票指数（以下简称股指）收益率（R_STOCK）与债券资产收益率（R_BOND）的协方差，由于沪深 300 指数数据始于 2004 年 12 月，因此观察区间为 2005 年 12 月至 2019 年 12 月，共计 169 个有效观测值。

使用 EViews 计算股票资产、债券资产的风险收益特征，结果如表 4-3 所示。其中股指收益率和债券资产收益率的相关系数为−0.31，根据兴业证券经济与金融研究院测算的 2013~2019 年股票指数-债券资产的滚动相关系数，该系数取值为−0.4~0.1，并且自 2018 年以来稳定落在负值区间，可从侧面说明本节测算的相关系数具备一定的合理性。

表 4-3　股票资产及债券资产的风险收益特征

方差-协方差矩阵			相关系数	平均预期收益率 $E(r)$	夏普比率 Sharpe ratio
	R_STOCK	R_BOND			
R_STOCK	36.80%	−0.80%	−0.31	15.80%	26%
R_BOND	−0.80%	0.20%		3.36%	77%

根据式（4-12）可计算包含股票资产和债券资产的最小方差组合，再根据式（4-17）可计算有效组合进而得到有效边界。以 2000~2019 年的 10 年期国债收益率的几何平均值作为无风险利率，从而计算不考虑负债时家庭在股票资产与债券资产之间的最优组合配比。

图 4-1 显示了不考虑负债时的有效边界。不考虑家庭负债时，家庭在股票资产的配置和债券资产的配置比例约为 3∶7。但基于马科维茨组合理论的最优组合仅考虑了证券本身的风险收益特征，并没有考虑投资者背景与风险资产之间的协方差风险，极有可能导致股票风险对资产组合风险的贡献度被高估，因此，股票资产被低配。如本章所提出的家庭负债因子，家庭的消费支出将受到价格波动、消费量变化、生存概率提升导致现值增加等风险因子影响，同时影响到家庭的股票资产与消费支出，实现风险对冲。

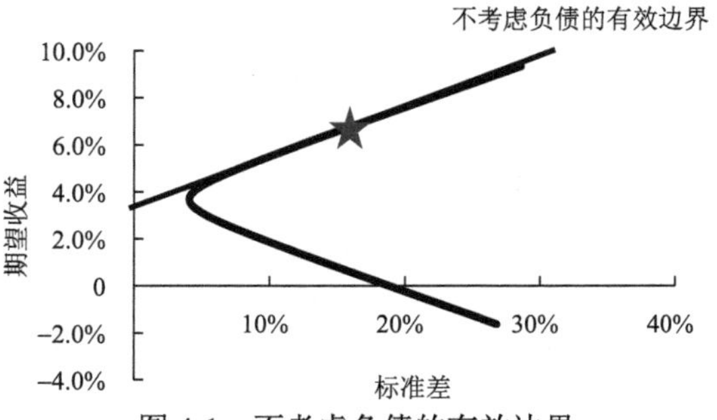

图 4-1　不考虑负债的有效边界

4.3.2 考虑消费支出因子的最优风险资产组合

本章将 2000~2019 年限额以上社会消费品零售总额的月度数据近似为全社会家庭所面临的消费负债，以 2000~2019 年来限额以上社会消费品零售总额对数收益率作为消费支出因子，其波动率反映了家庭负债的膨胀风险。再将消费支出因子分别与股指收益率、债券资产收益率进行简单的一元回归分析，$\tilde{R}_A(x)_t = \alpha_0 + \alpha_1(\tilde{R}_D)_t + \varepsilon_t$，$x = \text{R\_STOCK,R\_BOND}$，从而得到消费支出因子与各个风险资产收益率的协方差矩阵 $\gamma_i = \text{Cov}(\tilde{R}_i, \tilde{R}_D)_t$（$i \in (\text{R\_STOCK,R\_BOND})$）。

从回归分析结果来看（表 4-4），滞后一期股指收益率与消费支出因子展现出了较强的正相关性，即在 10%的显著性水平下，滞后一期股指收益率与消费支出因子显著正相关。股指收益率、债券资产收益率与消费支出因子之间并无显著的相关性。

表 4-4　消费支出因子与股指收益率及债券资产收益率的相关性回归结果

项目	股指收益率 R_STOCK	债券资产收益率 R_BOND	滞后一期股指收益率 R_STOCK(−1)	滞后一期债券资产收益率 R_BOND(−1)
系数	0.463	−0.031	0.513*	−0.038*
t 统计量	1.504	−1.370	1.660	−1.671
相关系数	0.0916	−0.0548	0.1261	−0.0634

*表示 $P < 0.1$

关于居民消费支出与风险资产收益率之间的相关性，实际是企业部门、居民部门以及资本市场三个环节共振的结果，涉及宏观层面的社会资金流动情况及资产定价机制。

（1）从居民部门消费支出到企业部门经营利润。如前文对当前社会资金流动情况的阐述，居民部门通过消费支出将大部分的资金回流到企业部门，剩余资金部分通过资产配置流入金融市场，支持企业的投融资及生产活动。因此，居民部门消费支出的提升在理论上将正向影响企业部门经营利润。

（2）从企业部门经营利润到资本市场价格。资本市场主流的价格决定机制分为市盈率（price-to-earnings ratio，P/E ratio）相对估值（$P_t = \frac{P}{E} \times \text{EPS}_{t+1}^{\text{e}}$，EPS 表示每股收益）和折现现金流（discounted cash flow，DCF）绝对估值（$P_t = \sum_{i=1} \frac{\text{EPS}_{t+1}^{\text{e}}}{(1+r_t)^t}$，$r_t$ 表示第 t 期的贴现率）。核心思想均为股票的内在价值是由未来的盈利预期 EPS^{e} 决定的。这种前瞻性定价机制使风险资产的价格总是先于实体经济反应。

因此，居民消费的变化直接影响了企业当期所实现的利润，但该利润预期已经先反映到了资产价格的变化上。因此，在理论上社会消费的变化应当与滞后一期的风险资产价格变化正相关。从图 4-2 中也可以发现，在 2010~2011 年、2014~2015 年社会消费高增速的时期，滞后一期股指收益率也同步达到局部的高点。

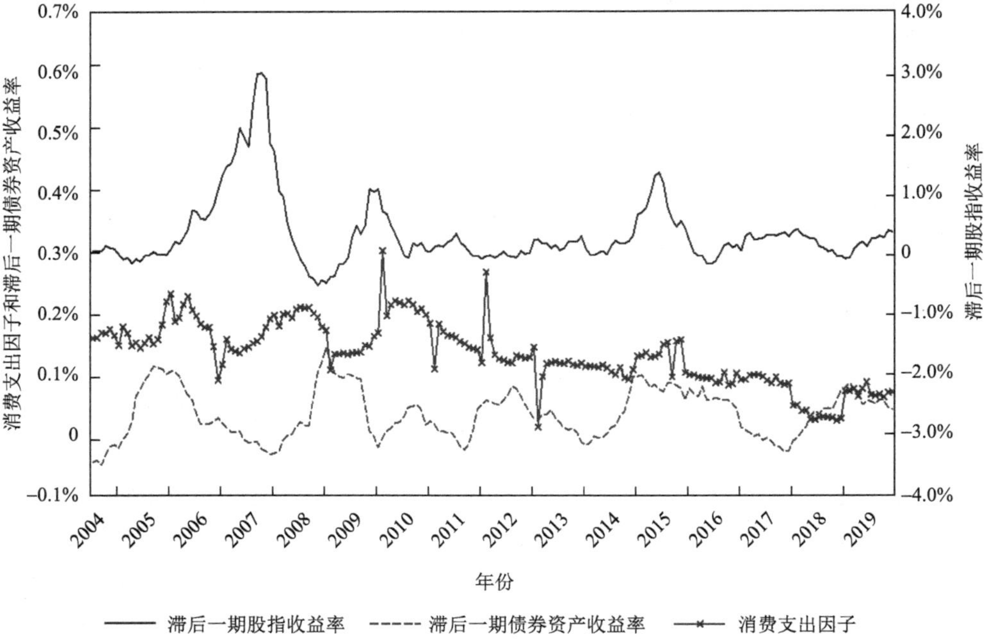

图 4-2　消费支出因子与滞后一期股指收益率及滞后一期债券资产收益率

基于以上分析，计算滞后一期股指收益率、滞后一期债券资产收益率与消费支出因子的协方差矩阵。由式（4-18）可知，考虑负债影响后，最小方差组合及整个有效集都将以 $z^{\min}$ 为步长平行移动，该调整项受到家庭资产负债率 l_0 以及家庭负债因子与风险资产收益率协方差矩阵 γ 的共同影响。

计算结果显示，与不考虑负债时相比，最小方差组合增加股票资产配置权重 0.7 个百分点，减少债券资产配置权重约 0.7 个百分点；最优资产组合则将股票资产的配置权重提升了约 13 个百分点，约为 43%，而相应减少了债券资产的配置。

这主要是因为消费支出因子与滞后一期股指收益率显著正相关。在负债因素被纳入后，需要额外考虑家庭可能面临的负债膨胀对家庭盈余资产挤压的风险，因此增加与家庭负债增长率正相关的资产配置，可以在一定程度上对冲负债增加的风险，如通胀带来的价格上涨、生活方式变化带来的消费量的提升等。后文将对消费支出因子的两大驱动力——通胀因子和生活方式因子与家庭资产组合选择的关系做进一步探讨。

4.3.3 考虑通胀因子的最优风险资产组合

本章以 2000~2019 年 CPI 的月度同比增长率作为通胀因子，代表家庭负债面临的价格波动风险。类似地，先对通胀因子与股指收益率、债券资产收益率进行回归，做相关性分析，再计算两者之间的协方差。

表 4-5 展示了通胀因子与风险资产收益率的相关性分析。通胀因子与风险资产收益率展现出了较强的相关性。其中，通胀因子与股指收益率及滞后一期股指收益率均在1%的显著性水平上正相关，而与债券资产收益率及滞后一期债券资产收益率显著负相关。这也是市场上常说的“股债跷跷板”现象。通胀率的提升将降低债券资产的相对回报率，导致抛售债券，降低了债券价格，从而降低债券资产的预期回报率，此时股票资产成为更具性价比的选择。

表 4-5　通胀因子与股指收益率及债券资产收益率的相关性回归结果

项目	股指收益率 R_STOCK	债券资产收益率 R_BOND	滞后一期股指收益率 R_STOCK(−1)	滞后一期债券资产收益率 R_BOND(−1)
系数	6.876***	−1.23***	9.561***	−1.342***
t 统计量	3.191	−8.685	4.518	−9.826
相关系数	0.2191	−0.5321	0.3036	−0.5805

***表示 $P < 0.01$

也有学者从通胀驱动力的角度来探究股指收益率与通胀的相关性。韩雪红等（2008）通过理论模型指出，供给冲击下的通胀与股指收益率负相关，而需求冲击下的通胀与股指收益率则表现为正相关。实证数据表明由于我国经济总体需求增速大于供给，价格水平的提升带动实体经济产出增长，股价作为经济的前置指标也同步提升。从图 4-3 中也可以发现，在股指收益率与通胀率同步达到高点的时期，除了 2006 年是来自股权分置改革的股市流动性提升，2009 年、2015 年的两次高点均是来自货币宽松政策对需求端的冲击，低利率环境有利于实体经济的增长，从而使通胀因子与股指收益率正相关，与债券资产收益率负相关。

考虑到通胀率数据滞后于实际数据，因此选择滞后一期风险资产收益率与通胀因子的回归方程计算协方差矩阵，根据式（4-18）计算考虑通胀因子前后的最小方差组合。整体来看，考虑通胀因子后对资产组合配置结果的影响权重较小，这主要是由于我国通胀率长期在−2%~2%内窄幅波动，尽管与股指收益率有显著的正相关性，但较低的波动率使协方差风险较小，因此对资产组合的配置比例影响并不大。但从影响的方向上看，仍然与前述逻辑相符。应当配置与通胀正相关的股票资产，减少配置与通胀负相关的债券资产，从而可以在价格水平提升时，通过投资于股票资产的收益，减少通胀对家庭盈余资产的侵蚀。

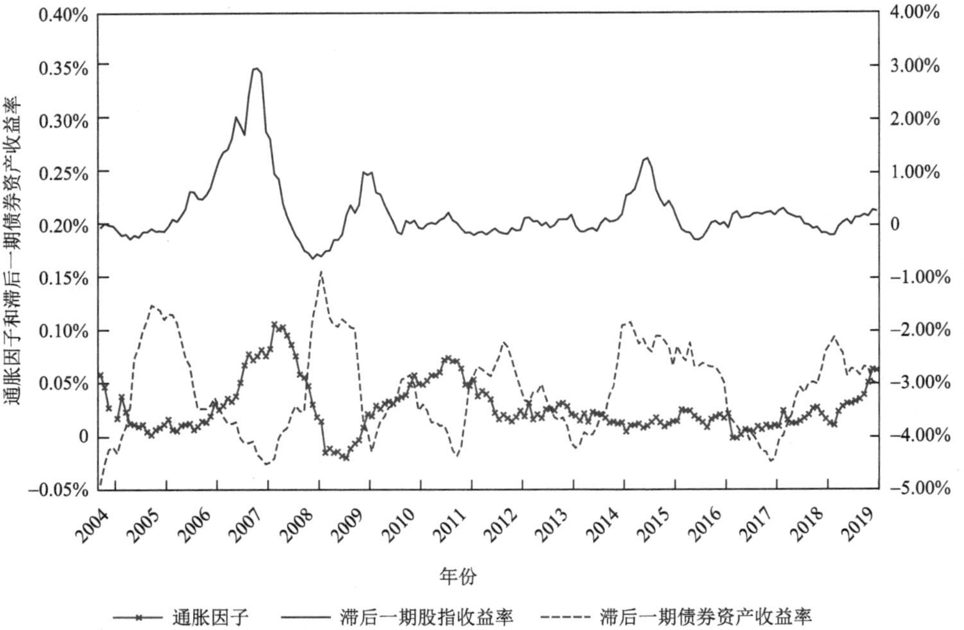

图 4-3 通胀因子与滞后一期股指收益率及滞后一期债券资产收益率

为了进一步验证上述结论，将通胀因子与对应风险资产收益率之间的协方差风险提升 10%，再观察通胀因子对资产组合配置结果的影响，结果如表 4-6 所示。通胀因子与股指收益率之间的协方差风险提升 10%后，股票资产的配置比例将相应提升约 1.5%；特别地，由于通胀因子与债券资产收益率为负向相关，且债券资产收益率与通胀因子的协方差风险相较于股票更小，因此债券资产收益率对协方差风险的变化更加敏感，当通胀因子与债券资产收益率的协方差风险提升 10%时，股票资产的配置比例将相应提升约 2.2%。因此当通胀率与债券资产收益率发生明显变化时，是加大与通胀正相关的股票资产配置比例的信号。

表 4-6 通胀因子与股指收益率及债券资产收益率协方差风险的敏感性分析结果

项目	资产组合	权重	配置变化比例	敏感性
通胀因子与股指收益率协方差风险提升 10%	股票	31%	1.5%	0.15
	债券	69%	−0.7%	−0.07
通胀因子与债券资产收益率协方差风险提升 10%	股票	31%	2.2%	0.22
	债券	69%	−1.0%	−0.10

4.3.4 考虑生活方式因子的最优风险资产组合

由式（4-33）可知，生活方式因子等同于消费支出因子 $\frac{\Delta C_t}{C_t}$ 剔除通胀因子 $\frac{\Delta P_t}{P_t}$

的影响，即居民消费量的变化情况，因此存在一定的季节性。本节先对生活方式因子进行 X–12 季节性处理，再与风险资产收益率进行回归。回归结果如表 4-7 所示，生活方式因子与股指收益率及滞后一期股指收益率并没有显著的相关性，但与债券资产收益率在 5%的显著性水平上正相关。

表 4-7　生活方式因子分别与股指收益率及债券资产收益率的相关性回归结果

项目	股指收益率 R_STOCK	债券资产收益率 R_BOND	滞后一期股指收益率 R_STOCK(−1)	滞后一期债券资产收益率 R_BOND(−1)
系数	0.147	0.158**	0.092	0.179***
t 统计量	0.162	2.367	0.100	2.685
相关系数	0.0115	0.1710	0.0072	0.1932

** 表示 $P < 0.05$；　*** 表示 $P < 0.01$

关于宏观消费量增长率与风险资产收益率之间的相关性，从理论上看，企业部门创造的利润应当与居民消费量之间呈正相关，又因为企业利润为资本市场估值的核心要素，因此居民消费量的提升将自然带来对应证券资产价格的提升。但从实证数据上看，我国居民实际消费量与对应股指收益率之间并无显著相关性，原因可能在于，我国主要是以银行体系为主的间接融资，因此企业部门供给提升创造的利润并没有较好地传导至股市，而是体现为债券市场回报率的提升。从图 4-4 中可知，滞后一期债券资产收益率与生活方式因子表现出同步运动的趋势。

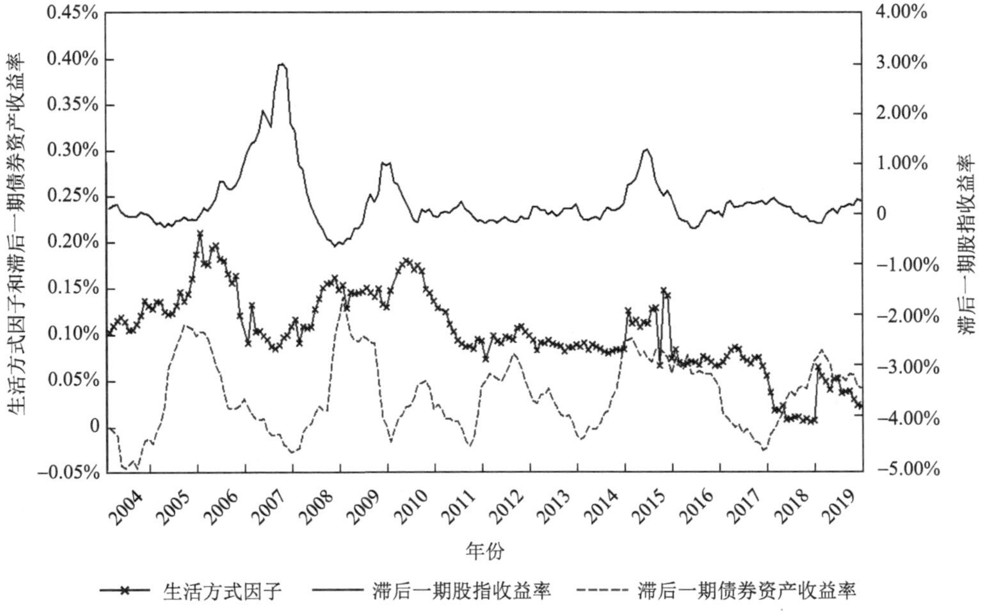

图 4-4　生活方式因子与滞后一期股指收益率及滞后一期债券资产收益率

在回归结果中分别计算生活方式因子与风险资产收益率的协方差风险，代入求得考虑生活方式前后最小方差权重的变化情况。研究结果发现生活方式因子对资产组合配置结果的影响并不大，仅微弱增加了与生活方式因子正相关的债券资产的配置。这主要是由于债券资产收益率波动性较小，与生活方式因子的协方差风险较小，因此对资产组合权重的影响有限。但从变化方向上仍然是符合逻辑的，应当增配与家庭负债因子正相关的债券资产来对冲负债增加的风险。

为了进一步验证上述结论，可将生活方式因子与对应风险资产收益率之间的协方差风险提升 10%，探究协方差风险变化的边际影响，得到如表 4-8 所示的结果。由于股指收益率与生活方式因子无显著相关性，本节在实证分析时取 0 考虑，因此仅分析生活方式因子与债券资产收益率协方差风险的变化。当生活方式因子与债券资产收益率的协方差风险提升 10%时，将相应提升债券资产的配置比例约 0.4 个百分点。

表 4-8 生活方式因子与债券资产收益率协方差风险的敏感性分析结果

项目	资产组合	权重	配置变化比例	敏感性
生活方式因子与债券资产收益率协方差风险提升 10%	股票	30.1%	−0.9%	−0.09
	债券	69.9%	0.4%	0.04

综上分析，在关于股票资产和债券资产的大类资产配置中，居民家庭有必要增配与家庭负债因子正相关的资产来对冲负债波动的风险，特别是其中的通胀风险。此外，由相关性分析结果可知，消费支出因子与股指收益率的正相关性、与债券资产收益率的负相关性均主要来自通胀因子；生活方式因子仅与债券资产收益率存在微弱的正相关性。因此后文将对通胀因子和生活方式因子按照消费类型进行拆分，从而进一步讨论考虑负债因素后，家庭如何在股票资产中进行二级行业配置的问题。

4.3.5 考虑老龄因子的最优风险资产组合

本节根据 1990 年以来原保监会发布的三张生命表，分别计算了 1990 年、2000 年、2010 年各个年龄段的生存概率和预期剩余寿命情况，结果如图 4-5 所示。随着年份的推移和我国居民生活卫生条件的改善，各个年龄的生存概率有不同程度的提升，同时我国正在逐步进入老龄化社会，生存概率提升带来的未来预期消费支出的增长而形成的长寿风险，即家庭负债的膨胀将加快对家庭资产的消耗。

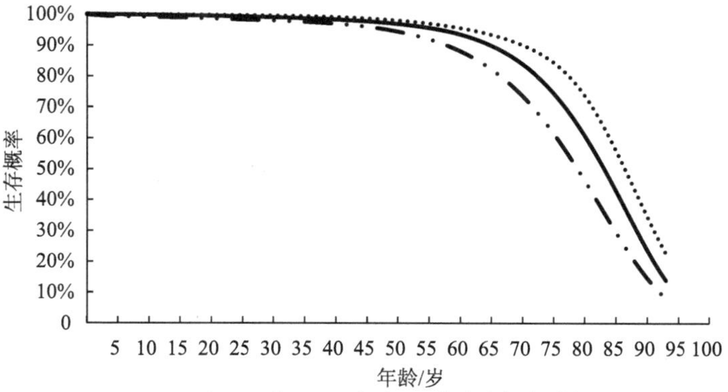

（a）1990年、2000年及2010年生存概率对比

1990年生存概率　2000年生存概率　2010年生存概率

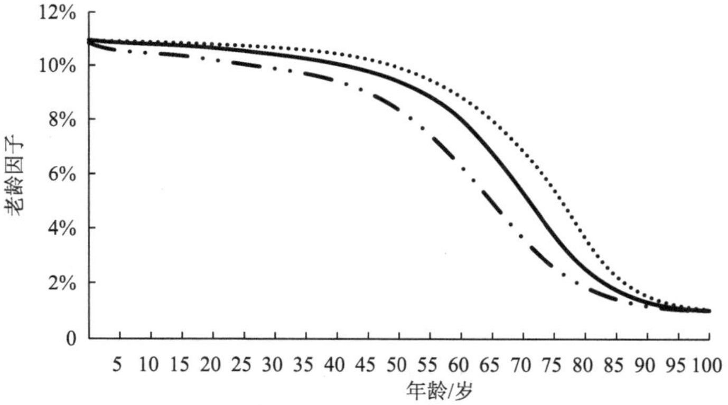

（b）1990年、2000年及2010年老龄因子对比

1990年老龄因子　2000年老龄因子　2010年老龄因子

图 4-5　1990 年、2000 年及 2010 年的生存概率及老龄因子

如 4.2.5 节中对老龄因子的识别和估计，本节取存活时间 T=10，由于在本章不考虑时间贴现率的变化，故时间贴现率简单取 1；死亡率取 2010—2023 年生命表的死亡率数据，代入式（4-29）中计算贴现因子，进而取其增长率序列获得老龄因子。图 4-5（a）和（b）分别显示了各个年龄段生存概率和老龄因子变化情况。比较不同年份的老龄因子走势，可发现随着年份的推移，老龄因子变大，说明单位消费支出的资本化值在提升，即家庭负债端面临膨胀风险。

由于生存概率仅有 1990 年、2000 年、2010 年的观测样本，故本节根据 2010—2013 年的生命表数据，对考虑老龄因子前后的家庭资产组合选择结果做比较静态分析。图 4-6 显示了在包含消费支出因子影响的基础上，考虑老龄因子后最优风险资产组合中股票资产权重的变化情况。不难发现，考虑老龄因子之后，各个年龄段对股票资产的权重均有所提升，并随着年龄的增长，增配的幅度越大，

60 岁之后，对老龄因子变化的敏感性和股票资产权重提升比例都有非常大的提升，并在 78 岁左右达到峰值。具体而言，对于 60 岁的个体，当生存概率提升导致老龄因子增加时，应当提高最优风险资产组合中股票资产的权重的绝对量约 6.5 个百分点至 45.9%；且当老龄因子提升 1 个百分点，对应最优风险资产组合中股票资产权重的相对提升约为 6.4 个百分点。

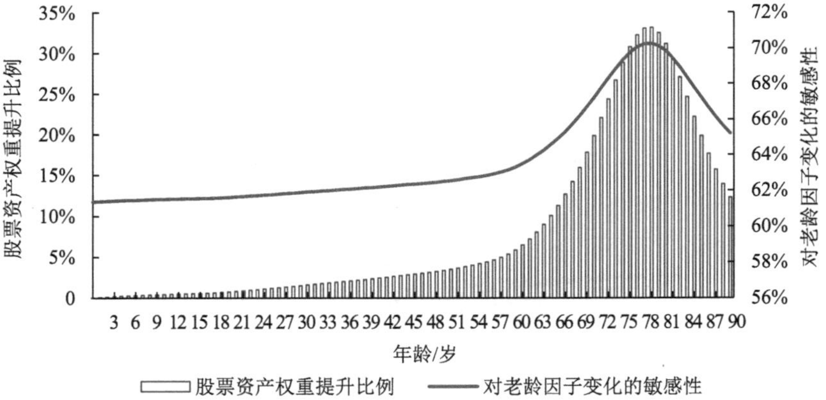

图 4-6 考虑老龄因子后最优风险资产组合中股票资产权重的变化情况

综上，为了全面对冲消费支出资本化负债的波动风险，不仅要考虑消费支出因子即消费支出现金流的波动，增配股票资产，还须考虑老龄因子的提升，更大比例提升对股票资产的配置，以对冲单位未来支出贴现值的增长，并随着年龄的增长，特别是在 60~78 岁需要增配更大比例的股票资产进行风险对冲。

4.4 家庭负债因子与最优股票资产二级行业配置

4.4.1 考虑通胀因子的最优行业资产组合

前文主要探究了考虑家庭负债因子后对股票资产和债券资产配置比例的影响。实证结果表明以通胀因子为驱动的消费支出因子与股指收益率存在明显的正相关关系，但用于估计通胀因子的 CPI 为综合的物价指标，常年窄幅波动，导致与风险资产收益率的协方差较小，使考虑通胀因子后对股票资产配置比例的提振幅度有限。

从现实意义来看，综合的物价指标并不能完全反映居民家庭所面临的消费价格成本。首先，CPI 中各分项指数的权重是根据总体居民消费支出结构来确定的，但对处在生命周期不同阶段的家庭来说，其所面临的支出结构可能有所差异。其次，综合 CPI 波动较小，不能反映居民真实承担的价格风险。图 4-7 显示了个别细分 CPI 与综合 CPI 的变化情况，其中，猪肉 CPI 当月同比增幅达到 50%以上甚至翻倍，而综合 CPI 当月同比增幅多数在−3%~3%波动，最大不过 9%，最小为−2%，平均值为 2.6%，平均增幅仅为 2%。因此，仅以综合 CPI 作为通胀因子既忽视了家庭支出结构的异质性，也可能低估了家庭支出所面临的价格风险。

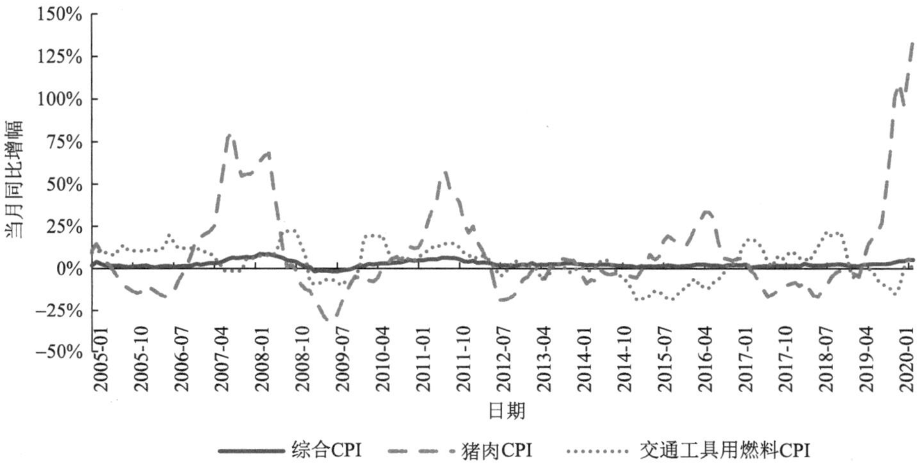

图 4-7　综合 CPI、猪肉 CPI 与交通工具用燃料 CPI 的当月同比增长率

因此后文将根据 CPI 的八个大类，对通胀因子进行拆分和重组，同时类似地计算细分的生活方式因子，然后通过分析其与相应行业股指的相关性及协方差风险，探究其对最优资产组合配置权重的边际影响，可为异质性支出结构的居民家庭参与股市进行二级行业配置提供参考。

本节以 2015 年国家统计局发布的 CPI 分类指数[①]作为分析基础，按照消费类别分为食品烟酒，衣着，居住，生活用品及服务，交通和通信，教育、文化和娱乐，医疗保健，其他用品和服务八大类。在实际应用中，参考 2019 年我国居民人均消费支出结构，八大类 CPI 的占比分别为 28.2%、6.2%、23.4%、5.9%、13.3%、11.7%、8.8%和 2.4%，考虑到其他用品和服务为剩余杂项且占比较小，本节仅考虑前七大类消费支出，将对应 CPI 分类指数同比增速作为分类通胀因子。

由于股市并无机构设立与 CPI 对应的行业分类指数，因此本节根据七大类 CPI 分类指数的定义，对 Wind 数据库中所提供的四级行业指数进行匹配，若一个 CPI 分类指数内涵上对应多个行业指数，则按照流通市值加权，统一以 1999 年 12 月 30

① 2016 年 1 月开始将 2015 年作为新一轮的对比基期，主要变化包括：按照《居民消费支出分类（2013）》，原来的“食品”“烟酒”合并为现在的“食品烟酒”；将原有“医疗保健及个人用品”“娱乐教育文化用品及服务”“家庭设备用品及维修服务”进行重新分类，调整为“生活用品及服务”“医疗保健”“教育、文化和娱乐”“其他用品和服务”。

日为基期，1000 点为基点进行重构，得到分类通胀因子与行业指数的对应表。

考虑到 CPI 数据相对于真实的消费情况存在一定时滞，在回归分析时，本节取滞后一期的 CPI 分类指数当月同比数据作为通胀因子，取相关行业分类指数风险调整后的月度收益率作为风险资产收益率，通过回归方程计算协方差风险矩阵。样本数据为 2000~2019 年的月度数据，合计 240 个有效观测值，具体的回归结果及其显著性如表 4-9 所示。其中，滞后一期的食品烟酒、医疗保健、居住均与对应行业股指收益率呈现强正相关，而滞后一期的生活用品及服务，交通和通信，教育、文化和娱乐与对应滞后一期的股指收益率呈现出显著的负相关性，滞后一期的衣着并无显著相关性。

表 4-9 分类通胀因子与对应行业股指收益率的相关性回归结果

项目	食品烟酒 FOODRINK(−1)	衣着 DRESS(−1)	生活用品及服务 USE(−1)	教育、文化和娱乐 REC(−1)	交通和通信 TC(−1)	医疗保健 MEDI(−1)	居住 LIVE(−1)
系数	3.672***	1.552	−24.123***	−6.934***	−6.439**	5.094***	3.771**
t 统计量	6.547	0.704	−6.402	−4.124	−2.499	2.879	2.172
相关系数	0.4000	0.0469	0.2451	−0.2659	−0.0543	0.1885	0.1405

** 表示 $P < 0.01$；*** 表示 $P < 0.001$

关于各个分类通胀因子与对应行业股指收益率之间相关性的解释，可以从商品价格到企业盈利再到资产价格这一传导链条进行分析。

（1）关于企业盈利与资产价格，正如 4.3.2 节中对居民消费支出与风险资产价格的相关性分析，不论是采用 DCF 还是 PE 方法对资产进行定价，资产的内在价值都取决于未来预期的企业盈利；那么在市场有效的假设前提下，商品价格与风险资产价格之间的相关性方向则取决于商品价格与企业盈利关系。

（2）由经济学理论可知，商品价格与企业利润的关系取决于商品的价格弹性。低弹性、必选消费属性更强的商品能通过涨价攫取到超额利润，如食品烟酒、医疗保健、生活用品及服务等；价格弹性高、可选消费属性或者周期性较强的商品反而会由于需求收缩幅度大于价格提升幅度而流失利润，如汽车、消费电子、电子电器等。样本数据表明：在按消费类型划分的七大类通胀因子与其所匹配的行业股指收益率之间的相关关系中，食品烟酒通胀因子、医疗保健通胀因子与对应行业股指收益率之间的走势展示了极高的正向协同性，而教育、文化和娱乐，生活用品及服务与对应行业股指收益率之间的走势呈负相关。

基于上述各分类通胀因子与对应行业股指收益率的相关性分析结果，计算七大类通胀因子 $\tilde{R}_D^h\ (h=1,2,\cdots,k)$ 与风险资产收益率的协方差矩阵 z^h，再以国家统计局 2016 年发布实行的新版 CPI 分类指数的权重作为各个分类通胀因子的权重

c_h，通过 Excel 规划求解得到考虑分类通胀因子前后的最优风险资产组合配置比例。对比可发现，考虑分类通胀因子后，衣着由于其通胀因子与行业股指收益率并不显著，变化并不大；而居民家庭中明显增加了食品烟酒、医疗保健、居住的配置权重，分别约为 11%、10%、19%，与前述分析结论契合，均属于偏刚需的消费类型，价格敏感性低，价格的上涨能较好地转化为企业利润，从而带动股价提升，其通胀因子与行业股指收益率正相关；同时，相应低配生活用品及服务，交通和通信，教育、文化和娱乐的权重，分别约为 10%、11%、17%，这些主要是偏周期性消费的板块，企业盈利更多地来源于需求量的提升而非市场价格的传导，通胀因子与行业股指收益率呈现负相关。比如，以家用电器、生活耗材等耐用品消费为主的生活用品及服务类，以汽车和手机电子消费为主的交通和通信类，以文化娱乐用品为主的教育、文化和娱乐类。

从 1999 年以来的消费品价格走势也能说明涨价提升企业盈利的逻辑更多存在于偏刚需的消费品中。以 1999 年 12 月的数据为基期，基点为 100，根据月度 CPI 环比数值得到如图 4-8 所示的各类型消费品绝对价格。其中，可以看到交通和通信、衣着、生活用品及服务长期处在 100 的基准线下，且该类商品价格处于下降通道，居民对这类商品的实际购买力在提升。比如，汽车、电子、造纸化工等都属于长期贬值的消费品，企业盈利更多来源于需求量的提振，因此交通和通信类，教育、文化和娱乐类，衣着类的通胀因子均与对应行业股指收益率负相关或是不显著。从逻辑分析角度看，应当配置与通胀正相关的行业的股指，通过企业盈利增长获得的股市回报弥补通胀带来的生活成本的提升。

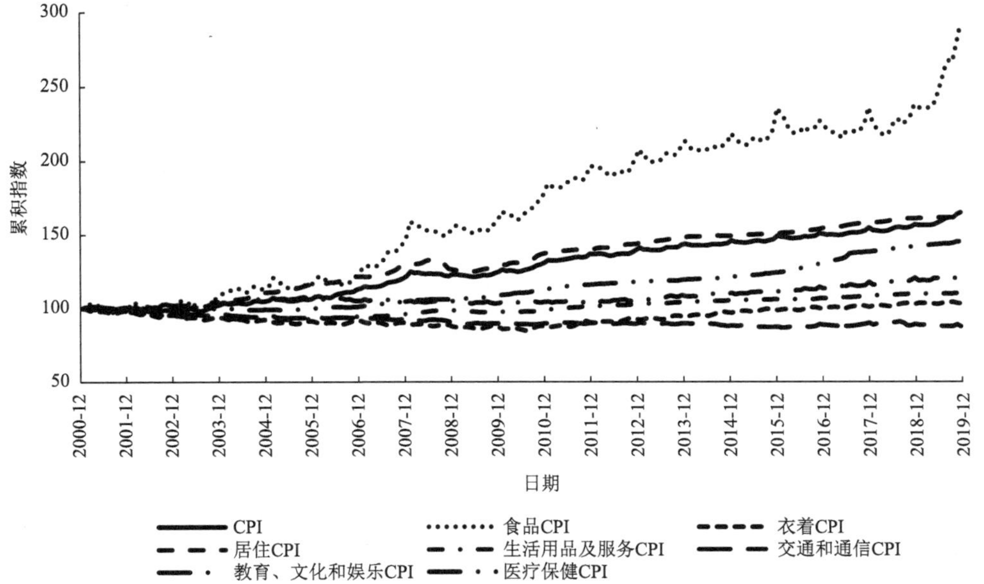

图 4-8　按 CPI 分类的各类型消费品的绝对价格

综合上述相关性分析和资产组合选择结果可发现，对居民家庭来说，考虑通胀因子后，应当减少对高周期性、高价格弹性消费的行业股指的配置，增加偏刚需、价格弹性低的消费板块，如食品指数、医疗健康指数以及房地产指数，能够从其行业股指与价格水平之间的正相关性中对冲一部分生活成本提升的风险。

4.4.2 考虑生活方式因子的最优行业资产组合

根据式（4-33），生活方式因子可由消费支出因子扣除通胀因子计算得到。其中以限额以上单位消费品零售额的增长率近似为居民消费现金支出的增长率，以CPI 分类指数的同比增长率作为分类通胀因子，计算居民对不同消费类型消费量的增长率，作为分类生活方式因子的估计。由于限额以上单位消费品零售额分类包含 16 个小类，与 CPI 分类不尽相同。类似地，本章根据 CPI 分类指数的内涵进行匹配和重组，分别讨论衣着（DRESS），食品烟酒（FOODRINK），医疗保健（MEDI），石油及制品（FUEL），通信器材（MOB），教育、文化和娱乐（REC），交通工具（TRANS），生活用品及服务（USE）八大类生活方式因子，并根据其消费类型与对应的二级行业指数进行匹配。

由于消费量的增长率数据存在一定季节性，先对增长率序列进行季节性调整，同时考虑到统计数据的滞后性，取滞后一期生活方式因子与对应行业股指风险调整后的月度收益率回归，从回归方程估计得到协方差风险矩阵。表 4-10 显示了具体的回归结果及显著性。其中，滞后一期的衣着，石油及制品，医疗保健，教育、文化和娱乐，交通工具，生活用品及服务类生活方式因子与对应行业股指收益率之间存在显著正相关关系，而滞后一期的食品烟酒、通信器材类生活方式因子却并无显著的关系。

表 4-10 分类生活方式因子与对应行业股指收益率的相关性回归结果

项目	衣着 DRESS(−1)	食品烟酒 FOODRINK(−1)	石油及制品 FUEL(−1)	医疗保健 MEDI(−1)
系数	1.021***	0.390	1.351**	0.819***
t 统计量	2.648	1.040	2.117	3.851
相关系数	0.1719	0.0696	0.1477	0.2418
项目	通信器材 MOB(−1)	教育、文化和娱乐 REC(−1)	交通工具 TRANS(−1)	生活用品及服务 USE(−1)
系数	−0.102	0.507*	0.363**	1.125***
t 统计量	−0.523	1.839	2.493	2.613
相关系数	−0.0392	0.1225	0.1679	0.1726

* 表示 $P < 0.1$； ** 表示 $P < 0.05$； *** 表示 $P < 0.01$

关于生活方式因子即商品消费量的增长率与对应行业股指收益率之间的相关性的解释，可以从商品消费量到企业盈利再到资产价格这一视角进行分析。产品购买量的增长将提升企业盈利，进而通过资产估值模型传导到股价上。因此理论上绝大部分商品消费量的增长率都将与相关行业股指收益率呈现正相关。但从实证分析的角度，只有利润水平对消费量变化敏感性较高的消费类别才在统计上体现出显著的正相关性。以汽车为代表的交通工具消费、生活用品及服务中的家庭电气以及服装等可选消费板块均与其对应行业股指收益率展现了较强的正向关系，而食品烟酒由于属于刚需消费，企业盈利的增长主要来自价格的提升，在 4.4.1 节通胀因子的分析中也得到验证，因此对消费量的变化并不敏感。通信器材虽然属于价格弹性较低的传统制造板块，但由于在《居民消费支出分类（2013）》的定义中，通信器材类消费主要涵盖的是 3C[①]等电子产品，企业盈利其实对商品价格的敏感性更高，因此生活方式因子与对应行业股指收益率之间并无显著相关性。

基于上述回归分析计算生活方式因子与对应行业股指收益率的协方差矩阵 z^h，再参考国家统计局 2016 年发布实行的新版 CPI 分类指数的权重，将其中交通通信权重在石油及制品、通信器材、交通工具之间等分，得到各个生活方式因子的权重 c_h。最终得到考虑生活方式因子前后最优行业资产组合权重的变化情况。结果表明考虑生活方式因子后，明显增加了对交通工具，衣着，教育、文化和娱乐的配置比例，分别约为 20%、17%、13%，大幅降低了通信器材、生活用品及服务、医疗保健的配置比例，分别约为 18%、15%、12%。其中增配的板块的行业股指收益率均与其对应消费类型的生活方式因子有较强的正相关性。从 2009~2019 年消费量的变化情况也可以发现，随着消费升级观念的进一步渗透，居民家庭对以汽车为代表的交通工具，教育、文化和娱乐的消费不断提升。因此，投资这类消费的行业股指可以对冲消费量增长的风险。低配的板块主要是与生活方式因子相关性并不显著的板块，且如医疗保健、生活用品及服务这类偏刚需的消费品，从历年来看消费量变化并不大，而通信器材虽然在消费量上有非常明显的提升，但其对应行业股指对消费量的变化并不敏感，因此从对冲消费量提升风险的角度不具备配置价值，但居民可以择时在通胀因子的上升期进行配置。

综上，随着家庭可支配收入的提升，居民的消费习惯正在发生改变，以汽车为主的交通工具，以及教育、文化和娱乐类消费量不断提升。考虑到这类消费品的消费量增长率即生活方式因子与对应行业股指收益率之间存在显著的正相关性，居民家庭可以增加对这类风险资产的配置比例，适当减少对消费习惯改变较少板块的资产配置，以缓解特定品类消费量提升而导致的家庭负债增长的压力。

① 3C 指计算机（computer）、通信（communication）和消费电子产品（consumer electronics）。

4.4.3 家庭负债因子协方差风险的敏感性分析

上述对通胀因子、生活方式因子与家庭资产组合选择的讨论，依据的是通过历史数据估计的负债因子与风险资产的协方差风险，并没有对未来的协方差风险的变化进行预测，也没有考虑各家庭可能存在消费支出结构的改变。因此，为了进一步完善研究结论，本节继续对通胀因子及生活方式因子与对应行业股指收益率的协方差风险、居民家庭支出中各类型消费的配置权重进行敏感性分析，为异质性家庭考虑负债后的资产配置提供参考。

1. 通胀因子

基于前文的研究结论，不同类型消费品价格变化幅度与其对应行业股指收益率之间的相关性取决于消费品本身的属性，必选消费如食品、医疗、居住等长期存在涨价动力，股市对商品价格的变化有更高的敏感性，而可选消费如生活用品及服务，衣着，教育、文化和娱乐及交通工具消费主要受益于消费量的提升。因此，本节在对通胀因子、生活方式因子与对应行业股指收益率协方差进行敏感性分析时，将分为必选消费和可选消费两大板块进行讨论。其中，必选消费包括食品烟酒（FOOD_DRINK）、医疗保健（MEDI）、居住（LIVE），可选消费包括衣着（DRESS），生活用品及服务（USE），交通工具（TC），教育、文化和娱乐（REC）。

表 4-11 显示了在考虑通胀因子后，居民在必选及可选消费品配置比例发生变化时对最优组合的影响。在家庭消费结构中，当必选消费的权重增加 10 个百分点，相应可选消费的权重减少 10 个百分点时（配置权重的变化均分到各个细分消费类型），总体而言对于整个组合的影响并不大，对必选消费和可选消费板块类股指配置权重的绝对变化量影响仅为 0.1 个百分点，相对变化量也仅为 0.18%，主要是通胀因子波动比较小，协方差风险小，因此消费权重的变化并不显著，但从变化的方向上看，仍然符合本章的核心逻辑，由于必选消费板块的行业股指收益率对其通胀因子有更明显的正相关性，因此当通胀因子协方差风险增加时，应当增配这类板块资产。

表 4-11 消费结构与考虑通胀因子的最优组合的敏感性分析

消费板块	权重绝对变化量	最优组合：股指配置权重绝对变化量				最优组合：股指配置权重相对变化量			
必选	10 个百分点	必选	0.10 个百分点	食品烟酒	−0.09 个百分点	必选	0.18%	食品烟酒	−0.36%
				医疗保健	0.07 个百分点			医疗保健	0.70%
				居住	0.11 个百分点			居住	0.59%

续表

消费板块	权重绝对变化量	最优组合：股指配置权重绝对变化量				最优组合：股指配置权重相对变化量			
可选	−10 个百分点	可选	0.10 个百分点	衣着	−0.02 个百分点	可选	−0.18%	衣着	1.89%
				生活用品及服务	0.03 个百分点			生活用品及服务	−0.25%
				教育、文化和娱乐	−0.03 个百分点			教育、文化和娱乐	0.13%
				交通工具	−0.07 个百分点			交通工具	0.46%

进一步对本章核心观点进行验证，表 4-12 显示了当可选消费和必选消费的通胀因子与对应行业股指收益率之间协方差风险发生变化时，对最优组合各类行业股指配置比例的影响。

表 4-12　通胀因子与对应行业股指收益率的协方差风险及最优组合的敏感性分析

消费板块	协方差相对提升比例	股票资产二级行业配置的最优组合权重			
		绝对变化量	细分消费类型	绝对变化量	敏感性
必选	10%	4.63 个百分点	食品烟酒	2.51 个百分点	0.25%
			医疗保健	0.49 个百分点	0.05%
			居住	1.63 个百分点	0.16%
可选	0	−4.63 个百分点	衣着	−0.39 个百分点	−0.04%
			生活用品及服务	−1.22 个百分点	−0.12%
			教育、文化和娱乐	−1.09 个百分点	−0.11%
			交通工具	−1.92 个百分点	−0.19%
必选	0	0.63 个百分点	食品烟酒	−0.13 个百分点	−0.01%
			医疗保健	0.53 个百分点	0.05%
			居住	0.24 个百分点	0.02%
可选	10%	−0.63 个百分点	衣着	0.28 个百分点	0.03%
			生活用品及服务	0.17 个百分点	0.02%
			教育、文化和娱乐	−1.57 个百分点	−0.16%
			交通工具	0.48 个百分点	0.05%

（1）从消费板块上看，必选消费行业股指收益率与其对应通胀因子的协方差风险提升 10%，将分别增加和减少必选消费行业股指、可选消费行业股指的配置绝对变化量约 4.63 个百分点。当可选消费行业股指收益率与其对应通胀因子的协方差风险提升 10%时，由于可选消费行业股指与通胀因子负相关，将分别增加必选、减少可选消费行业股指的配置绝对变化量 0.63 个百分点，与本章所认为的应

当低配与负债因子负相关资产、高配正相关资产的结论一致。从影响幅度上看，可选消费协方差风险的变化要弱于必选消费，从表 4-10 也可知，主要是因为必选消费板块行业股指收益率与其对应通胀因子有更强的相关性。

（2）从细分消费类型上看，必选消费中如食品烟酒展现出较强的敏感性，即当协方差风险提升 10%时，将相应提升食品烟酒行业股指的配置比例约为 2.51 个百分点，从表 4-5 中可知，主要是食品烟酒行业股指收益率与其对应通胀因子有较强的相关性。

综上分析，关于通胀因子对家庭资产组合选择的边际影响，可得到以下两个结论。第一，居民可选或必选消费支出比重的变化对最优组合的影响有限，主要是因为通胀因子本身在窄幅区间波动，协方差风险小，因此核心关注协方差风险的变化。第二，由于必选消费行业股指收益率与其对应通胀因子正相关，且相关性也要强于可选消费，因此当协方差风险发生变化时，应当更大比例增加必选消费行业股指的配置，尤其是其中相关性更强的细分消费类行业股指，如食品烟酒等。

2. 生活方式因子

对生活方式因子可做类似的分析，但考虑到不同消费类型的消费量变化情况，使其与对应行业股指收益率之间的相关性风险有所差异，本节将消费类型划分为常态消费和新型消费两大类。其中，常态消费为长期以来居民消费量变化较小的消费类型，如食品烟酒、医疗保健这类必选消费，以及生活用品及服务、通信器材这类日常耐用品消费；而新型消费是出现了明显变化趋势的消费类型，如教育、文化和娱乐，交通工具，石油及制品，衣着等。

表 4-13 显示了在考虑生活方式因子后，当居民在常态及新型消费之间的配置比例发生改变时，最优组合权重的变化情况。当居民对新型（常态）的消费权重增加（减少）10 个百分点（配置权重的变化均分到各个细分消费类别），居民在新型（常态）消费行业股指配置权重绝对变化量仅增加（减少）0.23 个百分点，相对变化量仅为 0.70%，整体影响并不大，主要是新型消费占家庭全部消费支出的比例较低所致，但从变化的方向上来看，仍然符合本章的逻辑。由相关性分析结果可知，新型消费如教育、文化和娱乐，交通工具行业股指与其对应分类生活方式因子有较为明显的正相关性，因此当这类板块的配置权重提升时，也相应提升了该板块的协方差风险，因此有必要增加对新型消费行业股指的配置来对冲新型消费量增加即生活方式因子变化的风险。

表 4-13 消费结构与考虑生活方式因子的最优组合的敏感性分析

消费类型	权重绝对变化量	最优组合：股指配置权重绝对变化量				最优组合：股指配置权重相对变化量			
常态	−10 个百分点	常态	−0.23 个百分点	食品烟酒	0.38 个百分点	常态	0.70%	食品烟酒	−14.47%
				医疗保健	−0.05 个百分点			医疗保健	0.70%
				通信器材	−0.31 个百分点			通信器材	2.37%
				生活用品及服务	−0.24 个百分点			生活用品及服务	2.57%
新型	10 个百分点	新型	0.23 个百分点	衣着	−0.52 个百分点	新型	0.70%	衣着	−1.89%
				石油及制品	0.15 个百分点			石油及制品	0.25%
				教育、文化和娱乐	−0.37 个百分点			教育、文化和娱乐	−0.13%
				交通工具	0.97 个百分点			交通工具	−0.46%

为了进一步验证上述结论，本节将各分类生活方式因子与对应行业股指收益率的协方差风险提升 10%，并分析其对最优组合配置权重的影响，结果如表 4-14 所示。

表 4-14 生活方式因子与对应行业股指收益率协方差风险敏感性分析

消费板块	协方差风险提升比例	股票资产二级行业配置的最优组合权重			
		绝对变化量	细分消费类型	绝对变化量	敏感性
常态	0	−8.78 个百分点	食品烟酒	−0.32 个百分点	−0.81%
			医疗保健	−5.18 个百分点	−4.48%
			通信器材	−2.51 个百分点	−1.24%
			生活用品及服务	−0.77 个百分点	−0.53%
新型	10%	8.78 个百分点	衣着	2.40 个百分点	1.47%
			石油及制品	0.24 个百分点	1.99%
			教育、文化和娱乐	3.61 个百分点	2.84%
			交通工具	2.53 个百分点	1.26%
常态	10%	3.75 个百分点	食品烟酒	−0.08 个百分点	−0.19%
			医疗保健	4.02 个百分点	3.48%
			通信器材	0.49 个百分点	0.24%
			生活用品及服务	−0.68 个百分点	−0.47%
新型	0	−3.75 个百分点	衣着	−0.77 个百分点	−0.47%
			石油及制品	−0.12 个百分点	−0.99%
			教育、文化和娱乐	−2.34 个百分点	−1.84%
			交通工具	−0.53 个百分点	−0.26%

（1）从消费板块看，当新型消费的生活方式因子与对应行业股指收益率的协方差风险提升 10%时，将分别提升和减少对新型消费、常态消费行业股指的配置绝对变化量 8.78 个百分点。相反，当常态消费生活方式因子的协方差风险提升 10%时，绝对变化量仅为 3.75 个百分点，变化的敏感性要弱于新型消费，主要是因为新型消费的生活方式因子与其对应行业股指的相关性更强。

（2）从细分消费类型看，生活方式因子与对应行业股指相关性较强的细分类型如教育、文化和娱乐及石油及制品具有较高的敏感性，当其各自生活方式因子的协方差风险提升 1%时，将分别提升其对应消费行业股指的配置约 2.84%、1.99%，与前述逻辑相符，增配与风险资产正相关的板块股指，且相关性越强，敏感性也越强。

综上，当考虑生活方式因子对家庭资产组合选择的边际影响时，可以得出以下两个结论：第一，新型消费与常态消费之间支出比例的变化对最优股票资产的二级行业配置影响不大；第二，家庭资产组合构成权重对新型消费生活方式因子协方差风险的变化更加敏感，即当协方差风险增加时，应当增加对新兴消费行业股指的配置，且相关性越强的细分消费类型敏感性越高，应当相应增配的变化比例更大，如教育、文化和娱乐，石油及制品等。

4.4.4　优化资产组合的收益比较

为了进一步检验模型结论的有效性，本节基于上述分析结论构建模拟组合，分别讨论考虑通胀因子、生活方式因子后优化资产组合的收益情况。

1. 考虑通胀因子后优化资产组合收益

先按照考虑七大类分类通胀因子后的最优组合权重，投资于与其对应的 Wind 行业综合指数，构建考虑负债的最优组合；再以经典马科维茨均值-方差模型计算的最优组合权重，构建不考虑负债的优化资产组合；同时，以等权重投资于通胀因子对应的 Wind 行业指数，构建基准组合。假设投资期限为 10 年，在 2010 年初以相同的初始投资额 100 元分别投资上述三个组合。假设各指数无卖空限制，且市场存在充分流动性，无交易成本。

图 4-9 为 2010~2019 年各个资产组合市值的变化情况。与基准组合以及不考虑负债的优化资产组合相比，考虑负债的最优组合均表现出了更高的持仓收益。同时，从考虑负债的最优组合相对于不考虑负债的优化资产组合的超额收益率的走势来看，在 2011 年和 2018 年下半年的两个高通胀时期，随着通胀率的抬升，考虑负债的最优组合获得了更高的超额收益，说明在一定程度上减缓了通胀风险对资产组合收益的挤出效应。

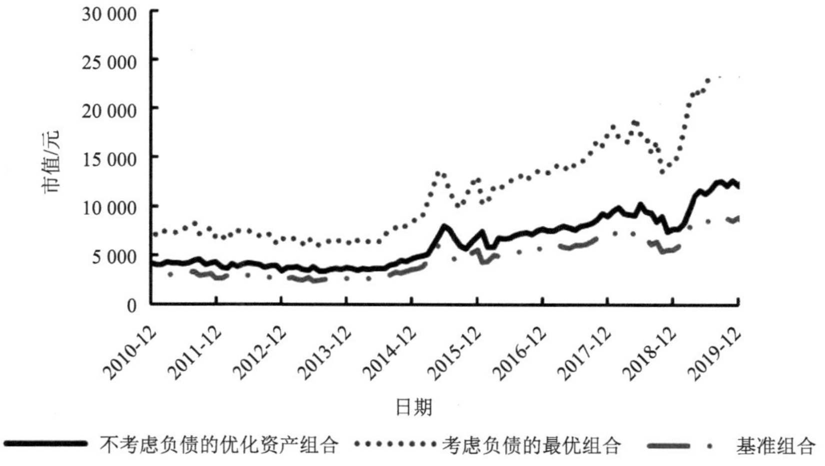

图 4-9　考虑通胀因子前后的优化资产组合市值

2. 考虑生活方式因子后优化资产组合收益

类似地，按照考虑八大类细分生活方式因子后的最优组合权重，投资于与其对应的 Wind 行业综合指数，构建考虑负债的最优组合，然后与等权重基准组合以及马科维茨均值-方差模型的不考虑负债的优化资产组合比较。

图 4-10 展示了 2010~2019 年各个资产组合市值的变化情况。考虑负债的最优资产组合的收益表现仍然要好于基准组合以及不考虑负债的优化资产组合。此外，研究结果还发现从优化资产组合的超额收益与长期消费量增长率的变化关系来看，2010~2011 年、2015~2016 年及 2019 年以来三个时间段的消费量增速明显提升，

图 4-10　考虑生活方式因子前后的优化资产组合市值

主要是受到经济刺激政策的提振作用，同时考虑负债的最优组合也同步有较高的超额收益，说明对这一段时间激增的消费量起到了一定的对冲作用。

本 章 小 结

本章首先分析我国居民家庭的资产负债表的结构特点，并提出将居民消费支出视为债务性支出，以其资本化值作为家庭隐性负债纳入传统的资产负债表中，同时进一步指出我国居民家庭支出可能面临通胀及老龄化带来的不确定性风险，考虑到居民部门消费支出与宏观各部门及金融市场的联动性，即居民消费支出将传导至企业部门的收入利润，进而通过估值定价进一步传导至资本市场，与风险资产收益率形成相关性。因此认为有必要在家庭组合选择中考虑家庭债务性支出与资产的相关协方差风险，即可通过在资产组合中复制家庭债务结构，达到对冲家庭支出风险，提升家庭资产盈余的目的。

本章创新之处主要包括两点。第一，识别并估计了家庭负债因子。以家庭未来债务性消费支出的资本化值作为当前家庭的静态负债，并将其拆分为消费支出因子和老龄因子，分别反映了消费支出的变化以及生存概率提升对单位支出贴现值的影响，其中还更进一步地将消费支出因子拆分为通胀因子及生活方式因子，分别代表消费价格的增长率及消费量的增长率。以我国社会消费品零售总额的月度历史数据代表家庭的经常性消费支出，将其增长率视为家庭消费支出因子，以 CPI 同比数据计算得到的通胀率作为通胀因子，再由消费支出因子与通胀因子推算得到生活方式因子。老龄因子则根据宏观的死亡率数据推算得到。

第二，本章构造了考虑负债的家庭资产组合选择模型，即将家庭消费负债作为负的资产纳入传统的马科维茨均值-方差模型，通过推导求得考虑负债后最优组合解 $x^{*}=\hat{x}^{\min}+z^{\min}+z^{*}\ (\lambda \geqslant 0)$，相比于不考虑负债的优化资产组合多增了 $z^{\min}=l_0\left(V^{-1}\gamma-\dfrac{e^{\mathrm{T}}V\gamma}{e^{\mathrm{T}}V^{-1}e}V^{-1}e\right)$，与家庭负债因子与风险资产收益率之间的协方差矩阵 γ，以及家庭资产负债率 l_0 成线性正相关。紧接着估计各个负债因子及其与风险资产收益率之间的协方差风险，分别代入上述模型得到的解析解，对考虑负债前后的资产组合配置情况进行比较分析。

在家庭资产组合的选择配置上本章遵循自上而下的投资方法，分为风险资产的大类配置和股票资产的二级行业配置。将风险资产定义为股票资产和债券资产两大类，以市场综合指数作为相应的投资标的。再对其中的股票资产参考 CPI 分类进行行业划分，基于 2000 年 1 月至 2019 年 12 月的历史数据，得到风险资产收益率与各个负债因子的相关性分析结果，从而计算两者之间的协方差风险。然后将所有参数的估计值代入模型求得解析解，分别求得考虑消费支出因子、老龄因子、通胀因子及生活方式因子前后最优资产组合中各风险资产权重的变化情况，其中将通胀因子、生活方式因子进一步按照消费类型细分，讨论了股票资产中最优的二级行业配置，并通过对其协方差风险对资产组合配置结果的影响进行敏感性分析，一方面将研究拓展至考虑异质性家庭消费结构，另一方面进一步验证了本章提出的增配与负债正相关的资产的结论，且相关性越强对协方差变化的敏感性越强，相应的配置比例变化幅度也会越大。具体而言，分为以下几点结论。

（1）在大类资产配置中考虑家庭负债因子的影响后，由于消费支出因子与股票资产收益率呈现正相关，应当增加对股票资产的配置比例，从而减缓价格水平或消费量提升对负债端的影响，且由通胀因子、生活方式因子与风险资产收益率的相关性分析结果可知，消费支出因子与股指收益率的正相关性、与债券资产收益率的负相关性均主要来自通胀因子，其协方差风险的变化对最优组合配置结果具有更强的影响。

（2）考虑老龄因子的影响即生存概率的提升后，需要更大比例提升股票资产的配置以对冲单位未来支出贴现值的增长，从而全面对冲消费支出资本化值的波动风险，并且随着年龄的增长，股票资产的增配比例对老龄风险的敏感性逐渐增强，在60~78岁敏感性的提升速度最为明显。

（3）在股票资产的二级行业配置考虑通胀因子后，即消费价格发生变化时，应当增加偏刚需、价格弹性低的消费（必选消费）行业股指，如食品指数、医疗健康指数等，主要是由于该消费行业股指收益率与其细分通胀因子之间呈现显著的正相关性，增配这些板块可以从股市收益中对冲一部分价格上升对家庭盈余的负向冲击，同时由于高周期性、高价格弹性消费（可选消费）行业股指收益率与对应细分通胀因子呈现负相关，在考虑通胀因子的影响后应当相应减少对该类消费行业股指的配置。

（4）在股票资产的二级行业配置考虑生活方式因子后，即居民对各类商品的消费量发生变化时，居民会增加对汽车及手机电子等交通工具，教育、文化和娱乐的消费支出。由于这些消费行业股指的收益率与消费量的改变（对应的分类生活方式因子）有较强的正相关性，最优配置结果显示将显著增配这类居民消费习惯发生明显变化的板块（新型消费），而适当减少消费习惯改变较少板块的配置（常态消费），可以缓解消费量提升对家庭消费负债的压力。

（5）根据通胀因子、生活方式因子与行业股指收益率之间敏感性的强弱关系，将不同消费类型的通胀因子分为必选消费和可选消费，将不同消费类型的生活方式因子分为常态消费和新型消费，分别探究协方差风险变化对资产配置结果的边际影响。结果显示，必选消费的通胀因子、新型消费的生活方式因子与风险资产收益率协方差的变化将更明显地影响家庭资产组合的配置权重，主要是其与风险资产收益率之间有更强的正向相关性。

（6）基于考虑通胀因子和生活方式因子后的最优行业配置结果，构造优化的二级行业组合，与不考虑负债的优化资产组合以及等权重基准组合收益比较发现，考虑负债的最优组合有更高的持仓收益，同时相对于等权重基准组合，其超额收益与通胀因子及生活方式因子的几个波峰展现了较高的同步性，说明该最优组合确实实现了对家庭负债风险的对冲，本章研究结论存在一定实践意义，可为家庭进行资产配置提供新的投资视角。

第 5 章　基于问卷设计的家庭资产负债表与风险资产配置实证研究

5.1　经济学范式资产负债表中的承诺支出与消费习惯形成

传统的家庭资产负债表项目主要包括家庭金融资产、有形资产、借款和贷款等。经济学范式下的资产负债表项目包括常规资产和负债，以及与做出资产分配决策相关但未出现在常规资产负债表上的扩展的投资组合资产和负债。对于个人投资者而言，扩展的投资组合资产包括人力资本、养老金收入的现值和预期遗产的现值，非传统的负债则是指未来消费的现值，在经济学范式下被认为是一种扩展的投资组合负债。对于机构投资者而言，扩展的投资组合资产可能包括地下矿产资源或未来知识产权使用费的现值，扩展的投资组合负债可能包括预期支出的现值，而应付款将显示为传统负债。

在经济学范式下，家庭的承诺支出与消费习惯形成都列入家庭负债表范畴。传统的资产选择理论假设完全竞争市场、投资者理性且同质，认为投资者都应配置一定比例分散化的风险资产，风险资产与安全资产的相对比例只由自身风险偏好决定（Markowitz，1952；Tobin，1958；Samuelson，1969）。但是长期来看，尽管股票收益率相较其他资产有一定的溢价，家庭却只持有很少比例的股票甚至放弃持有股票[①]，这就是股市有限参与之谜（Mankiw and Zeldes，1991）。国内外学者分别从交易成本、人力资本、住房、人口统计学和社会资本等方面对这一问题进行了探讨。

本章放宽了同质性投资者的假设，尝试着从承诺支出和消费习惯形成的视角去解释股市有限参与之谜，并设计了《居民非金融资产负债与资产配置调查》问卷进行实证研究。承诺支出和消费习惯形成都是家庭为满足生活水准而进行的必需支出，但二者又有所区别。承诺支出是指在未来一段时间内，家庭为了满足基本的生活条件而进行的必需支出（Chetty and Szeidl，2016），包括住房（按揭贷款、租金）、耐用品（车、家具）、服务（保险、水、电、煤）、医疗和教育等，这些支出都是在短期无法调整且客观存在的；消费习惯形成则是指消费者心理上会

①本书使用的样本显示：股票参与率为 49.6%，股票参与程度为 16.7%。

强烈希望当前消费不得低于过去某个消费水平，避免生活水平下降。从现有文献来看，引入消费习惯形成的连续时间模型有两种形式，包括消费者过去消费对当前消费“黏性”的内部习惯形成（Sundaresan，1989；Constantinides，1990），以及整个社会过去的整体消费水平给消费者带来示范效应的外部习惯形成（Campbell and Cochrane，1995）。在引入消费习惯形成的消费与投资最优选择理论模型中，构建消费者最大化自身效用目标函数时，满足生活基准水平的支出不产生实际效用，只有在扣除这些消费支出后，得到的超额可支配收入或者剩余财富才能用于额外消费和金融资产配置。已有研究表明，这些满足消费者生活基准水平的支出占据了人们预算的很大部分（Fratantoni，2001；Chetty and Szeidl，2016），因此有必要在研究投资者资产配置行为时对此加以考虑。

如前所述，承诺支出和消费习惯形成存在很多不同的形式和特征，可能会对风险资产配置有不同的影响，需要进行分类讨论，现有文献对该问题关注不够；另外，学术界还缺乏关于消费习惯形成对风险资产配置影响的微观实证研究。本章在不考虑家庭承诺支出和消费习惯形成的家庭风险资产配置基准模型基础之上，分别分析家庭不变承诺支出、可变承诺支出和部分对冲后的生活必需支出对家庭风险资产配置的影响，并设计对应的代理变量进行实证检验。考虑到目前研究我国家庭金融所使用的微观数据库并未全部涵盖本章所研究的家庭承诺支出和消费习惯形成数据，同时为了能更真实全面地反映我国家庭最新的资产配置情况和行为特征，本章设计了一套较为完整的《居民非金融资产负债与资产配置调查》问卷，并于 2015 年 7 月到 2015 年 8 月发放，共收回了 1024 份有效问卷，遍及 21 个地级市（县）。本章的实证研究表明，家庭不变承诺支出会降低家庭风险资产参与率，可变承诺支出的几个代理变量影响不一，而外部习惯形成会增加风险资产持有比率。

本章可能的贡献和创新之处在于：第一，将承诺支出和消费习惯形成作为家庭风险资产配置的影响因素进行理论与实证研究，扩充了该领域的研究范畴；第二，建立不同的理论模型，探讨不同形式的生活必需支出对家庭风险资产配置可能产生的影响情况；第三，使用数据源自作者及本章设计的《居民非金融资产负债与资产配置调查》问卷，一手材料可以帮助了解当前经济环境下家庭的资产配置选择和行为特征，而作者尚未发现有文献针对消费习惯形成展开微观实证研究；第四，研究所得结论可以帮助银行等金融机构针对投资者的不同特定背景风险进行大类资产配置或者设计更为合理的理财产品，同时提醒政府关注住房、医疗、教育、金融等行业之间的政策联动性。

5.2 承诺支出、消费习惯形成约束下的资产配置文献综述

国内外学者关于考虑家庭外生性消费因素后的最优消费与投资研究，大体可

以分为两类：一类是建立理论模型，并利用动态规划和鞅方法求出承诺支出、消费习惯形成约束下投资者最优风险投资比例的解析解；另一类则是针对承诺支出的各种形式（健康医疗支出、住房按揭贷款等）进行微观层面的实证研究。

5.2.1　承诺支出、消费习惯形成约束下的资产配置模型构建与求解

Huang 和 Pages（1992）、Shim 和 Shin 等（2014）构造了常数绝对风险厌恶、双曲型绝对风险厌恶和二次型等多种效用函数形式，并求出对应的承诺支出和消费习惯形成约束下的最优消费和资产配置比例；Sundaresan（1989）和 Constantinides（1990）研究了在常数投资机会下，受到内部消费习惯形成约束的投资者最优投资消费模型，而 Detemple 和 Rindisbacher（2010）研究了随机投资下的情形；Weinbaum（2005）则给出了持有长期债券的一个原因，即一些保守的投资者不愿意使自己的消费低于某个水平线，这个水平线在效用函数中既可以是外生且非随机的承诺支出，也可以是内生的消费者习惯形成；Gomes 和 Michaelides（2003）建立了劳动收入没有被保险的生命周期模型，数值模拟结果显示：内部习惯形成使跨期消费更加平滑，财富积累也会更多，因此个人更有动力在年轻的时候支付参与股市的“入门费”，而且在入市之后会将大多数的资产都投在股市里面。可见，使用不同的效用函数、模型假设和参数设置将得出不同的结果。

5.2.2　不同类型的承诺支出对风险资产配置的实证研究

学者关于家庭承诺支出的研究包括住房抵押贷款支出、健康支出等几个方面。在有关住房承诺支出的问题上，Fratantoni（1998）使用消费者金融调查数据发现，住房按揭贷款占收入的比例增加一倍，家庭风险资产比例会下降 15%，他认为这种扣除按揭贷款后实际收入的下降会带来“额外的节制”，可以成为股市有限参与的一个可能的合理解释，而住房租金没有显著影响，可能是因为家庭可以随时终止租房合约；而 Cardak 和 Wilkins（2009）发现，住房按揭贷款对家庭风险资产配置有显著的正向影响，只不过因为系数过小没有经济意义。

在健康支出的研究上，Rosen 和 Wu（2004）使用美国健康与退休研究数据发现，身体状况较差的居民参与风险资产的概率较低，且配置比例较少，但是健康对风险资产的影响机制没有得到明确的结论；Berkowitz 和 Qiu（2006）则发现，健康首先影响了家庭财富，其次影响资产配置；Edwards（2008）认为健康风险会降低人们的风险偏好，可以解释 60%以上的退休老人持有的风险资产减少的现象；Bressan 等（2014）使用欧洲健康、老龄化与退休调查（Survey of Health, Aging and Retirement in Europe；SHARE）数据，对衡量健康状况的指标进行了详细的区分，发现自我判断身体较差的变量对风险投资有负向影响，而慢性病、日常活

动受限和心理疾病等变量的影响均不显著。

国内学者缺乏住房按揭贷款、租房成本和教育支出等微观数据，主要针对医疗这种未来承诺支出对居民资产配置的影响做了一些研究。吴卫星等（2011）利用中国家庭微观调查数据，实证研究得出健康状况并不会对风险资产参与率产生显著的影响，但会显著影响风险资产参与程度的结论；而雷晓燕和周月刚（2010）发现健康状况对城镇家庭的风险资产配置有重要作用，农村家庭则不显著；周钦等（2015）则是从医疗保险对冲健康风险的角度进行实证研究，利用 2002 年中国居民家庭收入调查数据，发现参加医疗保险的家庭风险资产持有比例会更高。国内研究文献的不足在于主要集中在消费支出与家庭金融的实证研究，缺乏从效用函数的理论角度进行实证模型的建立和结果分析，这导致该领域的研究缺乏系统性。

5.3 理论模型

5.3.1 不考虑家庭承诺支出和消费习惯形成的配置基准模型 I

如果一个家庭的财富只包括金融资产，在 t 时刻金融资产为 W_t。家庭将投资组合中 α_t 比例的资金投资于风险资产，$[t,t+1]$期间收益率用 R_{t+1}（对应的对数收益率为 r_{t+1}）表示，风险资产收益率 u 的均值与方差分别为 $E_t(R_{t+1})$ 和 σ_u^2；$(1-\alpha_t)$ 的比例投资于无风险资产，$T=t+1$ 期收益率用 $R_{\mathrm{f},t+1}$（对应的对数收益率为 r_{f}）表示。于是，家庭投资组合收益率为 $R_{\mathrm{p},t+1}=\alpha_t(R_{t+1}-R_{\mathrm{f},t+1})+R_{\mathrm{f},t+1}$，组合收益率的均值为 $E_t(R_{\mathrm{p},t+1})=\alpha_t[E_t(R_{t+1})-R_{\mathrm{f},t+1}]+R_{\mathrm{f},t+1}$，方差为 $\sigma_{\mathrm{p}}^2=\alpha_t^2\sigma_u^2$。假定家庭具有由消费决定的标准幂效用函数，$\delta$ 为时间折现因子，γ 为相对风险厌恶系数且独立于财富值，则家庭所面对的目标函数和预算约束为

$$\max_{\alpha_t} E_t\left(\delta\frac{C_{t+1}^{1-\gamma}}{1-\gamma}\right) \tag{5-1}$$

$$\text{s.t.}\quad C_{t+1}=W_{t+1}=W_t(1+R_{\mathrm{p},t+1}) \tag{5-2}$$

由一阶条件可得，基准模型 I 的家庭最优风险资产比例为

$$\alpha_1=\frac{\mu+\sigma_u^2/2}{\gamma\sigma_u^2} \tag{5-3}$$

其中，$\mu=E_t(r_{t+1})-r_{\mathrm{f}}$。由式（5-3）可以看出：家庭最优风险资产比例与风险资产超额收益率 μ 正相关，与风险资产收益率的波动负相关。α_1 将作为以下模型的比较基准。

5.3.2　考虑不变的承诺支出下的家庭风险资产配置模型Ⅱ

在基准模型Ⅰ的基础上，加上不变的承诺支出 X_{t+1}，只有超过 X_{t+1} 的消费 $C_{t+1}{}^{*}=W_t\left(1+R_{\mathrm{p},t+1}\right)-X_{t+1}$ 才能给家庭带来实际效用。在这种情况下，家庭会在 t 期预留一部分资产，以保证在 t+1 期持有大于等于 X_{t+1} 的财富。因此，家庭会先将 $\dfrac{X_{t+1}}{1+R_{\mathrm{f}}}$ 的财富投资于无风险资产作为未来的承诺支出，然后把 $W_t-X_{t+1}/\left(1+R_{\mathrm{f}}\right)$ 的财富按照基准模型Ⅰ中的幂函数进行配置。于是求得模型Ⅱ下的家庭最优风险资产比例为

$$\alpha_2=\alpha_1\frac{W_t-X_{t+1}/\left(1+R_{\mathrm{f}}\right)}{W_t}=\frac{\mu+\sigma_u^2/2}{\gamma\sigma_u^2}\left[1-\frac{X_{t+1}/\left(1+R_{\mathrm{f}}\right)}{W_t}\right] \tag{5-4}$$

由式（5-4）可以看出：第一，$\alpha_2<\alpha_1$；第二，在考虑不变的承诺支出时，家庭最优风险资产比例与总财富水平 W_t 正相关，在单期模型默认数量不变的前提下，金融资产价格越高，家庭更愿意去配置风险资产，即对于考虑不变承诺支出的家庭，其风险资产投资行为倾向于“追涨杀跌”；第三，在考虑不变的承诺支出时，家庭最优风险资产比例与支出水平 X_{t+1} 负相关。

5.3.3　考虑可变的承诺支出下的家庭风险资产配置模型Ⅲ

设 $T=t+1$ 期的承诺支出 X_{t+1} 可以随机变动，且服从对数正态分布，x_{t+1} $=\log(X_{t+1})\sim N(x,\sigma_x^2)$。风险资产与承诺支出相关，协方差为 $\sigma_{xu}=\mathrm{Cov}_t\left(x_{t+1},r_{t+1}\right)$；其他条件不变，则这时家庭所面对的目标函数和预算约束为

$$\max_{\alpha_t} E_t\left(\delta\frac{\left(C_{t+1}-X_{t+1}\right)^{1-\gamma}}{1-\gamma}\right) \tag{5-5}$$

$$\text{s.t.}\quad C_{t+1}=W_t\left(1+R_{\mathrm{p},t+1}\right)-X_{t+1} \tag{5-6}$$

使用对数线性近似方法，可以得出模型Ⅲ的家庭最优风险资产比例为

$$\alpha_3=\frac{1}{\eta}\left(\frac{\mu+\sigma_u^2/2}{\gamma\sigma_u^2}\right)+\left(1-\frac{1}{\eta}\right)\frac{\sigma_{xu}}{\sigma_u^2} \tag{5-7}$$

式（5-6）的对数线性近似为

$$c_{t+1}=\eta(w_t+r_{\mathrm{p},t+1})+\left(1-\eta\right)x_{t+1} \tag{5-8}$$

其中，w_t 表示 W 的对数值；参数 η 表示总财富与剩余财富之间的比例。

$$\eta = \frac{\exp\left(w + r_{\mathrm{p}} - x\right)}{\exp\left(w + r_{\mathrm{p}} - x\right) - 1} = \frac{W}{W - \dfrac{X}{1 + R_{\mathrm{p}}}}, \quad \eta > 1 \tag{5-9}$$

由式（5-7）可以看出：如果承诺支出水平与风险资产收益率正相关，则承诺支出在一定程度上可以充当风险资产的“互补品”，在满足式（5-10）的条件下，$\alpha_3 > \alpha_1$；当承诺支出水平与风险资产收益率正相关但不满足式（5-10）、负相关或者不相关时，$\alpha_3 < \alpha_1$，即

$$\mu + \frac{\sigma_u^2}{2} < \gamma\sigma_{xu} \tag{5-10}$$

5.3.4 考虑可变的承诺支出被部分对冲的家庭风险资产配置模型Ⅳ

在模型Ⅲ的基础上，再考虑可变的承诺支出被部分对冲的情况，假设有θ的比例可以被对冲，那么目标函数分子中实际扣除的承诺支出为$(1-\theta)X_{t+1}$。同样使用对数线性近似方法，得出家庭最优风险资产比例为

$$\alpha_4 = \frac{1}{\eta^*}\left(\frac{\mu + \sigma_u^2 / 2}{\gamma\sigma_u^2}\right) + \left(1 - \frac{1}{\eta^*}\right)\frac{\sigma_{xu}}{\sigma_u^2} \tag{5-11}$$

参数η^*是总财富与剩余财富之间的比例：

$$\eta^* = \frac{\exp\left(w + r_{\mathrm{p}} - (1-\theta)x\right)}{\exp\left(w + r_{\mathrm{p}} - (1-\theta)x\right) - 1} = \frac{W}{W - \dfrac{(1-q)X}{1 + R_{\mathrm{p}}}}, \quad \eta^* > 1 \tag{5-12}$$

由式（5-11）可以看出，当承诺支出可以被部分对冲时，$\eta^* < \eta$。如果承诺支出水平与风险资产收益率正相关，在满足式（5-10）的条件下，$\alpha_3 > \alpha_4 > \alpha_1$；当承诺支出水平与风险资产收益率正相关但不满足式（5-10）、负相关或者不相关时，$\alpha_3 < \alpha_4 < \alpha_1$。

5.3.5 基于过去消费习惯形成的家庭风险资产配置模型Ⅴ

消费习惯形成的形式如式（5-13）所示，其中，c_t和C_t分别表示消费者自身及社会整体在t时刻的消费量，h_t表示t时刻的习惯存量，而h_{t+1}表示t+1时刻的习惯存量，由以前各期的消费量而定。

$$h_{t+1} = r_1 h_t + r_2 c_t + r_3 C_t \tag{5-13}$$

为简化起见，在本章所设置的单期模型中令$\rho_1 = 0$，即习惯存量仅与上一期的消费量有关；同时c_t和C_t在t+1时刻均为已知的状态变量，因此模型Ⅴ只是将之前模型的承诺支出X_{t+1}替换为消费习惯形成h_{t+1}的形式，家庭风险资产配置模

型的目标函数、预算约束以及最优风险资产配置比例与理论模型Ⅱ和Ⅲ相同，分析过程和结果也相同。

5.4　实 证 研 究

5.4.1　变量设置

被解释变量包括家庭股票和风险资产参与率、参与程度。解释变量包括以下与承诺支出和消费习惯形成有关的代理变量：①住房按揭贷款，预示着未来一系列不变的现金流流出，因此将其视作基于未来不变承诺支出的代理变量，可以对理论模型Ⅱ进行实证检验；②家庭学生数量，预示着未来一系列可变的教育投入支出，因此将其视作基于未来可变承诺支出的代理变量，可以针对理论模型Ⅲ进行实证检验；③健康状况，预示着未来一系列可变的医疗支出，因此将其视作基于未来可变承诺支出的代理变量，可以针对理论模型Ⅲ进行实证检验；④参加医疗保险情况，可视作对未来承诺支出的一种对冲方式，可以针对理论模型Ⅳ进行实证检验[①]；⑤城市整体消费情况，用 2014 年地级市（县）人均生活消费支出与人均收入的比值衡量[②]，本章认为其可以反映家庭所处社会的过去的消费水平给消费者带来的示范效应，因此将其视作外部消费习惯形成的代理变量，可以针对理论模型Ⅴ进行实证检验。

另外，将可能对家庭风险资产配置产生影响的其他变量作为控制变量加入模型，包括户主年龄、户主年龄的平方、户主性别、教育程度、婚姻情况、工作情况、金融了解程度、家庭自主创业情况、收入情况、房产情况和风险偏好等，同时为了避免无法观测的地域因素造成的遗漏变量问题，加入了省份虚拟变量。研究变量符号和定义汇总如表 5-1 所示。

表 5-1　研究变量符号和定义汇总

变量	符号	定义
被解释变量	ifstock	是否进行股票投资：否=0；是=1
	ifrisk	是否持有风险资产（股票+基金）：否=0；是=1
	stock	股票占总财富比例
	risk	风险资产（股票+基金）占总财富比例

①医疗保险本身也是一种承诺支出，但是本章认为其占收入比重很小，因此主要是起到对冲作用。

②数据来源为各地级市统计年鉴，使用 2014 年的数据可以反映过去的整体消费水平。

续表

变量	符号	定义
解释变量	ifmortg	是否在偿还住房按揭贷款：否=0；是=1
	mortg	每月住房按揭贷款占家庭月收入比例：10%以下=1；10%~30%（不含）=2；30%~50%=3；50%以上=4
	child	家庭学生数量：无=1；1 人=2；2 人=3；3 人=4；4 人及以上=5
	health	健康状况：较差且有较高比例支出=1；良好且有较低比例支出=2；优秀且基本不需要支出=3
	insur	参加医疗保险情况：没参加=1；参加基本医疗保险=2；参加商业医疗保险=3
	habitform	城市整体消费情况=人均生活消费支出/人均收入
控制变量	age	户主年龄
	agesq	户主年龄的平方
	sex	户主性别：女性=0；男性=1
	educa	教育程度：高中及以下=1；大学=2；硕士及以上=3
	marri	婚姻情况：未婚=0；已婚=1
	onjob	户主已退休=0；户主在职=1
	industry	户主从事行业：与金融业无关=0；在金融业做过=1
	knowl	金融了解程度：非常不熟悉=1；不太熟悉=2；一般=3；比较熟悉=4；非常熟悉=5
	busin	家庭自主创业情况：否=0；是=1
	salarynum	家庭中有工资人数：无=1；1 人=2；2 人=3；3 人=4；4 人及以上=5
	income	家庭年收入情况：5 万元以下=1；5 万~10 万元（不含）=2；10 万~20 万元（不含）=3；20 万元及以上=4
	expincome	对未来家庭年收入的预期：下滑=1；平稳=2；上升=3
	housenum	住房套数：租房或单位房=1；一套=2；两套=3；三套及以上=4
	exphousep	对未来房价的预期：大幅下跌=1；小幅下跌=2；不变=3；小幅上涨=4；大幅上涨=5
	risky	风险态度评分：分数高，则风险偏好高
虚拟变量	province	省份虚拟变量控制

5.4.2　描述性统计

表 5-2 的描述性统计结果显示，有 49.6%的家庭配置了股票，有 55.0%的家庭配置了风险资产，相比吴卫星（2011）之前的统计结果要高出不少，说明 2015 年的牛市环境带动了家庭对于股票溢价收益率的关注；但是股票和风险资产参与程度却不高，平均只有 16.7%和 20.4%，说明我国家庭依然存在风险资产“有限

参与”的情况。

表 5-2 研究变量描述性统计表

符号	平均值	标准差	最小值	最大值
ifstock	0.496	0.500	0	1
ifrisk	0.550	0.498	0	1
stock	0.167	0.252	0	1
risk	0.204	0.276	0	1
ifmortg	0.464	0.499	0	1
mortg	1.914	1.204	1	5
child	1.687	0.731	1	5
health	2.364	0.547	1	3
insur	2.080	0.402	1	3
habitform	0.661	0.057	0.546	0.818
age	39.030	10.590	17	75
agesq	1635	874	289	5625
sex	0.567	0.495	0	1
marri	0.816	0.388	0	1
educa	1.395	0.678	1	3
industry	0.157	0.364	0	1
risky	14.910	5.676	5	34
knowl	2.942	0.943	1	5
onjob	0.962	0.191	0	1
busin	0.229	0.420	0	1
salarynum	3.206	1.025	1	5
income	2.780	1.070	1	5
expincome	2.389	0.602	1	3
housenum	2.469	0.779	1	4
exphousep	3.380	0.893	1	5

5.4.3 实证模型构建

在股票和风险资产参与率模型中，本节构建了 Probit 模型：

$$\text{stock}(\text{risk}) = b_0 + b_1\text{Committed} + b_2\text{Habit} + b_3 X + m \tag{5-14}$$

$$y = \begin{cases} 1, & \text{stock}(\text{risk}) > 0 \\ 0, & \text{stock}(\text{risk}) \leqslant 0 \end{cases} \tag{5-15}$$

其中，Committed 表示承诺支出的各个代理变量；Habit 表示消费习惯形成的代理变量；X 表示各个控制变量；$m \sim N\left(0,\sigma^2\right)$；$y$=1 表示配置了股票或者风险资产，$y$=0 表示没有配置股票和风险资产。

在股票和风险资产参与程度模型中，鉴于被解释变量数据具有介于 0 和 1 之间的“截断”性质，本节构建了 Tobit 模型：

$$y=\begin{cases}\text{stock}(\text{risk}), & \text{stock}(\text{risk})>0\\ 0, & \text{stock}(\text{risk})\leqslant 0\end{cases} \tag{5-16}$$

5.4.4　实证结果分析

1. 股票和风险资产的参与率模型

表 5-3 中的模型（1）和模型（2）以股票参与率为被解释变量，区别在于住房按揭贷款在模型（1）中为是否在偿还住房按揭贷款的虚拟变量，而在模型（2）中是每月住房按揭贷款占家庭月收入比例的实际变量。模型（3）和模型（4）则将被解释变量换成风险资产参与率后进行相同的回归。

表 5-3　股票和风险资产参与率模型的实证结果

变量	ifstock		ifrisk	
	模型（1）	模型（2）	模型（3）	模型（4）
ifmortg	−0.0206 （0.0944）		0.0404 （0.0940）	
mortg		−0.1090*** （0.0390）		−0.0700* （0.0388）
child	−0.0320 （0.0678）	−0.0207 （0.0684）	0.0181 （0.0687）	0.0249 （0.0691）
health	0.2736*** （0.0864）	0.2656*** （0.0866）	0.3050*** （0.0864）	0.2992*** （0.0866）
insur	−0.0444 （0.1210）	−0.0168 （0.1213）	−0.0185 （0.1232）	0.0025 （0.1232）
habitform	0.0947 （0.0999）	0.0949 （0.1002）	0.1655 （0.0999）	0.1653 （0.0998）
industry	0.2849* （0.1624）	0.2802* （0.1629）	0.1920 （0.1619）	0.1884 （0.1621）
risky	0.0322*** （0.0085）	0.0336*** （0.0085）	0.0317*** （0.0085）	0.0328*** （0.0085）

续表

变量	ifstock		ifrisk	
	模型（1）	模型（2）	模型（3）	模型（4）
age	0.0295 （0.0378）	0.0313 （0.0379）	0.0241 （0.0374）	0.0247 （0.0375）
agesq	−0.0001 （0.0005）	−0.0002 （0.0005）	−0.0001 （0.0004）	−0.0001 （0.0004）
sex	0.2647*** （0.0951）	0.2756*** （0.0955）	0.2764*** （0.0956）	0.2868*** （0.0957）
marri	0.1203 （0.1397）	0.1220 （0.1402）	0.0274 （0.1418）	0.0336 （0.1420）
educa	−0.0457 （0.0793）	−0.0494 （0.0793）	−0.0338 （0.0800）	−0.0368 （0.0800）
knowl	0.4457*** （0.0579）	0.4440*** （0.0582）	0.4020*** （0.0574）	0.4002*** （0.0575）
onjob	0.1464 （0.3005）	0.1743 （0.3013）	0.2073 （0.2948）	0.2283 （0.2952）
busin	0.0267 （0.1215）	0.0227 （0.1215）	−0.1107 （0.1229）	−0.1125 （0.1228）
salarynum	−0.0353 （0.0469）	−0.0434 （0.0470）	−0.0505 （0.0467）	−0.0562 （0.0467）
income	0.2009*** （0.0514）	0.2182*** （0.0519）	0.2276*** （0.0513）	0.2411*** （0.0517）
expincome	0.0460 （0.0774）	0.0541 （0.0777）	−0.0216 （0.0769）	−0.0144 （0.0771）
housenum	0.0990 （0.0651）	0.0939 （0.0654）	0.0861 （0.0651）	0.0791 （0.0652）
exphousep	0.0310 （0.0532）	0.0457 （0.0532）	0.0518 （0.0522）	0.0633 （0.0522）
常数项	−3.8835*** （0.8480）	−3.8706*** （0.8520）	−3.8116*** （0.8400）	−3.7740*** （0.8416）
province	控制	控制	控制	控制

注：括号内为标准误

*、***分别代表在 10%、1%的水平上显著

作为不变承诺支出的代理变量，住房按揭贷款在模型（1）和模型（3）中的系数不显著，而在模型（2）和模型（4）中显著为负，其中模型（2）意味着，系

数每上升一档就会使家庭股票参与率下降 4.35%①，说明影响家庭股票和风险资产参与的不是“是否在偿还住房按揭贷款”，而是“每月住房按揭贷款占家庭月收入比例”，背负的住房按揭贷款越重，参与率就越低。本章分析可能的原因是，样本中多数家庭每月住房按揭贷款占家庭月收入比例小于 10%，与不需要偿还住房按揭贷款的家庭在承诺支出上差距并不大，因此如果只是单纯地区分为是否在偿还住房按揭贷款可能起不到作用，只有当住房按揭贷款达到某种水平之上时，也许才会对投资者行为产生实质性影响。这一结果与理论模型Ⅱ中基于不变的承诺支出对家庭风险资产负向影响的假设一致，也与 Fratantoni（1998）的结果一致。另外需要注意的是，住房按揭贷款在模型（2）中是在 1%水平上显著，在模型（4）中则是在 10%水平上显著，说明住房按揭贷款对风险资产参与率的解释程度没有股票大。

作为可变承诺支出的一个代理变量，家庭学生数量的系数在四个模型中均不显著。本章尝试着解释这种现象，首先尽管家庭学生数量可以反映未来一段时间的教育开支，但是这种教育开支对当今社会的家长来说更像是一种未来的资本，孩子的教育越好，家长也越幸福，因此教育对家庭的效用影响还有一定的积极因素；其次，问卷的问题设置上没有将学生还有几年毕业等信息纳入，可能也导致了实证结果的不理想。

健康状况作为可变承诺支出的另一个代理变量，在四个模型中均显著为正，模型（1）中的健康状况，按表 5-1 的定义，每上升一档就会使家庭股票参与率提高 10.91%，说明医疗这一承诺支出对家庭风险资产配置行为有明显负向作用。这一结果与 Rosen 和 Wu（2004）的实证结果较为一致；也与理论模型Ⅲ中不满足式（5-10）时的假设一致，说明医疗支出与风险资产收益率相关性较小。

作为对冲承诺支出的代理变量，参加医疗保险情况在四个模型中均不显著，说明医疗保险没有起到很好的对冲作用，给百姓带来的“安全感”仍有待提升，与周钦等（2015）结论不一致。本章分析可能的原因在于样本中绝大多数居民都有普通医疗保险，样本间的差异度不够。

作为外部消费习惯形成的代理变量，城市整体消费情况在四个模型中均不显著，说明这个代理变量不能对家庭风险资产参与率进行有效的解释，家庭在选择风险资产时不会受到周围人消费行为的影响。

对于各控制变量，男性的风险资产参与率明显高于女性，金融了解程度、风险态度评分、家庭年收入情况的系数也都显著为正，户主从事行业系数在模型（1）和模型（2）中显著为正；而其他控制变量系数均不显著。特别是有关房地产的变量，作为家庭最重要的资产，住房从理论上讲应该会对家庭资产配置行为产生影

①此为住房按揭贷款在样本其他变量等于均值时对股票参与率的边际效应。

响，本章的结果可以解释为住房的财富效应和挤出效应之间的相互作用可能比较复杂，导致最终结果不显著。

2. 股票和风险资产的参与程度模型

表 5-4 是把被解释变量换成股票和风险资产的参与程度后做了相同的回归的结果。可以看到，表 5-4 中有些变量系数与表 5-3 中的正负和显著性一致，如健康状况、风险态度评分、金融了解程度的系数依然显著。但是本章关注的解释变量在这个模型中有两个变化。一个是住房按揭贷款在四个模型中均不显著了，说明是否在偿还住房按揭贷款以及每月住房按揭贷款占家庭月收入比例均无法对股票和风险资产参与程度进行解释，即住房按揭贷款只影响“入门”而不影响“入多少”；另一个是外部消费习惯形成的代理变量城市整体消费情况在四个模型中均显著为正，从理论模型的角度看，当外部消费习惯形成与风险资产收益率之间的正向相关性较大时①，外部消费习惯形成可能会充当风险资产的“互补品”，增加家庭风险资产配置比例。

表 5-4　股票和风险资产参与程度模型的实证结果

变量	stock		risk	
	模型（5）	模型（6）	模型（7）	模型（8）
ifmortg	0.0171 （0.0317）		0.0265 （0.0317）	
mortg		−0.0251 （0.0131）		−0.0141 （0.0131）
child	−0.0168 （0.0230）	−0.0143 （0.0231）	−0.0044 （0.0230）	−0.0029 （0.0231）
health	0.1153*** （0.0298）	0.1107*** （0.0298）	0.1253*** （0.0298）	0.1219*** （0.0298）
insur	−0.0127 （0.0404）	−0.0043 （0.0404）	0.0020 （0.0403）	0.0083 （0.0403）
habitform	0.0678** （0.0335）	0.0686** （0.0335）	0.0748** （0.0333）	0.0757** （0.0333）
industry	0.1217** （0.0512）	0.1216** （0.0512）	0.1062** （0.0516）	0.1061** （0.0516）
risky	0.0095*** （0.0028）	0.0099*** （0.0028）	0.0085*** （0.0028）	0.0088*** （0.0028）

① 直观上讲，高投资收益率与高消费之间的确可能存在较大的正向相关性。

续表

变量	stock		risk	
	模型（5）	模型（6）	模型（7）	模型（8）
age	0.0068 （0.0130）	0.0077 （0.0130）	0.0070 （0.0129）	0.0075 （0.0129）
agesq	−0.0000 （0.0002）	−0.0000 （0.0002）	−0.0000 （0.0002）	−0.0000 （0.0002）
sex	0.0438 （0.0319）	0.0463 （0.0319）	0.0441 （0.0319）	0.0462 （0.0319）
marri	0.0948** （0.0476）	0.0968** （0.0475）	0.0909* （0.0474）	0.0940** （0.0473）
educa	0.0264 （0.0271）	0.0259 （0.0270）	0.0110 （0.0272）	0.0111 （0.0272）
knowl	0.1466*** （0.0196）	0.1465*** （0.0196）	0.1400*** （0.0194）	0.1400*** （0.0195）
onjob	0.1634 （0.1075）	0.1708 （0.1074）	0.1668 （0.1069）	0.1724 （0.1069）
busin	−0.0216 （0.0409）	−0.0263 （0.0409）	−0.0504 （0.0410）	−0.0545 （0.0410）
salarynum	−0.0095 （0.0164）	−0.0117 （0.0164）	−0.0027 （0.0163）	−0.0046 （0.0163）
income	0.0274 （0.0174）	0.0309* （0.0174）	0.0266 （0.0173）	0.0293* （0.0174）
expincome	0.0270 （0.0263）	0.0290 （0.0263）	0.0091 （0.0261）	0.0105 （0.0262）
housenum	0.0289 （0.0222）	0.0283 （0.0223）	0.0347 （0.0223）	0.0338 （0.0223）
exphousep	−0.0046 （0.0181）	0.0002 （0.0181）	−0.0054 （0.0181）	−0.0015 （0.0181）
常数项	−1.4570*** （0.2951）	−1.4600*** （0.2957）	−1.4389*** （0.2894）	−1.4385*** （0.2899）
province	控制	控制	控制	控制

注：从稳健性角度考虑，对参与程度=1 的异常值进行了剔除

*、**、***分别代表在 10%、5%、1%的水平上显著

在其他控制变量上，户主从事行业的系数在四个模型中均显著为正，金融行业的相关经验可能会增强投资者对股市的熟悉程度，在股票仓位的把控上也

会更有自信；婚姻情况在四个模型中均显著，说明婚姻可能会使居民风险承受能力增强。

5.4.5　稳健性检验

本节对模型（3）、模型（4）、模型（7）、模型（8）进行了替换被解释变量的稳健性检验，再采取子样本回归对实证结果进行稳健性检验。模型（9）和模型（11）只包含在职的家庭；模型（10）和模型（12）剔除了年收入在 5 万元以下的样本，结果如表 5-5 所示，可以看到承诺支出和消费习惯形成的各代理变量的系数正负与显著性均未有明显改变。

表 5-5　稳健性检验结果（子样本回归）

变量	ifstock		stock	
	模型（9）	模型（10）	模型（11）	模型（12）
mortg	−0.1056***	−0.1078***	−0.0252	−0.0220
	（0.0391）	（0.0403）	（0.0131）	（0.0127）
child	−0.0215	−0.0128	−0.0158	−0.0067
	（0.0685）	（0.0710）	（0.0231）	（0.0225）
health	0.2388***	0.2514***	0.0970***	0.0949***
	（0.0888）	（0.0900）	（0.0304）	（0.0292）
insur	−0.0047	0.0076	−0.0048	0.0009
	（0.1222）	（0.1260）	（0.0405）	（0.0396）
habitform	0.0813	0.0639	0.0620*	0.0428*
	（0.1012）	（0.1046）	（0.0337）	（0.0328）
industry	0.2767*	0.3301*	0.1237**	0.1260**
	（0.1634）	（0.1706）	（0.0512）	（0.0500）
risky	0.0329***	0.0373***	0.0097***	0.0100***
	（0.0086）	（0.0090）	（0.0028）	（0.0027）
age	0.0454	0.0293	0.0180	0.0006
	（0.0412）	（0.0414）	（0.0142）	（0.0134）
agesq	−0.0004	−0.0002	−0.0001	0.0001
	（0.0005）	（0.0005）	（0.0002）	（0.0002）
sex	0.2494***	0.2745***	0.0338	0.0344
	（0.0967）	（0.0995）	（0.0322）	（0.0313）
marri	0.0965	0.1464	0.0838*	0.1165**
	（0.1416）	（0.1501）	（0.0478）	（0.0478）

续表

变量	ifstock		stock	
	模型（9）	模型（10）	模型（11）	模型（12）
educa	−0.0469 （0.0804）	−0.0449 （0.0836）	0.0220 （0.0274）	0.0206 （0.0268）
knowl	0.4448*** （0.0591）	0.4478*** （0.0607）	0.1443*** （0.0198）	0.1406*** （0.0192）
onjob		0.0581 （0.3287）		0.1677 （0.1109）
busin	0.0190 （0.1223）	0.0833 （0.1283）	−0.0267 （0.0410）	−0.0167 （0.0403）
salarynum	−0.0399 （0.0477）	−0.0227 （0.0500）	−0.0091 （0.0165）	−0.0088 （0.0164）
income	0.2196*** （0.0527）	0.2055*** （0.0626）	0.0363** （0.0176）	0.0322* （0.0195）
expincome	0.0640 （0.0783）	0.0528 （0.0829）	0.0296 （0.0264）	0.0257 （0.0264）
housenum	0.0934 （0.0661）	0.0810 （0.0678）	0.0293 （0.0224）	0.0272 （0.0218）
exphousep	0.0475 （0.0536）	0.0612 （0.0570）	0.0014 （0.0181）	0.0035 （0.0182）
常数项	−4.0167*** （0.9116）	−3.9005*** （0.9303）	−1.4628*** （0.3175）	−1.2804*** （0.3041）
province	控制	控制	控制	控制

*、**、***分别代表在 10%、5%、1%的水平上显著

本 章 小 结

本章首先构建了几种考虑承诺支出和消费习惯形成的家庭风险资产配置理论模型，其次找到相对应的代理变量，使用 2015 年的调查问卷数据进行了实证检验，得出的结论如下。

第一，每月住房按揭贷款占家庭月收入比例对家庭风险资产参与率有显著的负向影响，对参与程度没有显著影响。2015 年，我国家庭每月住房按揭贷款近 5000 亿元，杠杆率超过 2 倍，房贷占 GDP 比重为 8.6%，高企的房价使家庭背负了巨大的房贷负担，这一未来很长一段时间内不变的承诺支出必然会对家庭的资产配

置选择产生影响，本章的实证结果也证实了这一点。

第二，家庭学生数量对家庭风险资产参与率、参与程度都没有显著的影响，可能的原因是这个变量不仅反映未来可变的教育承诺支出，还蕴含着家长的“情感”因素，因此需要在后续问卷调查中设置更加精确细致的变量对教育支出进行解释；而健康状况对家庭风险资产参与率、参与程度都有显著的正向影响，说明投资者在进行风险资产配置时会基于自身身体状况考虑未来医疗支出；同时本章发现，医疗保险对未来医疗的承诺支出没有起到很好的对冲作用。

第三，城市整体消费情况作为外部消费习惯形成的代理变量对家庭风险资产参与程度有显著的正向影响，可能是因为消费与风险资产回报率之间有较高的正相关性。本章基于以上结论给出如下的建议。

第一，对房价进行有效的调控，完善住房按揭贷款政策。本章的实证结果已经说明居民的风险资产配置行为在房贷的背景下会受到明显的限制。房贷占家庭总资产的比重过高会对包括资产配置在内的各方面都产生影响，政府应该合理地调控房价，抑制过度投机；同时，当前的住房按揭贷款政策存在漏洞，出现了很多“首付贷”不规范的问题，房产中介、P2P（peer to peer，个人对个人）等机构进行场外配资的情况也时有发生，这助长了住房的投机性，政府需要及时完善政策并对这些现象加以遏制。第二，加快普及和完善普通医疗保险和商业医疗保险。居民的健康状况会对生活和资产配置产生显著影响，但现在医疗保险并不能为居民提供足够的安全感，说明当前的医疗保险制度可能依然存在须完善的地方。本章调查样本发现尚有一小部分家庭未参与普通医疗保险，医疗保险普及程度不足的问题值得有关部门重视；同时，政府应该给予医疗保险更大的财政支持，降低起付线水平，扩大报销病种范围，以真正实现医疗保险对未来承诺支出风险的对冲作用。第三，银行在设计理财产品时要对居民家庭状况进行全方位的考量。可以看到，诸多因素都会对家庭风险资产配置产生影响，因此要求银行在设计理财产品时，充分考虑家庭间的异质性，注意资产风险与收益的匹配；同时产品销售人员也要遵守行业准则和道德规范，向居民推荐真正适合他们的理财产品。

第6章　考虑居民行业背景的家庭大类资产配置研究

一方面，基于马科维茨资产组合理论的分散化投资观点得到了广泛发展；另一方面，基于投资者对资产熟悉度的“集中投资”理论也得到了深入研究。并且，基于这两种理论，一些学者也进行了相应的权衡性探索。本章在回顾相关文献的基础上，建立考虑居民特定行业背景的动态资产配置，居民不再追求指数基金被动投资，而是可能超配或者低配自己所在行业的股票。

6.1　投资者行业背景的家庭动态资产配置相关研究

Keynes（1934）在一封信中表达了这样一种观点，即人们在投资管理中，应该在少数股票上分配财富，即投资的正确方法是将大部分的资金配置于投资者认同其管理方式的、了解其信息的企业上，在大量不熟悉的企业上配置资产以达到控制风险的目的的操作是错误的。Loeb（1950）表达了类似的观点，即一旦投资者对某个资产具备信心，就不该进行多样化配置。多样化的本质在于自己不清楚如何操作，并通过分散化资产努力达到平均水平。

French 和 Poterba（1990）、Cooper 和 Kaplanis（1994）的研究表明，投资者偏向投资本国资产，而不是偏向投资国际多元化的资产。Coval 和 Moskowitz（1999）表明，对熟悉资产的偏好不仅存在于个人投资者的国际投资组合中，而且美国的投资经理人对与其关系密切的本地股票也存在偏好。Huberman（2001）提出了应该对熟悉的资产进行投资的想法，并在多种情况下提供了证明。例如，根据记录，在美国大部分州，投资者对当地贝尔电话公司的投资金额远远超过了对州外贝尔电话公司的投资。

Feng 和 Seasholes（2004）发现，中国投资者不仅增持了本地公司，而且增持了在当地交易所交易的公司。Sarkissian 和 Schill（2004）发现，熟悉度偏差不仅存在于投资决策中，而且还存在于融资决策中：在特定的外国市场进行股票交叉上市的决定是由市场的熟悉程度而不是多元化考虑决定的。Massa 和 Simonov（2006）发现，投资者倾向于将他们的投资组合从市场投资组合转移到在地理上和在专业上接近该投资者的股票上，从而导致其投资偏向熟悉的股票。Boyle 等（2009）通过建立投资组合选择模型，对 Keynes（1934）和 Markowitz（1952）的研究进行了系统分析。在该模型中，所有资产具有相同的预期收益、波动性以及与其他资产的相关性，资产之间唯一区别在于投资者对其收益分布的模糊性。该模型允许对各种资产进行不同程度的“熟悉”，并最终达到集中化与分散化之间的平衡。该模型表明，如果投资者不熟悉某项特定资产，那么他们将拥有 Markowitz（1952）倡导的分散化投资组合；另外，如果投资者熟悉某项特定资产，他们会将其投资组合偏向该资产，同时继续通过持有其他资产来实现分散化。

本章在投资组合理论的基础上，将个人可投资资产划分为无风险资产、投资者劳动行业的风险资产以及其他行业的风险资产，一方面，考虑投资者本身劳动收入与对应行业的风险资产存在一定程度的相关性，出于风险分散的角度或应低配本身行业的风险资产；另一方面，考虑投资者在此行业中工作，可深入接触行业中的专业知识及信息资源，因此对本行业风险资产具有更高的熟悉度，投资行为或更精确，即能以更小的风险获取收益，因此应高配所处行业的风险资产。结合生命周期模型，本章将在投资者整个生命周期内，就消费、储蓄、所处行业风险资产及其他行业风险资产四类资产，以效用最大化为目标，求解最优资产配置模型，并对现实应用具有一定的指导。

6.2　模 型 建 立

6.2.1　模型设定

1. 效用函数

本章假设投资者效用函数符合常相对风险回避效用函数特征，即相对风险回避系数保持稳定，且与消费水平无关。我们假设投资者生命周期为 T 年（不包括退休后情形），那么在时期 t 该投资者将面临以下最大化问题：

$$\max E_t\left(\sum_{n=0}^{T-t} Z^n u(C_{t+n})\right) \tag{6-1}$$

$$u(C)=\frac{C^{1-\eta}}{1-\eta} \tag{6-2}$$

其中，Z 表示折现系数；u 表示投资者目标效用函数；C_n 表示第 n 期的消费；η 表示风险回避系数。

2. 约束条件

本章假设在时期 t 投资者总财富 W_t 由两部分组成，一部分是初始资产 K_t，另一部分是当期劳动收入 L_t，同时，投资者会将总财富在消费、储蓄和风险资产中进行分配，其中风险资产根据投资者行业背景被分为两种。

$$W_t = K_t + L_t \tag{6-3}$$

$$W_t = C_t + A_t + B_t + S_t \tag{6-4}$$

其中，W_t 表示当期总财富；K_t 表示当期初始资产；L_t 表示当期劳动收入；C_t 表示当期消费；A_t 表示当期投资的本行业风险资产；B_t 表示当期投资的其他行业风险资产；S_t 表示当期储蓄。

假设无风险资产收益率为 r，定义 $R = \mathrm{e}^r$；风险资产收益与波动性服从对数正态分布，因此 $E\left(R^A\right) = \mathrm{e}^{r+a}$，$E\left(R^B\right) = \mathrm{e}^{r+\beta}$。具体如下：

$$\log R^A \sim N(r + \alpha - \sigma_\alpha^2/2, \sigma_\alpha^2) \tag{6-5}$$

$$\log R^B \sim N(r + \beta - \sigma_\beta^2/2, \sigma_\beta^2) \tag{6-6}$$

其中，α 表示本行业股票权益溢价；σ 表示风险资产收益标准差；β 表示其他行业股票权益溢价。

3. 劳动收入

本章假设投资者的劳动收入存在风险。尽管在现实生活中，每个人的职业道路在一定程度上存在相似性，如其劳动收入在就业前期增长较快，继而步入稳定，后期可能逐步下降，但其中依旧存在一定风险，如公司倒闭、临时失业、公司经营不景气等。因此，本章假设投资者当期劳动收入由两部分构成，即恒常收入 Ω 与收入冲击 Θ。其中，恒常收入符合钟形曲线特征，各期相对水平保持不变；收入冲击满足正态分布，存在波动性，并且与该行业资产收益率相关，即

$$L_t = \Omega_t \Theta_t \tag{6-7}$$

$$\log\Theta \sim N(-\sigma_\Theta^2/2, \sigma_\Theta^2) \tag{6-8}$$

$$E\left(\Theta\right) = 1 \tag{6-9}$$

另外，恒常收入年增长率为

$$\rho_{t+1} = \frac{\Omega_{t+1}}{\Omega_t} \tag{6-10}$$

4. 模型推导

通过以上设定，本章可以通过各期资产配置将模型从单期情形扩展到多期情形，即 t+1 期的资产及总财富水平为

$$K_{t+1} = R_t^A A_t + R_t^B B_t + RS_t \tag{6-11}$$

$$W_{t+1} = K_{t+1} + L_{t+1} = R_t^A A_t + R_t^B B_t + RS_t + \Omega_{t+1}\Theta_{t+1} \tag{6-12}$$

在本章资产配置模型中，投资者可在储蓄、本行业风险资产及其他行业风险

资产之间进行资产分配，此时涉及三个变量。为了使求解计算更为简便，本章定义 λ 与 μ 两个新变量，即

$$\lambda_t = \frac{A_t + B_t}{A_t + B_t + S_t}, \quad \mu_t = \frac{A_t}{A_t + B_t} \tag{6-13}$$

其中，λ 表示投资者在消费外将资产配置于风险资产的比例；μ 表示风险资产中投资于本行业风险资产的资产占比。

将式（6-13）代入式（6-12），可重写为

$$W_{t+1} = (A_t + B_t + S_t)\left[R_t^A \lambda_t \mu_t + R_t^B \lambda_t (1-\mu_t) + R(1-\lambda_t)\right] + \Omega_{t+1}\Theta_{t+1} \tag{6-14}$$

其中，部分定义为 $\overline{R}_t$，可得

$$\overline{R}_t = R_t^A \lambda_t \mu_t + R_t^B \lambda_t (1-\mu_t) + R(1-\lambda_t) \tag{6-15}$$

$$W_{t+1} = (W_t - C_t)\overline{R}_t + \Omega_{t+1}\Theta_{t+1} \tag{6-16}$$

其中，状态变量包括 t、W 及 Ω；控制变量包括 C、λ 及 μ。

应用贝尔曼方程，本章资产配置最优化问题如下：

$$V_t(W_t, \Omega_t) = \max_{C_t, \lambda_t, \mu_t} u(C_t) + ZE\left(V_{t+1}(W_{t+1}, \Omega_{t+1})\right) \tag{6-17}$$

其中，V 表示效用贴现因子。

6.2.2　标准化处理

根据已有研究，可以通过参数标准化将模型进一步简化处理，使变量数目降低、计算量减小。将各期资产配置变量分别用恒常收入 Ω 进行标准化处理，并相应用小写字母表示，即

$$c_t = \frac{C_t}{\Omega_t}, \quad w_t = \frac{W_t}{\Omega_t}, \quad l_t = \frac{L_t}{\Omega_t}, \quad a_t = \frac{A_t}{\Omega_t}, \quad b_t = \frac{B_t}{\Omega_t}, \quad s_t = \frac{S_t}{\Omega_t} \tag{6-18}$$

同时，定义新函数：

$$v_T(w_T) = u(w_T) = \frac{w_T^{1-\eta}}{1-\eta} \tag{6-19}$$

本章假设在最后一期 T 时期，投资为 0，所有财富均用于消费，即

$$V_T(W_T, \Omega_T) = \frac{W_T^{1-\eta}}{1-\eta} = \Omega_T^{1-\eta}\frac{w_T^{1-\eta}}{1-\eta} = \Omega_T^{1-\eta} v_T(w_T) \tag{6-20}$$

结合式（6-17），本章考虑的问题转化为

$$v_t(w_t) = \max_{c_t, \lambda_t, \mu_t} u(c_t) + Z\rho_{t+1}^{1-\eta} E\left(v_{t+1}(w_{t+1})\right) \tag{6-21}$$

另外，式（6-16）也可以写为

$$w_{t+1}=\left(w_t-c_t\right)\overline{R}_t\rho_{t+1}^{-1}+\Theta_{t+1} \tag{6-22}$$

从而，可得 T 时期：

$$V_{T-1}(W_{T-1},\Omega_{T-1})=\Omega_{T-1}^{1-\eta}v_{T-1}(w_{T-1}) \tag{6-23}$$

根据递归性质，所有时期 t：

$$V_t(W_t,\Omega_t)=\Omega_t^{1-\eta}v_t(w_t) \tag{6-24}$$

6.2.3　一阶求解

通过将方程（6-21）对 c_t 求导，可得

$$\begin{aligned}u'\left(c_t\right)&=-Z\rho_{t+1}^{1-\eta}E\left(\frac{\partial w_{t+1}}{\partial c_t}v'_{t+1}(w_{t+1})\right)\\&=Z\rho_{t+1}^{1-\eta}E\left(\overline{R}_t\rho_{t+1}^{-1}v'_{t+1}(w_{t+1})\right)\\&=Z\rho_{t+1}^{-\eta}E\left(\overline{R}_tv'_{t+1}(w_{t+1})\right)\end{aligned} \tag{6-25}$$

对式（6-25）应用包络定理：

$$\begin{aligned}\frac{\mathrm{d}v_t\left(w_t\right)}{\mathrm{d}w_t}&=\frac{\partial\left(u\left(c_t\right)+Z\rho_{t+1}^{1-\eta}E\left(v_{t+1}\left(w_{t+1}\right)\right)\right)}{\partial w_t}\\&=Z\rho_{t+1}^{1-\eta}E\left(\frac{\partial v_{t+1}\left(\left(w_t-c_t\right)\rho_{t+1}^{-1}\overline{R}_t+\Theta_{t+1}\right)}{\partial w_t}\right)\\&=Z\rho_{t+1}^{1-\eta}E\left(\rho_{t+1}^{-1}\overline{R}_tv'_{t+1}(w_{t+1})\right)\\&=Z\rho_{t+1}^{-\eta}E\left(\overline{R}_tv'_{t+1}(w_{t+1})\right)\end{aligned} \tag{6-26}$$

根据式（6-25）及式（6-26），可得

$$u'(c_t)=v'_t(w_t) \tag{6-27}$$

$$u'(c_{t+1})=v'_{t+1}(w_t) \tag{6-28}$$

代入式（6-25），即可得欧拉等式：

$$u'\left(c_t\right)=Z\rho_{t+1}^{-\eta}E\left(\overline{R}_tu'(c_{t+1})\right) \tag{6-29}$$

同理，根据式（6-15）、式（6-21）及式（6-22），对 λ 及 μ 求导，可得到类似等式：

$$0=Z\rho_{t+1}^{-\eta}\left(w_t-c_t\right)E\left(\left[R_t^A\lambda_t+R_t^B\left(1-\mu_t\right)-R\right]v'_{t+1}\left(w_{t+1}\right)\right) \tag{6-30}$$

$$0=Z\rho_{t+1}^{-\eta}\left(w_t-c_t\right)\lambda_tE\left(\left(R_t^A-R_t^B\right)v'_{t+1}\left(w_{t+1}\right)\right) \tag{6-31}$$

6.2.4 数值求解

根据上述推导，目前模型包含三个变量，即c_t、λ_t、μ_t，因此直接进行数值求解并不现实。参考以前文献，三个互相联系的变量可通过以下方式逐步简化。

根据式（6-21），其右边第二项仅与$w_t - c_t$相关，并不与w_t或c_t直接相关。因此定义新函数：

$$k_t\left(\varepsilon_t, \lambda_t, \mu_t\right) = Z\rho_{t+1}^{1-\eta} E\left(v_{t+1}(w_{t+1})\right) \tag{6-32}$$

其中，$\varepsilon_t = w_t - c_t$。

代入式（6-21），可得

$$v_t(w_t) = \max_{c_t, \lambda_t, \mu_t} u(c_t) + k_t\left(\varepsilon_t, \lambda_t, \mu_t\right) \tag{6-33}$$

同时，一阶导条件也可以转化为

$$u'(c_t) = k_t^{\varepsilon}\left(w_t - c_t, \lambda_t, \mu_t\right) \tag{6-34}$$

$$0 = k_t^{\lambda}\left(\varepsilon_t, \lambda_t, \mu_t\right) \tag{6-35}$$

$$0 = k_t^{\mu}\left(\varepsilon_t, \lambda_t, \mu_t\right) \tag{6-36}$$

1. 离散化分布

根据上述推导，目前模型中有三个随机变量服从对数正态分布，分别为Θ、R^A及R^B。如前所述，本章将风险资产分为本行业风险资产及其他行业风险资产，并假设投资者劳动收入与本行业风险资产收益率相关，为了得出二者之间的相关性，本章假设如下关系：

$$C = \begin{pmatrix} 1 & \rho_{\Theta A} & \rho_{\Theta B} \\ \rho_{\Theta A} & 1 & \rho_{AB} \\ \rho_{\Theta B} & \rho_{AB} & 1 \end{pmatrix} \tag{6-37}$$

其中，$\rho_{\Theta A}$表示投资者劳动收入与本行业风险资产收益率的相关系数；$\rho_{\Theta B}$表示投资者劳动收入与其他行业风险资产收益率的相关系数；ρ_{AB}表示本行业风险资产收益率与其他行业风险资产收益率的相关系数。

同时，本章假设$\left(\log\Theta, \log R^A, \log R^B\right)^{\mathrm{T}}$的均值及方差矩阵如下所示：

$$\mu = \begin{pmatrix} -\sigma_{\Theta}^2 \\ r + \alpha - \sigma_{\alpha}^2 / 2 \\ r + \beta - \sigma_{\beta}^2 / 2 \end{pmatrix}$$

$$\Sigma=\begin{pmatrix} \sigma_\Theta^2 & \rho_{\Theta A}\sigma_\Theta\sigma_\alpha & \rho_{\Theta B}\sigma_\Theta\sigma_\beta \\ \rho_{\Theta A}\sigma_\Theta\sigma_\alpha & \sigma_\alpha^2 & \rho_{AB}\sigma_\alpha\sigma_\beta \\ \rho_{\Theta B}\sigma_\Theta\sigma_\beta & \rho_{AB}\sigma_\alpha\sigma_\beta & \sigma_\beta^2 \end{pmatrix} \tag{6-38}$$

出于计算速度考虑，本章将以上三个变量进行离散化，通过求和进行积分：

$$\log\Theta_i = n\int_{(i-1)/n}^{i/n} F^{-1}(x)\mathrm{d}x \tag{6-39}$$

其中，F^{-1} 表示 $\log\Theta$ 分布的正态累积分布函数的反函数。

与上述类似的步骤，对每一个已知的 Θ_i 均可以计算 $R_{i,1}^A, R_{i,2}^A, \cdots, R_{i,n}^A$；对每一组已知的 Θ_i 及 $R_{i,j}^A$，均可以计算 $R_{i,j,k}^B$。

2. 求解

首先，采用 Matlab 内置的“trust-region-reflective”算法求解如下问题（不允许卖空）：

$$\overline{k}_t(\varepsilon_t) = \max_{\lambda_t,\mu_t} k_t(\varepsilon_t,\lambda_t,\mu_t),\quad 0\leqslant\lambda_t\leqslant 1, 0\leqslant\mu_t\leqslant 1 \tag{6-40}$$

为了进一步提高计算速度及精确度，引入梯度及 Hessian（海塞）矩阵，其中梯度根据式（6-30）及式（6-31）计算完成：

$$\frac{\partial^2 k_t}{\partial\lambda^2} = Z\rho_{t+1}^{-1-\eta}\varepsilon_t^2 E\left(\left[R_t^A\mu_t + R_t^B(1-\mu_t) - R\right]^2 u''(c_{t+1})\right)$$

$$\frac{\partial^2 k_t}{\partial\mu^2} = Z\rho_{t+1}^{-1-\eta}\varepsilon_t^2\lambda_t^2 E\left(\left(R_t^A - R_t^B\right)^2 u''(c_{t+1})\right)$$

$$\frac{\partial^2 k_t}{\partial\lambda\partial\mu} = Z\rho_{t+1}^{-\eta}\varepsilon_t E\left(\left(R_t^A - R_t^B\right)\left[u'(c_{t+1}) + \rho_{t+1}^{-1}\varepsilon_t\lambda_t\left[R_t^A\mu_t + R_t^B(1-\mu_t) - R\right]u''(c_{t+1})\right]\right)$$

（6-41）

引入包络定理：

$$\frac{\mathrm{d}}{\mathrm{d}\varepsilon_t}\overline{k}_t(\varepsilon_t) = \frac{\partial}{\partial\varepsilon_t}k_t(\varepsilon_t,\lambda_t^*,\mu_t^*)$$

$$\overline{k}_t'(\varepsilon_t) = k_t^{\varepsilon_t}(\varepsilon_t,\lambda_t^*,\mu_t^*) \tag{6-42}$$

根据式（6-34），可得

$$u'(c_t) = \overline{k}'(\varepsilon_t)$$

$$c_t^{-\eta} = \overline{k}'(\varepsilon_t) \tag{6-43}$$

$$c_t = \left(\bar{k}'(\varepsilon_t)\right)^{-1/\eta} \tag{6-44}$$

由此，对于每一个 ε_t 均可计算相应的 c_t。此时，需要根据每一个已知的 $\bar{k}(\varepsilon_t)$ 计算 $\bar{k}'(\varepsilon_t)$：

$$\bar{k}'(\varepsilon_{t,i}) = \frac{\bar{k}(\varepsilon_{t,i+1}) - \bar{k}(\varepsilon_{t,i-1})}{\varepsilon_{t,i+1} - \varepsilon_{t,i-1}} \tag{6-45}$$

由于 $\bar{k}$ 为非线性且负的，而 $\kappa=(-\bar{k})^{-1/\eta}$ 接近于线性的，因此除了式（6-45）的计算方法，以下计算方式更为简洁：

$$\kappa' = \frac{1}{\eta}\bar{k}'(-\bar{k})^{-\frac{1}{\eta}-1} \tag{6-46}$$

$$\bar{k}'(\varepsilon_{t,i}) = \eta\left(-\bar{k}(\varepsilon_{t,i})\right)^{\frac{1}{\eta}+1} \frac{\left(-\bar{k}(\varepsilon_{t,i+1})\right)^{-\frac{1}{\eta}} - \left(-\bar{k}(\varepsilon_{t,i-1})\right)^{-\frac{1}{\eta}}}{\varepsilon_{t,i+1} - \varepsilon_{t,i-1}} \tag{6-47}$$

因此，对于每一个 c_t，可以得到 $w_t = c_t + \varepsilon_t$，并且 w_t 的梯度具有外生性。至此，本章模型的控制变量降为两个，包括 λ_t 和 μ_t；状态变量也降为两个，包括 t 和 ε_t。

6.2.5　小结

本章聚焦于不同行业投资者的生命周期资产配置模型的建立，在系统性框架内通过数值方法得到模型最优解。通过应用生命周期理论，本章建立多时期模型，并通过资产配置行为连接前后两期投资者的财富水平。本模型最大的特点之一是对可投资的风险资产做了二次细分，即分为投资者劳动所从事的行业的股票以及其他行业的股票，由此根据投资者背景的相关研究，产生两方面的问题，一是投资者劳动收入与特定风险资产收益的相关性，二是投资者对特定风险资产的熟悉度或了解程度。模型设定完成后，本章再通过贝尔曼方程、标准化、一阶导等方法进行模型的数值求解，使其能使用计算机在合理时间内完成最优解计算。

6.3　参 数 设 定

6.3.1　投资者一般参数

1. 时间跨度

由于不考虑退休后的资产配置方案，因此本章研究的时间跨度 T 的参数主要依据投资者的工作年限设定。参考 Benzoni 等（2007）的研究，本章模型假设个人投资者自 20 岁起参与工作，并于 65 岁时退休。这也与中国的形势基本相符，根据相关统计标准，60 岁及以上可以界定为已退休年龄；同时，《中华人民共和国国民经济和社会发展第十四个五年规划和 2035 年远景目标纲要》提出“按照小步调整、弹性实施、分类推进、统筹兼顾等原则，逐步延迟法定退休年龄”[①]。因此，本章设定个人投资者劳动时间跨度为 20~65 岁，时间跨度 T=45。

2. 贴现系数

贴现系数反映了投资者对当下消费与未来消费的偏好权衡，其值越大则说明未来消费给居民带来的效用越大。参考 Carroll（2006）的研究方法，本章将贴现系数 Z 设定为 0.9。

3. 风险厌恶系数

风险厌恶系数在过往文献中的取值一直存在较大差异性。以 Mehra 和 Prescott（1985）的研究为例，其主张风险厌恶系数设定值应低于 10；以 Viceira（2001）的研究为例，其倾向于在更大范围内设定风险厌恶系数，如 $\eta=15$，原因是如果风险厌恶系数设定较低，则资产配置结果将会显示投资者不应投资无风险资产，应将其全部资产投入风险资产，这与现实情况存在较大差异。综合考虑中国居民的风险厌恶系数以及资产配置水平，本章将风险厌恶系数 η 设定为 10。

4. 无风险利率

参考过往研究，本章选取 10 年期国债收益率作为模型无风险利率的参考值。以 2006~2020 年为参考时期，取 10 年期国债收益率的平均值为无风险利率，即 $R=\mathrm{e}^{r}=1+3.50\%=1.035\%$，$r=\ln 1.035=0.0344\%$。

5. 收入冲击的标准差

根据式（6-8）及式（6-9），本章假设投资者收入分为恒常收入和收入冲击两部分，其中，收入冲击服从对数正态分布。王一兵（2010）研究结果表明，参考性别、教育背景等因素的不同，中国居民的收入冲击的标准差为 35.28%~43.05%。因此，本章收入冲击标准差 σ_{Θ} 设定为 40%。

① 《中华人民共和国国民经济和社会发展第十四个五年规划和 2035 年远景目标纲要》，https://www.gov.cn/xinwen/2021-03/13/content_5592681.htm[2024-11-12]。

6. 恒常收入增长率

在 Benzoni 等（2007）的研究中，假设生命周期中个人的劳动收入符合钟形曲线特征。参考其研究方法，本章假设中国个人投资者恒常收入符合钟形曲线特征（表 6-1），并且假设其 20 岁时年收入为 15 000 元，65 岁时年收入为 35 000 元及年收入最高值为 45 000 元。

表 6-1　不同生命周期时刻 t 对应的恒常收入增长率 ρ_{t+1}

项目	0	1	2	3	4	5	6	7	8
增长率 ρ_{t+1}	1.1378	1.1168	1.1007	1.0880	1.0776	1.0690	1.0618	1.0555	1.0501
项目	9	10	11	12	13	14	15	16	17
增长率 ρ_{t+1}	1.0453	1.0411	1.0373	1.0338	1.0307	1.0278	1.0251	1.0226	1.0203
项目	18	19	20	21	22	23	24	25	26
增长率 ρ_{t+1}	1.0181	1.0160	1.0140	1.0121	1.0102	1.0084	1.0067	1.0050	1.0033
项目	27	28	29	30	31	32	33	34	35
增长率 ρ_{t+1}	1.0017	1	0.9984	0.9968	0.9951	0.9934	0.9917	0.9900	0.9882
项目	36	37	38	39	40	41	42	43	44
增长率 ρ_{t+1}	0.9863	0.9844	0.9824	0.9803	0.9780	0.9756	0.9731	0.9704	0.9675

6.3.2　风险资产参数

风险资产参数主要涉及风险资产的期望收益及标准差。根据前文模型设定，本章将风险资产划分为两部分，投资者所处行业的风险资产及其他行业的风险资产，相应风险资产的参数值根据投资者所处行业的不同而不同。

1. 推导方法

由模型设定可知，投资者所处行业的风险资产及其他行业的风险资产可以一定权重构成市场组合。因此，本行业风险资产和市场组合的收益率及标准差可构成如下等式：

$$R^{\mathrm{M}}=\tau R^{A}+(1-\tau)R^{B} \tag{6-48}$$

$$E\left(R^{\mathrm{M}}\right)=\tau E\left(R^{A}\right)+(1-\tau)E\left(R^{B}\right)$$

$$\mathrm{e}^{r+p_{\mathrm{M}}}=\tau\mathrm{e}^{r+\alpha}+(1-\tau)\mathrm{e}^{r+\beta}$$

$$\mathrm{e}^{p_{\mathrm{M}}}=\tau\mathrm{e}^{\alpha}+(1-\tau)\mathrm{e}^{\beta} \tag{6-49}$$

$$\mathrm{Var}\left(R^{\mathrm{M}}\right)=\tau^{2}\mathrm{Var}\left(R^{A}\right)+(1-\tau)^{2}\mathrm{Var}\left(R^{B}\right)+2\tau(1-\tau)\mathrm{Cov}\left(R^{A},R^{B}\right)$$

$$\sigma_{\mathrm{M}}^{2}=\tau^{2}\sigma_{\alpha}^{2}+(1-\tau)^{2}\sigma_{\beta}^{2}+2\tau(1-\tau)\mathrm{Cov}\left(R^{A},R^{B}\right) \tag{6-50}$$

$$\begin{aligned}\mathrm{Cov}\left(R^{A},R^{\mathrm{M}}\right)&=\mathrm{Cov}\left(R^{A},\tau R^{A}+(1-\tau)R^{B}\right)\\&=\tau\mathrm{Cov}\left(R^{A},R^{A}\right)+(1-\tau)\mathrm{Cov}\left(R^{A},R^{B}\right)\\&=\tau\sigma_{\alpha}^{2}+(1-\tau)\mathrm{Cov}\left(R^{A},R^{B}\right)\end{aligned} \tag{6-51}$$

其中，R^{M} 表示市场组合收益率；τ 表示该行业总市值占市场总市值的比例；p_{M} 表示市场组合收益率；σ_{M} 表示市场组合收益率的标准差。

另外，假设市场组合收益也服从对数正态分布，结合式（6-51），可得

$$\log R^{\mathrm{M}}\sim N\left(r+p_{M}-\frac{\sigma_{\mathrm{M}}^{2}}{2},\sigma_{\mathrm{M}}^{2}\right) \tag{6-52}$$

$$\begin{aligned}\alpha&=\log R^{A}-r+\sigma_{\alpha}^{2}\\p_{\mathrm{M}}&=\log R^{\mathrm{M}}-r+\sigma_{\mathrm{M}}^{2}\end{aligned} \tag{6-53}$$

根据上述等式，通过历史数据观察得出本行业风险资产与市场组合的收益率及标准差后，可以计算其他行业风险资产的收益率及标准差，即可得α、σ_{α}、β、σ_{β}。

2. 参数取值

本章选取申万一级行业指数作为各个行业风险资产收益率与标准差的参考，同时选取 Wind 全 A 指数作为市场组合收益率与标准差的参考。考虑市场剧烈波动、上市公司股权分置改革等因素，本章选取 2006 年 1 月至 2020 年 12 月各指数的月度收益率进行分析研究（表 6-2）。

表 6-2 申万一级行业风险资产参数

项目	对数收益率	本行业风险资产收益率标准差	本行业风险资产收益率	非本行业风险资产收益率	非本行业风险资产收益率标准差
Wind 全 A 指数	0.0111	0.4772	0.2044	—	—
家用电器	0.1265	0.5113	0.3535	0.2006	0.4774
电子	0.1081	0.5758	0.4053	0.1839	0.4728
医药生物	0.1077	0.4422	0.2688	0.1975	0.4861
建筑材料	0.0777	0.4903	0.2837	0.2033	0.4775
轻工制造	0.0727	0.5318	0.3212	0.2026	0.4767
计算机	0.0686	0.5247	0.3095	0.1999	0.4765
国防军工	0.0634	0.6787	0.4897	0.1974	0.4738

续表

项目	对数收益率	本行业风险资产收益率标准差	本行业风险资产收益率	非本行业风险资产收益率	非本行业风险资产收益率标准差
纺织服装	0.0438	0.5194	0.2792	0.2040	0.4771
综合	0.0419	0.5476	0.3074	0.2042	0.4771
房地产	0.0357	0.5344	0.2868	0.2022	0.4763
传媒	0.0242	0.4854	0.2254	0.2040	0.4786
公用事业	0.0190	0.4383	0.1767	0.2053	0.4792
建筑装饰	0.0163	0.4281	0.1652	0.2051	0.4787
银行	−0.0089	0.3804	0.1014	0.2170	0.4978
食品饮料	0.1757	0.4711	0.3632	0.1871	0.4850
农林牧渔	0.1058	0.4371	0.2625	0.2030	0.4791
通信	0.0532	0.4019	0.1803	0.2048	0.4786
化工	0.0522	0.5122	0.2801	0.1998	0.4756
休闲服务	0.1270	0.6011	0.4539	0.2016	0.4764
汽车	0.1158	0.7381	0.6261	0.1832	0.4758
非银金融	0.1014	0.6492	0.4885	0.1719	0.4655
电气设备	0.0802	0.5323	0.3291	0.1976	0.4778
机械设备	0.0536	0.5212	0.2909	0.2006	0.4759
有色金属	0.0230	0.6916	0.4669	0.1965	0.4726
商业贸易	0.0186	0.4851	0.2195	0.2043	0.4773
交通运输	0.0164	0.4893	0.2214	0.2038	0.4770
钢铁	0.0004	0.5290	0.2458	0.2040	0.4769
采掘	−0.0178	0.6587	0.3817	0.1999	0.4746

6.3.3 投资者行业背景参数

投资者行业背景参数主要涉及相关系数的计算，主要包括投资者劳动收入与本行业风险资产收益率的相关系数 $\rho_{\Theta A}$、投资者劳动收入与其他行业风险资产收益率的相关系数 $\rho_{\Theta B}$ 以及本行业风险资产收益率与其他行业风险资产收益率的相关系数 ρ_{AB} 。

1. *推导方法*

根据上述申万一级行业风险资产参数计算结果可得本行业风险资产收益率与其他行业风险资产收益率的相关系数，即

$$\rho_{AB} = \frac{\mathrm{Cov}(R^A, R^B)}{\sigma_\alpha \sigma_\beta} \tag{6-54}$$

对于投资者劳动收入与本行业风险资产收益率相关系数 $\rho_{\Theta A}$ 的计算，由于在申万一级行业人均收入上，截至本章撰写时，我国并没有较为连续、完整的权威数据，且在国家统计局每年的行业人均收入统计中，行业分类标准与资本市场行业分类存在较大差异。因此，本章依旧采用申万一级行业指数作为参考，选取2006~2020 年的年度数据，将各行业管理费用波动与各行业总市值波动的相关系数作为 $\rho_{\Theta A}$ 的近似衡量。

关于投资者劳动收入与其他行业风险资产收益率的相关系数 $\rho_{\Theta B}$，尽管存在宏观经济等共同因素可对各行业造成类似程度的影响，但本章为了模型简洁、研究重点突出等，设定 $\rho_{\Theta B}=0$。

另外，根据式（6-37），相关系数矩阵需要保持正定，因此 $\rho_{\Theta A}$ 需要满足以下条件：

$$\begin{vmatrix} 1 & \rho_{\Theta A} \\ \rho_{\Theta A} & 1 \end{vmatrix} > 0 \text{ 且 } \begin{vmatrix} 1 & \rho_{\Theta A} & \rho_{\Theta B} \\ \rho_{\Theta A} & 1 & \rho_{AB} \\ \rho_{\Theta B} & \rho_{AB} & 1 \end{vmatrix} \tag{6-55}$$

$$-\sqrt{1-\rho_{AB}^2} < \rho_{\Theta A} < \sqrt{1-\rho_{AB}^2} \tag{6-56}$$

另外，回顾前文，本章考虑投资者行业背景的影响时，一是考虑了投资者劳动收入与所处行业风险资产收益率的相关性，即 $\rho_{\Theta A}$，这会导致投资者倾向于“分散化投资”；二是考虑了投资者由于在该行业工作从而对本行业风险资产具有更高的熟悉度，这会导致投资者倾向于将资产集中于更熟悉的行业。关于第二个影响的衡量方法即资产熟悉度的衡量方法，根据已有研究工作，暂没有公认有效的衡量指标，而根据 Boyle 等（2009）的研究，投资者对特定行业资产的熟悉度可以导致其进行更“精准”的投资，即其面对的风险资产收益波动率会低于一般水平，因此本章在实证分析中采用类似敏感性分析的方式，即分别将 σ_α 降低 5%及 10%，分析其对最优资产配置的影响，并给出指导建议。

2. 参数取值

结合风险资产参数及投资者行业背景参数计算方法，以 Wind 数据库为数据来源，可得到投资者劳动收入与本行业风险资产收益率的相关系数 $\rho_{\Theta A}$、投资者劳动收入与其他行业风险资产收益率的相关系数 $\rho_{\Theta B}$ 等变量参数值，如表 6-3 所示。

表 6-3　投资者行业背景参数

行业	ρ_{AB}	$\rho_{\Theta B}$	$\rho_{\Theta A}$	$\sqrt{1-\rho_{AB}^2}$
家用电器	0.9195	0	0.2399	0.3931
电子	0.9030	0	0.0581	0.4296

续表

行业	ρ_{AB}	$\rho_{\Theta B}$	$\rho_{\Theta A}$	$\sqrt{1-\rho_{AB}^2}$
医药生物	0.8761	0	0.0457	0.4821
建筑材料	0.9241	0	0.1882	0.3822
轻工制造	0.9693	0	0.1024	0.2459
计算机	0.9428	0	0.3288	0.3334
国防军工	0.9344	0	0.2616	0.3563
纺织服装	0.9508	0	0.0852	0.3099
综合	0.9466	0	0.1654	0.3223
房地产	0.9591	0	0.2304	0.2830
传媒	0.8554	0	0.0459	0.5180
公用事业	0.9371	0	0.1352	0.3491
建筑装饰	0.9018	0	0.4124	0.4322
银行	0.8196	0	0.2614	0.5729
食品饮料	0.8346	0	0.4403	0.5509
农林牧渔	0.9130	0	0.1715	0.4079
通信	0.9247	0	0.3523	0.3806
化工	0.9840	0	0.0685	0.1784
休闲服务	0.9369	0	0.5548	0.3496
汽车	0.6801	0	1.0000	0.7331
非银金融	0.9108	0	0.7433	0.4129
电气设备	0.8688	0	0.8055	0.4952
机械设备	0.9714	0	0.2538	0.2376
有色金属	0.9408	0	0.4638	0.3390
商业贸易	0.9772	0	0.4222	0.2125
交通运输	0.9853	0	0.2999	0.1710
钢铁	0.9583	0	0.3945	0.2859
采掘	0.8889	0	0.9983	0.4582

6.3.4　小结

本节主要研究了 6.3 节模型中需要输入的各种参数，主要包括一般参数、风险资产参数及投资者行业背景参数三类，确定了参数的计算方法并进一步确认了参数取值。其中，一般参数主要结合实际环境与过往研究方法确定取值；风险资产参数主要参考申万一级行业指数及 Wind 全 A 指数的收益及波动表现计算得到；投资者行业背景参数也参考申万一级行业指数的市值及管理费用水平确定。

从得到的参数值中看出，根据以上计算方法，并不是每个行业均能满足本模型的数值要求，同时考虑到各行业的代表性，本章在实证分析部分会按照一定标准做出筛选，以达到为不同行业投资者的生命周期最优资产配置提供建议的目的。

6.4 实证分析

6.4.1 考虑劳动收入相关性的资产配置研究

1. 代表行业选取

回顾前文，本章已将28个申万一级行业相应的风险资产参数及投资者行业背景参数设置完毕，同时生命周期、无风险利率等一般参数也已确定。然而本章不会讨论全部28个行业的最优资产配置方案，原因如下：首先，部分行业中投资者劳动收入与本行业风险资产收益率的相关系数不能满足本模型的正定要求，数值计算时会出现无限值及无效值，因此本章暂不讨论此类行业的资产配置计划；其次，各行业的收益、风险及其他表现在一定程度上存在相似性，若全部进行计算分析则相对冗余。因此，本章将选取其中4个代表性行业进行最优资产配置方案研究。

本章在不考虑投资者对所处行业风险资产具有更高熟悉度的条件下，研究考虑投资者劳动收入与本行业风险资产收益率之间具有相关性的情况下，不同行业投资者的最优资产配置计划。在剔除数值不符合的行业后，本章按照投资者所处行业的权益溢价及投资者劳动收入与本行业风险资产收益率的相关系数对行业进行二维分类，并从中选取4个具有研究代表性的行业，如表6-4所示。

表6-4 代表行业及特征参数

行业权益溢价	劳动收入与本行业风险资产收益率相关系数	
	高	低
高	计算机	建筑材料
低	建筑装饰	公用事业

代表性行业的相关参数值如表6-5所示，主要包括风险资产相关参数及投资者行业背景相关参数。

表 6-5　代表性行业相关参数值

行业	α	σ_α	β	σ_β	$\rho_{\Theta A}$	ρ_{AB}	$\rho_{\Theta B}$
建筑材料	0.2837	0.4903	0.2033	0.4775	0.1882	0.9241	0
计算机	0.3095	0.5247	0.1999	0.4765	0.3288	0.9428	0
公用事业	0.1767	0.4383	0.2053	0.4792	0.1352	0.9371	0
建筑装饰	0.1652	0.4281	0.2051	0.4787	0.4124	0.9018	0

2. 最优资产配置分析

根据以上分析，本章使用 Matlab 分析工具及其内置的“trust-region-reflective”算法对不同行业投资者的生命周期最优资产配置方案进行求解，即给出投资者 20~65 岁，每一时期的消费、储蓄、风险资产配置及总财富，以达到全生命周期的最大效用。其中，考虑投资者初始禀赋，假设 $w_0 = 4.5\%$。

建筑材料行业投资者最优资产配置如图 6-1 所示，对于建筑材料行业投资者而言，资产配置用恒常收入标准化后，在总财富水平上，总体呈现先升后降的趋势，在 $t = 30$ 即 50 岁时达到最大值，此时 $w_t = 14.18\%$，随后逐年下降；在消费水平上，其在工作初期呈现略微下降态势，并于 $t = 6$ 时达到最低点，此时 $c_t = 1.62\%$，随后逐年上升；在劳动所处行业的风险资产投资上，其总体先上升后下降，并于 $t = 23$ 即 43 岁时达到最大值，此时 $a_t = 2.40\%$；在其他行业风险资产投资上，总体先下降后提升，最低点位于 $t = 25$ 处，此时 $b_t = 0.09\%$。

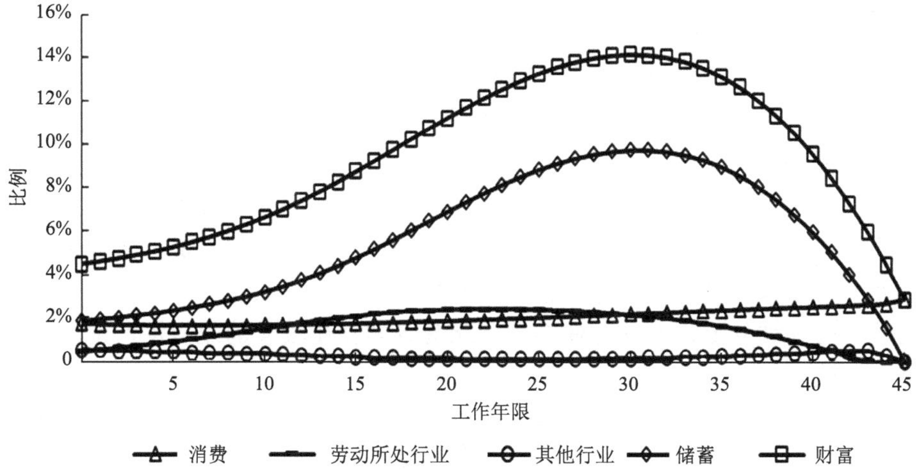

图 6-1　建筑材料行业投资者最优资产配置

对于计算机行业投资者而言，资产配置用恒常收入标准化后，在总财富水平上，总体呈现先升后降的趋势，在 $t=30$ 即 50 岁时达到最大值，此时 $w_t=13.42\%$，随后逐年下降；在消费水平上，其在工作初期呈现略微下降态势，并于 $t=8$ 时达到最低点，此时 $c_t=1.59\%$，随后逐年上升；在劳动所处行业的风险资产投资上，其总体先上升后下降，并于 $t=23$ 即 43 岁时达到最大值，此时 $a_t=1.64\%$；在其他行业风险资产投资上，其总体先下降后提升，最低点位于 $t=24$ 处，此时 $b_t=0.63\%$。

对于公用事业行业投资者而言，资产配置用恒常收入标准化后，在总财富水平上，总体呈现先升后降的趋势，在 $t=30$ 即 50 岁时达到最大值，此时 $w_t=6.78\%$，随后逐年下降；在消费水平上，其总体先下降后提升，并于 $t=19$ 时达到最低点，此时 $c_t=1.36\%$，随后逐年上升；在劳动所处行业的风险资产投资上，其总体先上升后下降，并于 $t=21$ 即 41 岁时达到最大值，此时 $a_t=0.54\%$；在其他行业风险资产投资上，其总体先上升后下降，最高点位于 $t=20$ 处，此时 $b_t=0.84\%$。

对于建筑装饰行业投资者而言，资产配置用恒常收入标准化后，在总财富水平上，总体呈现先升后降的趋势，在 $t=30$ 即 50 岁时达到最大值，此时 $w_t=5.91\%$，随后逐年下降；在消费水平上，其总体先下降后提升，并于 $t=22$ 时达到最低点，此时 $c_t=1.30\%$，随后逐年上升；在劳动所处行业的风险资产投资上，由于行业股票投资预期收益较低，且收入与行业指数的相关系数较高，资产配置模型中行业股票的配置接近于 0；在其他行业风险资产投资上，其总体先上升后下降，最高点位于 $t=20$ 处，此时 $b_t=1.13\%$。

总体而言，从标准化后的绝对值来看，虽然各个行业投资者面对的收益、波动性及劳动收入相关性存在差异，但是整体走势存在较大相似性，如投资者财富值在 $t=30$ 即 50 岁左右达到顶峰；消费值走势较为平稳，或逐步提升或略降后升，且占当期财富的比例逐步下降，在生命周期后端再回升；储蓄值先升后降，也在 50 岁左右达到顶峰。

另外，不同行业投资者财富水平存在一定差异，主要表现为高收益行业的投资者总财富整体高于低收益行业投资者的总财富，这可能与投资者自身劳动收入与所处行业风险资产收益率存在相关性有关。另外，对风险资产的投资尤其是在风险资产内部划分上，不同行业的资产配置方案存在较大的差异性，下面将分指标详细讨论。

风险资产占除消费外的总财富的比例，各行业投资者的整体走势均在工作早期保持较高水平（图 6-2），工作末期投资力度相对较低，这也与年轻时应该将更多资产配置于风险资产投资的理念相符合。同时，对于建筑材料、计算机等相对高收益行业而言，投资者对风险资产的投资比例会更高，其均在 $t=10$ 左右达到 36%的投资水平；并且，在高收益行业中，劳动收入与本行业风险资产收益率的相关性造成的影响较低，这体现为计算机行业投资者与建筑材料行业投资者的表现近乎一致。另外，对于公用事业、建筑装饰等相对低收益行业投资者而言，其在工作初期的风险资产投资力度低于高收益行业投资者的投资力度，随后快速提升，在 $t=15$ 左右达到 32%的投资水平；并且，其中劳动收入与本行业风险资产收益率的相关性造成的影响较为明显，具体表现为建筑装饰行业的 $\rho_{\Theta A}$ 较高，对风险资产的整体投资比例较低。

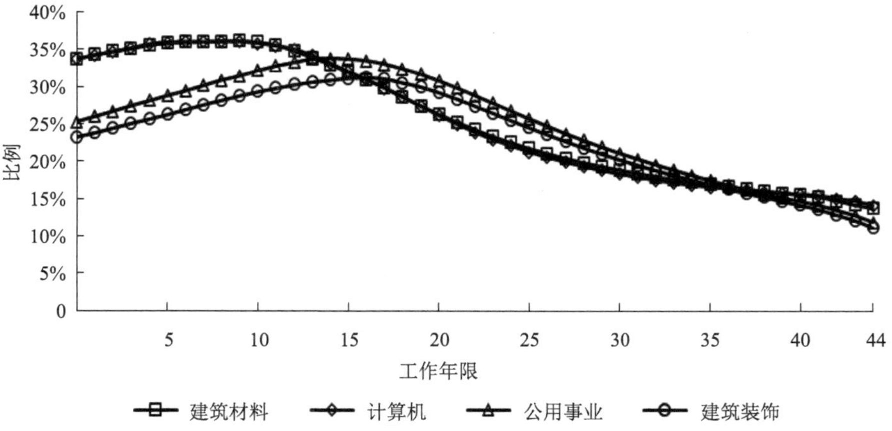

图 6-2　风险资产占除消费外的总财富的比例

对本行业风险资产的投资占风险资产总投资的比例 μ_t，各行业投资者的资产配置选择呈现出较大的差异性。首先，总体而言，μ_t 变化趋势为先上升后下降，且高收益行业的投资者对于本行业风险资产投资的比例相对于低收益行业而言更高；其次，劳动收入与本行业风险资产收益率的相关性对风险资产内部配比也表现出较大的影响。

具体而言，建筑材料行业作为高权益溢价、低劳动收入相关性的代表行业，投资者应在本行业风险资产上投资相当大的比例（图 6-3），$t=24$ 时达到最高点 96.42%；计算机行业作为高权益溢价、高劳动收入相关性的代表行业，投资者投资于本行业风险资产的比例也相对较高，在 $t=23$ 时达到最高点 72.26%，但由于投资者劳动收入与其风险资产收益相关性较高，出于分散风险的考虑，其相对于建筑材料等行业，μ_t 较低；公用事业行业作为低权益溢价、低劳动收入相关性的代表行业，投资者投资于本行业风险资产的比例相对较低，在 $t=21$ 时达到最高点 39.07%；建筑装饰行业作为低权益溢价、高劳动收入相关性的代表行业，投资者应将极低比例的风险资产投资于本行业，这一方面是因为其权益溢价较低，带给投资者的回报较低，另一方面是因为其 $\rho_{\Theta A}$ 较高，更加提升了投资者低配本行业风险资产的动力。

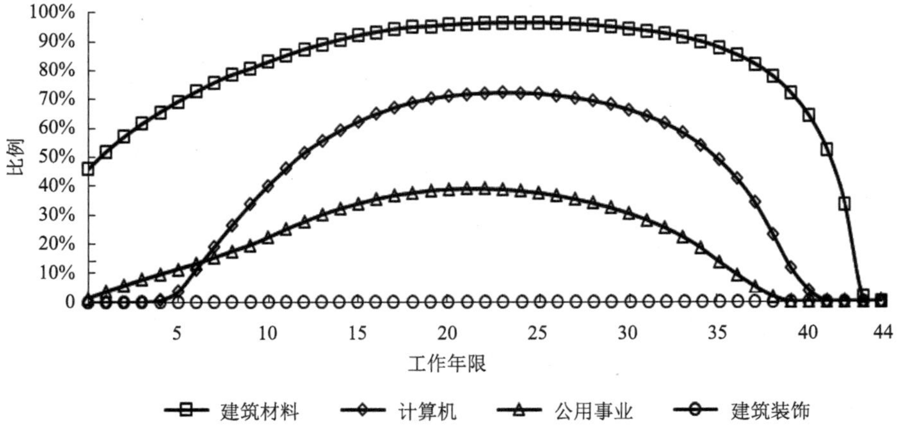

图 6-3　对本行业风险资产的投资占风险资产总投资的比例

6.4.2　考虑投资者风险分散化与资产熟悉度权衡的资产配置研究

本节将进一步考虑投资者对本行业风险资产具有更高熟悉度的情况。由于已有研究暂没有公认有效的衡量资产熟悉度的方法与指标，因此本节将采用类似敏感性分析的方法，分别考虑相对于其他行业，投资者对本行业风险资产具有 5%及 10%的熟悉度，可以进行更精准的投资，即在面对同等期望收益的情况下，风险资产收益率的波动性表现更低。具体而言：①投资者面对本行业风险资产时，期望收益与一般情况相同，标准差为一般情况的 95%，即 $\sigma_{1,\alpha}=95\%\sigma_\alpha$；②投资者面对本行业风险资产时，期望收益与一般情况相同，标准差为一般情况的 90%，即 $\sigma_{2,\alpha}=90\%\sigma_\alpha$，参数值见表 6-6。

表 6-6　考虑资产熟悉度后的行业参数值

熟悉程度参数	行业	本行业风险资产收益率	本行业风险资产收益率标准差	非本行业风险资产收益率	非本行业风险资产收益率标准差	$\rho_{\Theta A}$	ρ_{AB}	$\rho_{\Theta B}$
5%资产熟悉度	建筑材料	0.2837	0.4658	0.2033	0.4775	0.1882	0.9241	0
	计算机	0.3095	0.4985	0.1999	0.4765	0.3288	0.9428	0
	公用事业	0.1767	0.4164	0.2053	0.4792	0.1352	0.9371	0
	建筑装饰	0.1652	0.4067	0.2051	0.4787	0.4124	0.9018	0
10%资产熟悉度	建筑材料	0.2837	0.4413	0.2033	0.4775	0.1882	0.9241	0
	计算机	0.3095	0.4722	0.1999	0.4765	0.3288	0.9428	0
	公用事业	0.1767	0.3945	0.2053	0.4792	0.1352	0.9371	0
	建筑装饰	0.1652	0.3853	0.2051	0.4787	0.4124	0.9018	0

1. 权益溢价较高的行业

本节主要考虑权益溢价较高的行业的资产配置选择造成的影响，根据前文参数设置，主要包括建筑材料行业及计算机行业。

1）建筑材料行业：劳动收入与本行业风险资产收益率的相关性较低

考虑投资者对本行业风险资产具有 5%及 10%的资产熟悉度，即 $\sigma_{1,\alpha}=95\%\sigma_\alpha$ 及 $\sigma_{2,\alpha}=90\%\sigma_\alpha$。

首先，在标准化后的总财富水平上，如图 6-4 所示，总财富总体趋势保持不变，均表现为先升后降，并均在 $t=30$ 左右达到高峰；在总财富水平方面，投资者对本行业风险资产的熟悉度越大，其生命周期中总财富水平越高，原因可能为其可以运用其资产进行更为精准的投资，从而提升财富水平。具体表现为，不考虑资产熟悉度时，$\max w_t=14.18\%$；5%资产熟悉度时，$\max w_t^1=16.78\%$；10%资产熟悉度时，$\max w_t^2=19.75\%$。

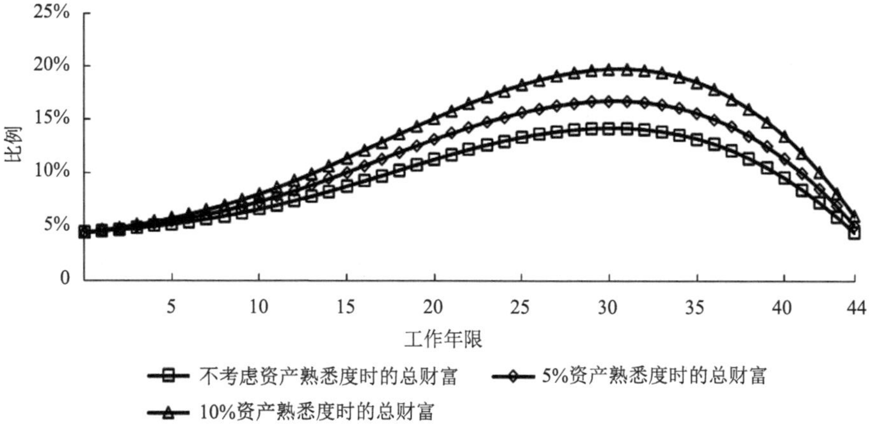

图 6-4　建筑材料行业投资者对本行业风险资产具有资产熟悉度情况下的总财富水平

其次，在除消费外风险资产配置占比上，如图 6-5 所示，在总体趋势上，对劳动所处行业的风险资产具有熟悉度对整体风险资产配比影响不大；在配置比例上，年轻时期对风险资产具有熟悉度对风险资产配比的影响略为明显。具体而言，投资者在年轻时期将更大比例的资产投资于风险资产，其中，不考虑资产熟悉度时，$\max\lambda_t=0.36$；5%资产熟悉度时，$\max\lambda_t^1=0.38$；10%资产熟悉度时，$\max\lambda_t^2=0.42$。

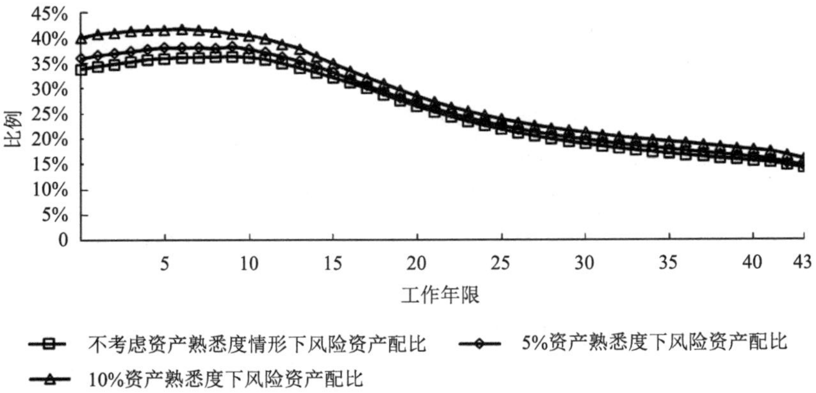

图 6-5　建筑材料行业对本行业风险资产具有资产熟悉度情况下的风险资产配比

最后，在对本行业风险资产的配置占总风险资产的比例上，资产熟悉度会对投资者最优资产配置方案产生一定影响。建筑材料行业的权益溢价较高、劳动收入与本行业风险资产收益率相关性较低，因此投资者本身就对该行业风险资产给予较大的配比（图 6-6）。当投资者对该行业风险资产具有 5%及 10%资产熟悉度时，建筑材料行业相对于投资者而言风险更低，集中投资趋势更为明显，因此对本行业风险资产的配比接近于 1。具体而言，不考虑资产熟悉度时，$\max \mu_t = 0.96$；5%资产熟悉度时，$\max \mu_t^1 = 1$，在 $t = 4$ 时达到该水平；10%资产熟悉度时，$\max \mu_t^2 = 1$，在 $t = 0$ 时达到该水平。

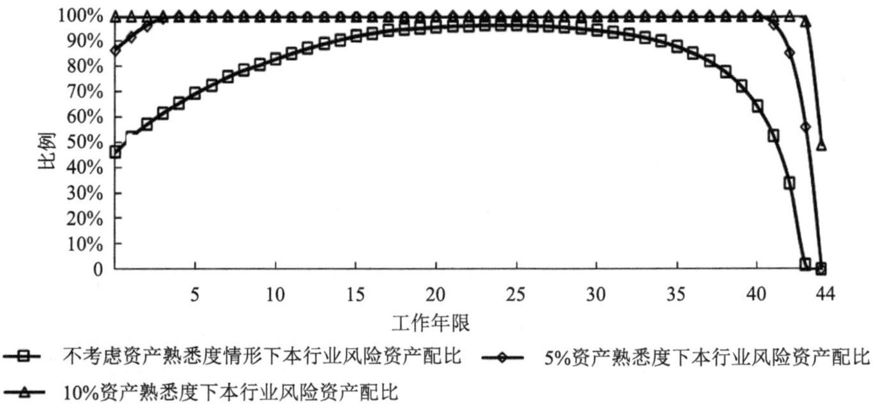

图 6-6　建筑材料行业对本行业风险资产具有资产熟悉度情况下的本行业风险资产配比

2）计算机行业：劳动收入与本行业风险资产收益率的相关性较高

考虑投资者对本行业风险资产具有 5%及 10%的资产熟悉度，即 $\sigma_{1,\alpha} = 95\%\sigma_\alpha$ 及 $\sigma_{2,\alpha} = 90\%\sigma_\alpha$。

首先，在标准化后的总财富水平上，总财富总体趋势保持不变，均表现为先升后降，并均在 $t=30$ 左右达到高峰；在总财富水平方面，投资者对本行业风险资产的熟悉度越大，其生命周期中总财富水平越高，原因可能为其可以运用其资产进行更为精准的投资，从而提升财富水平。具体表现为，不考虑资产熟悉度时，$\max w_t = 13.42\%$；5%资产熟悉度时，$\max w_t^1 = 16.65\%$；10%资产熟悉度时，$\max w_t^2 = 20.47\%$。

其次，在除消费外风险资产配置占比上，无论是在总体趋势上还是在配置比例上，对劳动所处行业的风险资产具有熟悉度对整体风险资产配比影响不大。具体而言，投资者在年轻时期将更大比例的资产投资于风险资产，其中，不考虑资产熟悉度时，$\max \lambda_t = 0.36$；5%资产熟悉度时，$\max \lambda_t^1 = 0.36$；10%资产熟悉度时，$\max \lambda_t^2 = 0.38$。

最后，在对本行业风险资产的配置占总风险资产的比例上，资产熟悉度对投资者最优资产配置方案具有较大影响。计算机行业的收益率及权益溢价较高，因此当投资者对该行业风险资产具有 5%资产熟悉度时，计算机行业风险资产对该投资者而言为相对高收益且相对低风险的投资标的，可以对冲因劳动收入高相关性带来的分散化影响，投资者更倾向于集中投资，因此大幅提升对本行业风险资产的配置比例。另外，当投资者对该行业风险资产具有 10%熟悉度时，投资者对本行业风险资产的配置比例提升得更早且下降得更晚。具体而言，不考虑资产熟悉度时，$\max \mu_t = 0.72$；5%资产熟悉度时，$\max \mu_t^1 = 1$，$t=14$ 时达到该水平；10%资产熟悉度时，$\max \mu_t^2 = 1$，$t=4$ 时达到该水平。

2. 权益溢价较低的行业

1）公用事业行业：劳动收入与本行业风险资产收益率的相关性较低

考虑投资者对本行业风险资产具有 5%及 10%的资产熟悉度，即 $\sigma_{1,\alpha} = 95\%\sigma_\alpha$ 及 $\sigma_{2,\alpha} = 90\%\sigma_\alpha$。

首先，在标准化后的总财富水平上，投资者对本行业的资产熟悉度造成一定影响，原因可能为劳动收入与本行业风险资产收益率的相关性较低，精准投资可以在一定程度上对冲其带来的影响。具体表现为，不考虑资产熟悉度时，$\max w_t = 6.78\%$；5%资产熟悉度时，$\max w_t^1 = 7.29\%$；10%资产熟悉度时，$\max w_t^2 = 8.16\%$。

其次，在除消费外风险资产配置占比上，在总体趋势上，对劳动所处行业的风险资产具有熟悉度对整体风险资产配比影响不大；在配置比例上，整体均有提升，年轻时表现更为明显。具体而言，投资者在年轻时期将更大比例的资产投资于风险资产，其中，不考虑资产熟悉度时，$\max \lambda_t = 0.34$；5%资产熟悉度时，

$\max\lambda_t^1=0.37$；10%资产熟悉度时，$\max\lambda_t^2=0.41$。

最后，在本行业风险资产的配置占总风险资产的比例上，资产熟悉度对投资者最优资产配置方案具有较大影响。由于公用事业的劳动收入与本行业风险资产收益率的相关性较低，当投资者对该行业风险资产具有 5%资产熟悉度时，即可对冲因劳动收入高相关性带来的分散化影响，更倾向于集中投资，因此大幅提升其对本行业风险资产的配置比例。同时，当投资者对该行业风险资产具有 10%资产熟悉度时，投资者对本行业风险资产的配置比例提升幅度更大。具体而言，不考虑资产熟悉度时，$\max\mu_t=0.39$；5%资产熟悉度时，$\max\mu_t^1=0.83$；10%资产熟悉度时，$\max\mu_t^2=1$，$t=9$ 时达到该水平。

2）建筑装饰行业：劳动收入与本行业风险资产收益率的相关性较高

考虑投资者对本行业风险资产具有 5%及 10%的资产熟悉度，即 $\sigma_{1,\alpha}=95\%\sigma_\alpha$ 及 $\sigma_{2,\alpha}=90\%\sigma_\alpha$。

首先，在标准化后的总财富水平上，投资者对本行业的资产熟悉度并未造成显著影响，原因可能为劳动收入与本行业风险资产收益率的相关性较高，且本行业风险资产收益率本身相对较低，因此 5%资产熟悉度对收益的影响并不显著，10%资产熟悉度表现略为明显。具体表现为，不考虑资产熟悉度时，$\max w_t=5.91$；5%资产熟悉度时，$\max w_t^1=5.94$；10%资产熟悉度时，$\max w_t^2=6.31$。

其次，在除消费外风险资产配置占比上，无论是在总体趋势上还是在配置比例上，对劳动所处行业的风险资产具有熟悉度对整体风险资产配比影响不大，在具有 10%资产熟悉度时，风险资产的配置比例有明显的提升。具体而言，投资者在年轻时期将更大比例的资产投资于风险资产，其中，不考虑资产熟悉度时，$\max\lambda_t=0.31$；5%资产熟悉度时，$\max\lambda_t^1=0.31$；10%资产熟悉度时，$\max\lambda_t^2=0.35$。

最后，在对本行业风险资产的配置占总风险资产的比例上，资产熟悉度对投资者最优资产配置方案具有较大影响，可以对冲因劳动收入高相关性带来的分散化不足影响，使投资者更倾向于集中投资，进而大幅提升投资者投资于本行业风险资产的比例。相比于公用事业行业投资者在具有 5%资产熟悉度时大幅提升 μ_t，建筑装饰行业投资者需要在具有 10%资产熟悉度时才有提升 μ_t 的动力，原因可能为建筑装饰行业本身劳动收入与本行业风险资产收益率的相关性较高，需要资产更低风险才可提升对本行业风险资产的投资比例。具体而言，不考虑资产熟悉度时，$\max\mu_t=4.42\times10^{-6}$；5%资产熟悉度时，$\max\mu_t^1=8.31\times10^{-2}$；10%资产熟悉度时，$\max\mu_t^2=0.48$。

6.4.3　小结

基于前文的理论模型基础，本章根据权益溢价及劳动收入与本行业风险资产收益率的相关系数的参数选择了四个代表性行业进行研究，并使用 Matlab 工具解出各行业投资者的生命周期最优资产配置方案，主要分析结论如下。

（1）虽然各行业投资者面对的收益、波动性及劳动收入相关性存在差异，但是整体走势也表现出了较大相似性。例如，投资者财富值在 50 岁左右达到顶峰；消费走势倾向于平稳上升，并且占当期总财富的比例倾向于逐步下降；储蓄值先升后降，也在 50 岁左右达到顶峰。

（2）权益溢价是影响投资者资产配置选择的重要参数之一，如果投资者劳动所处行业的风险资产权益溢价较高，则其生命周期内总财富水平整体高于低权益溢价行业投资者的总财富水平；同时，其更应该在年轻时配置更多的风险资产；并且，对本行业风险资产的配置占整体风险资产投资的比例也应该更高。

（3）劳动收入与本行业风险资产收益率的相关性对投资者的资产配置选择也产生了明显影响，主要体现在对本行业风险资产的配置占风险资产总投资的比例上。不管投资者劳动所处行业是高权益溢价行业还是低权益溢价行业，劳动收入与本行业风险资产收益率的相关系数越大，投资者应在本行业配置越低比例的风险资产，即越倾向于“分散化投资”。

（4）投资者对所处行业风险资产的资产熟悉度能显著影响其资产配置选择，对本行业风险资产的配置占风险资产总投资的比重随资产熟悉度提升而提升，具体表现如下。①如果投资者所处行业风险资产的权益溢价较高，即使投资者对该行业资产熟悉度只是小幅高于其他人，此资产熟悉度也能在很大程度上对冲劳动收入与本行业风险资产收益率的相关性造成的“分散化影响”，使投资者倾向于精准投资、集中投资，大幅提升本行业风险资产的投资占总风险资产投资的比重。同时，投资者生命周期内的总财富水平也有较为明显的提升。②如果投资者所处行业风险资产的权益溢价较低，尤其是在劳动收入与本行业风险资产收益率的相关性较高时，投资者对该行业资产熟悉度需要达到一定水平，才有较为充足的动力高配本行业风险资产。此时，本行业风险资产的投资占总风险资产投资比例同样也表现出了较为明显的提升。

（5）总体而言，虽然马科维茨的投资组合理论建议投资者在均衡状态下只投资于单一的市场组合基金，但本章通过实证分析表明，相较于持有市场组合或充分分散化的组合，投资者更倾向于在少数风险资产上，通常是在其熟悉的风险资产上配置较多的财富，即在对某一特定资产具有较高熟悉度时，投资者倾向于超配该类风险资产，但仍继续将部分资产投资于市场组合；并且，在该类资产上超配的程度随资产熟悉度的提升而增大。

本章小结

本章主要研究不同行业投资者的生命周期最优资产配置。本章在马科维茨资产组合理论上，对传统资产组合模型加以改进，即将风险资产进行再分割，将其分为投资者所处行业对应的风险资产及其他行业的风险资产。在具体模型中，本章一方面考虑投资者劳动收入与该行业风险资产收益率的相关性，使投资者倾向于低配本行业的风险资产，以达到风险分散的目的；另一方面考虑投资者相较于其他人而言，对所从事行业的风险资产具有更高的资产熟悉度，使投资者可以在一定程度上做到精准投资，从而倾向于高配本行业的风险资产。通过此种对投资者行业背景的考虑，本章在 Keynes（1934）所提出的“集中投资”及 Markowitz（1952）所建议的“分散投资”间做出权衡。

为了得出生命周期内的最优资产配置方案，本章在生命周期的基础上建立了资产配置理论模型，在其中融入了代表投资特性的一般参数、风险资产参数及投资者行业背景参数。通过使用 Matlab 建模分析工具、Carroll（2006）数值算法，本章采用向前递归的方法对相应动态决策方程进行了数值求解。

在实证分析上，本章从权益溢价及劳动收入与本行业风险资产收益率的相关系数两个维度选取了四个具有代表性的行业，分别为高权益溢价低劳动收入相关性的建筑材料行业、高权益溢价高劳动收入相关性的计算机行业、低权益溢价低劳动收入相关性的公用事业行业、低权益溢价高劳动收入相关性的建筑装饰行业，并以申万一级行业指数为参考，进行了不同行业投资者的生命周期最优资产配置研究。

模型实证结果如下。第一，整体而言，不同行业投资者的资产配置方案存在一定的相似性。以具有 5%资产熟悉度为例，消费占总财富比例呈现出先降低后升高的趋势，整体约从 40%起、达到 20%低点再提升至接近 100%；风险资产投资占总财富比例呈现先提升后降低的趋势，整体约从 20%起、达到 25%高点再逐步降为 0，其中，高权益溢价、低劳动收入相关性、高资产熟悉度等因素均可激励投资者配置更多的风险资产；储蓄占总财富比例呈现出先提升后降低的趋势，整体约从 40%起、达到 60%高点再逐步降为 0。

第二，在风险资产内部配比上，综合考虑劳动收入与本行业风险资产收益率相关性以及投资者对本行业风险资产熟悉度这两方面因素，相对于直接进行指数投资的分散化选择（以沪深 300 指数为参考），投资者更倾向于高配所处行业的风险资产，并将剩余配置计划合理分散至其他行业风险资产上，以达到提升财富水平并优化消费效用的目的。

第三，对不同行业而言，高权益溢价行业的投资者倾向于在本行业风险资产上配置更大比例的资产，并且资产熟悉度可以在很大程度上对冲劳动收入相关性带来的分散化影响，使投资者几乎应将风险资产的绝大部分配置于所处行业的风险资产上；低权益溢价行业的投资者尤其是劳动收入与本行业风险资产收益率相关性较高的投资者，需要一定的资产熟悉度（如 10%资产熟悉度），才有较为充足的动力高配本行业风险资产，此时，对本行业风险资产的配置比例也应高于一般指数投资。

本章基于 Keynes（1934）、Markowitz（1952）对资产配置的观点做出了权衡，并给出了量化数值，具有实际意义。但是由于理论研究及算力等方面的限制，本章尚有很大的提升空间，后续研究计划主要包括以下方面。

（1）本章尚未考虑居民对房屋等不动产的购买及投资，未来可深入研究并将其纳入资产配置模型。在鼓励家庭均衡配置资产、坚持“房住不炒”、促进居民储蓄等资产向金融资产转移、促进长期资金入市等政策支持下，中国居民对金融资产的配置比例有望进一步提升。但是，在一定时期内，住房资产仍将为居民财富的重要部分。根据西南财经大学中国家庭金融调查与研究中心发布的《疫情下中国家庭的财富变动趋势：中国家庭财富指数调研报告（2020 年度）》，住房资产、金融投资、工商业经营及可支配现金为影响家庭财富变动的四类主要因素。其中，对于财富增加的家庭而言，住房资产的贡献率达到 69.9%，金融投资价值增加贡献了 21.2%。由于住房资产配置涉及较多复杂因素等，本章暂未将其纳入投资者最优资产配置模型考量，未来可进一步研究。

（2）本章尚未考虑允许借贷时居民的最优资产配置计划，未来可进一步分析研究。目前，信贷已成为中国居民的重要配置工具之一。根据中国人民银行发布的《2020 年金融统计数据报告》，2020 年全年人民币贷款增加 19.63 万亿元，其中住户贷款增加 7.87 万亿元，由 1.92 万亿元短期贷款增加额及 5.95 万亿元中长期贷款增加额组成。根据其统计数据，消费性贷款仍是居民信贷助力。另外，根据 Wind 数据统计，2020 年，A 股全年融资融券余额为 1.62 万亿元，同比增长 59%，即资本市场的融资融券工具也发挥了越来越重要的作用。随着资本市场的日益成熟、居民理财意识逐步增强、投资者理财目标逐渐清晰，借贷工具可能会发挥越来越重要的作用，将其考虑在内的模型将具有实际指导意义。

（3）本章尚未考虑除股票之外的其他风险资产。金融市场日益成熟的重要表现之一即金融工具的日益丰富。在实际环境中，我国金融市场的可配置风险资产包括股票、债券、基金、信托、保险、衍生品等多个品种。出于简化模型考虑，本章暂只考虑了股票这一较具有代表性的风险资产。未来随着居民理财投资行为的愈加多样化，将多种风险资产金融工具纳入考量也为较有意义的研究方向。

（4）未对本章投资者劳动收入及波动性有更深入的探讨。本章将投资者劳动收入分为两部分，一部分为恒常收入，另一部分为收入冲击。其中，各行业投资者恒常收入在该模型中设定为一致的，投资者行业背景与收入的相关性及投资者收入的波动性主要体现在收入冲击因素中。如果考虑更贴近实际情况，本章将对各行业投资者的恒常收入从宏观因素、行业因素、微观因素等多方面进行更深入的划分与研究。

第 7 章　居民非金融资产负债与金融资产配置的国际比较

7.1　数 据 来 源

OECD（Organization for Economic Cooperation and Development，OECD）大多数成员国根据《2008 年国民账户体系》（SNA 2008）、《2010 年欧洲账户体系》（ESA 2010）编制了住户的资产和负债调查表。本章选取 OECD 数据库国民账户居民家庭金融资产、非金融资产和负债分栏，各国数据均使用本地货币计价。数据收集仅限于住户和 NPISH（non-profit institutions serving households，为住户服务的非营利机构）部门的季度（Q）数据，以及住户部门的年度数据，这些数据是由国家官方统计机构编制的。数据集中发布的年度（A）数据对应于第四季度（Q4）的数据，根据惯例，该数据假定与年底的数据相对应。家庭资产和负债数据与财务资产负债表中报告的数据一致，除非在特定国家或地区级元数据中指定了例外情况。

结合世界银行（the World Bank，WB）、OECD、国际货币基金组织（International Monetary Fund，IMF）、联合国开发计划署、美国中央情报局等机构参考文件，将研究对象国家分成发展中国家和发达国家（developed country，DC），按照是否属于发达国家，将发达国家赋值为 1，发展中国家赋值为 0。表 7-1 在鉴定发达国家和发展中国家时以 IMF 在世界经济展望报告中列举的国家或地区为判断赋值的指标，样本国家包括 28 个发达国家和 11 个发展中国家。

表 7-1　研究样本国家一览表

国家（英文）	缩写代称	国家（中文）	是否发达国家（是=1）
Australia	AUS	澳大利亚	1
Austria	AUT	奥地利	1
Belgium	BEL	比利时	1
Brazil	BRA	巴西	0
Canada	CAN	加拿大	1
Switzerland	CHE	瑞士	1

续表

国家（英文）	缩写代称	国家（中文）	是否发达国家（是=1）
Chile	CHL	智利	0
China	CHN	中国	0
Colombia	COL	哥伦比亚	0
Czech	CZE	捷克	1
Germany	DEU	德国	1
Denmark	DNK	丹麦	1
Spain	ESP	西班牙	1
Estonia	EST	爱沙尼亚	0
Finland	FIN	芬兰	1
France	FRA	法国	1
United Kingdom	GBR	英国	1
Greece	GRC	希腊	1
Hungary	HUN	匈牙利	0
Ireland	IRL	爱尔兰	1
Iceland	ISL	冰岛	1
Israel	ISR	以色列	1
Italy	ITA	意大利	1
Japan	JPN	日本	1
Korea	KOR	韩国	1
Lithuania	LTU	立陶宛	0
Luxembourg	LUX	卢森堡	1
Latvia	LVA	拉脱维亚	0
Netherlands	NLD	荷兰	1
Norway	NOR	挪威	1
New Zealand	NZL	新西兰	1
Poland	POL	波兰	0
Portugal	PRT	葡萄牙	1
Russia	RUS	俄罗斯	0
Slovak	SVK	斯洛伐克	1
Slovenia	SVN	斯洛文尼亚	1
Sweden	SWE	瑞典	1
Turkey	TUR	土耳其	0
United States	USA	美国	1

7.2　重要变量设计和控制变量选择

本节选取跨度为 1995~2019 年的 39 个国家的非平衡面板数据进行多元回归分析，重点研究家庭资产负债表因素对家庭金融资产配置的影响。被解释变量为股票配置比，由衡量居民家庭风险偏好的风险资产（如股票）占居民家庭金融资产的比重表示。

金融资产包括储蓄存款、股票和债券，是构成家庭整体财富的重要组成部分，可以通过出售这些资产作为财产收入来源，也可通过持有这些资产获得利息和股息作为财产收入来源，短期意外事件的出现会导致家庭资产的评估波动，如这些年股票的价值可能表现出较高的波动性，本章采用的金融资产价值参考 OECD 官网按当前购买力平价计算的人均家庭金融资产总额（美元）进行衡量。

根据家庭金融理论框架下大类资产配置的文献综述，解释变量主要包括家庭资产负债表中的金融资产、非金融资产和负债因素。家庭资产的影响建立在 Arrow-Pratt 的风险回避系数衡量指标理论基础之上，包括递增型绝对风险回避（increasing absolute risk aversion，IARA）和递减型绝对风险回避，即投资人的绝对财富会影响风险资产配置，本节选取家庭金融财富净值作为解释变量之一。非金融资产中居民房产的配置占比可能对股票等风险资产的投资具有显著的挤出效应或者财富效应。形成居民资产的因素还包括现金和实物形式的转移支付，这部分社会福利一方面直接构成了居民的家庭资产，另一方面增强了居民的风险偏好程度，因此本节将其纳入考量范畴。负债因素主要包括两个方面：①老龄化因素，即家庭未来的养老性需求造成的负债支出；②物价通胀程度。本节采用经济学范式下的资产负债表进行分析，通胀上升将带来隐性负债支出上升。社会老龄化人口的变化以及物价是否攀升对居民金融资产配置的结构有着相当大的影响，本节假设通胀和老龄化通过改变居民家庭对未来收入的预期来影响大类金融资产配置的选择。负债端居民家庭所持有的贷款增加了居民股票投资的流动性约束，减少了可投资资金，也将导致可能的风险资产投入发生变化。

本节将其他影响被解释变量的因素纳入计量模型对问题进行更为全面的分析。在微观层面引入家庭人口与社会统计量作为控制变量，常见的家庭人口社会变量大致为居民家庭的消费习惯和消费结构（用恩格尔系数表示）[①]、居民家庭成员的受教育程度、居民生活稳定性（离婚率、子女教育的一本线率）等。本节针对欧美家庭和中国居民家庭的投资角度，选取各国国民受中等教育比和国民受

① 恩格尔系数：居民生活消费支出中食品的比例、文化生活服务支出比例、不同质量消费品如奢侈品的消费比例等。

高等教育比作为家庭控制变量并衡量投资者的金融素养。在宏观层面引入社会分配控制变量——基尼系数是衡量社会收入差距和不平等的国际通用指标，基尼系数越接近 0 表明收入分配越是趋向平等。在本节中，收入分配的不公平表明社会的工资性收入或者投资性收入存在巨大差异性，表明从横截面的角度或者时间序列的角度来看，人力资本或者投资的波动率较高，分配不公平的社会应该降低风险资产的配置比例。国际惯例认为，基尼系数若低于 0.2，则表示收入绝对平均；基尼系数若处于 0.2~0.3，则表示收入比较平均；基尼系数若处于 0.3~0.4，则表示收入相对合理；基尼系数若处于 0.4~0.5，则表示收入差距较大；若基尼系数达到 0.5 以上时，则表示收入悬殊、社会财富水平分配差异大。另外，可能影响金融资产投资的因素还包括总体社会出生的男女性别比例、社会创新性和科技发达程度。表 7-2 是相关变量的说明。

表 7-2 变量定义、符号和说明

项目名称	变量符号	变量说明
国家代码	code	用国家数字代码 1~39 表示
国家缩写	country	用国家英文名国际通用缩写形式表示
年份	year	跨度为 1995~2019 年或缺失部分年份数据
股票配置比	stockrate	居民家庭股票配置占金融资产的百分比
非股票证券比例	securityrate	居民家庭除股票之外的证券配置占金融资产的百分比
住房资产	dwellings	非金融资产类的住房，以本国货币计价，中国的数据来自 CNBS（Research Center for National Balance Sheets，国家资产负债表研究中心），其余来自 OECD 数据库
非金融资产	nonfinassets	居民家庭非金融资产（主要是房屋固定资产与耐用消费品等的总和）
购房贷款	houselending	居民家庭购房贷款
贷款	loans	长期贷款和短期贷款的汇总，包含抵押贷款、消费信贷、房屋耐用品贷款等
负债收入比	debtrate	家庭在将来的固定日期向债权人支付利息或本金的家庭的所有负债，用以下负债类别的总和计算：贷款（主要是抵押贷款和消费者信贷）和其他应付账款。该指标以负债占家庭可支配净收入的百分比衡量
可支配收入储蓄占比	savingrate	家庭储蓄是用于资本投资的主要资金来源及长期经济增长的主要动力，该指标是家庭储蓄总额占家庭可支配收入的百分比
金融资产净值	fin_netw	包括以下金融资产和负债：货币和存款，债务证券，贷款，股本和投资基金份额，保险，退休金和标准化担保计划，金融衍生产品和员工股票期权以及其他应收/应付账款
老龄人口比重	agingratio	65 岁以上的人口（受抚养人口）占总人口的百分比，可比性受到国家内部和国家之间、区域和城市与社区地理定义方式差异的影响，社会老龄人口趋势对政府和私人在养老金、医疗保健和教育方面的支出、经济增长与福利方面产生影响

续表

项目名称	变量符号	变量说明
名义房屋价格	nomhp	以 2015 年为基期的名义房屋价格衡量名义住宅房地产价格变动，按照《住宅物业价格指数手册》（Handbook on Residential Property Prices Indices，RPPIs）的建议，名义房屋价格包括出售新建房屋和现有房屋
实际房屋价格	realhp	以 2015 年为基期的实际房屋价格变幅，实际房屋价格是根据 OECD 国民账户数据库中每个国家的名义价格与消费者支出平减指数的比率（均经过季节性调整）得出的
房租定基指数	rent	以 2015 年的房屋租赁价格为基期计算得到各国房屋租赁价格
房屋价格与租赁价格比	hp_rent	该指标为名义房屋价格除以租赁价格，可以视为衡量房屋所有权获利能力的指标，该指标以 2015 年为基期，即 2015 年的名义房屋价格和租赁价格比为 100，名义房屋价格和租赁价格都是来源于 OECD
房屋价格与收入比	hp_income	该指标为名义房屋价格除以名义人均可支配收入，可以认为是家庭房屋购买能力的度量指标
社会福利	benefits	居民家庭的社会收益包括实物和非实物的社会转移、商品或服务的提供（主要是医疗保健和教育）或现金形式等，以占 GDP 的百分比衡量，根据 2008 年国民账户体系汇编其数据
基尼系数	gini	数据来源于世界银行数据库，根据国家公布年份进行调整和填充，该指标是衡量国家或地区居民收入差距的社会公平性指标
国民受高等教育比	edu1	衡量居民家庭资产配置决策者成人的教育水平与金融素养，即 25~64 岁人口受过高等教育的比重，是衡量教育程度和劳动力状况的指标
国民受中等教育比	edu2	衡量居民家庭资产配置决策者成人的教育水平与金融素养，即 25~64 岁人口受过中等教育的比重
创新技术专利数	patent	社会创新力和技术指标的统计值，衡量科技先进程度，指在欧洲专利局、日本专利局和美国专利及商标局都获得授权的同一发明的专利
男女性别比	sexratio	每名女性出生时的男性出生数，数据为每五年的均值
发达国家虚拟变量	dc	该国家为发达国家经济体赋值为 1，否则为 0。该数据以国际货币基金组织公布的世界经济展望报告等官方报告为标准

本章在研究的 39 个国家中选取 7 个具有代表性的发达国家和发展中国家，包括巴西（BRA）、加拿大（CAN）、中国（CHN）、英国（GBR）、日本（JPN）、韩国（KOR）以及具备典型代表意义的美国（USA）。图 7-1 给出的是代表性国家的股票配置比。在样本国家中，美国的股票配置比一直保持着比较高的水平，多数时间段位于 25%~35%的高位。多数样本国家在 1995~2019 年样本区间内，股票配置比保持平稳。相比较而言，中国的股票配置比在进入 21 世纪后的前 10 年呈现快速上升趋势，随后 10 年稳定在 20%~25%。

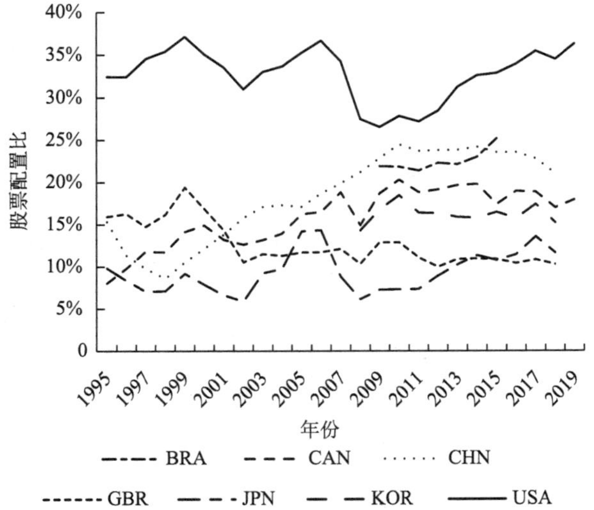

图 7-1　代表性国家的股票配置比

图 7-2 是代表性国家的可支配收入储蓄占比。从可支配收入储蓄占比角度来看，中国的可支配收入储蓄占比最高，巴西和韩国次之，加拿大、美国、日本和英国的可支配收入储蓄占比位于较低水平。在 2008 年前后，美国的可支配收入储蓄占比出现负数，可支配收入储蓄占比是指当年居民家庭储蓄额占其可支配收入的比例，可支配收入储蓄占比为负数意味着入不敷出，即在居民家庭当年的可支配收入全部用于消费的情况下，家庭挪用之前存款和通过大幅度借债来支撑其

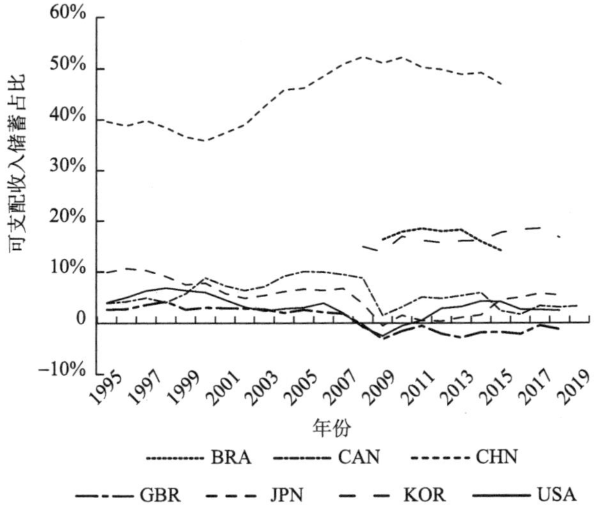

图 7-2　代表性国家可支配收入储蓄占比

消费行为。根据美国商务部发表的报告，2019 年可支配收入储蓄占比创下 19 世纪 30 年代经济大萧条以来最低水平。随着 20 世纪以来“婴儿潮一代”逐渐步入退休年龄，过低的可支配收入储蓄占比势必会对社会保障体系和社会转移支付的福利系统造成巨大压力。

美国可支配收入储蓄占比一度跌为负值并非仅仅源于家庭的收入因素或者过度消费因素，负储蓄率表明居民部门处于净借款状态。这种情形一般发生在美联储利率大幅下降期间，低利率极大地刺激了居民将储蓄转向房地产市场，而房地产价格的上涨激发投资热情的同时，又进一步增强了居民家庭抵押贷款消费的意愿和能力。居民家庭累积形成的消费习惯和资产配置习惯难以一时间得到改变，但随着利率的上升，可支配收入储蓄占比将会得到改善，但仍处于较低水平。

图 7-3 是美联储网站披露的美国家庭金融资产结构。图 7-3 更进一步详尽地给出了美国家庭直接与间接持有股票比例的数据，该数据与 OECD 统计的结果基本一致，如果只考虑家庭直接持有的股票比例，则该值低于 OECD 的统计结果；如果同时考虑家庭直接和间接持有的股票比例，则该值高于 OECD 的统计结果。在样本数据中，美国居民雇主承诺的确定收益型养老金尽管略有下降，但一直保持在 20%上下的水平，这会导致居民的风险回避水平下降，增加对股票持有的比例。图 7-3 与学术研究中家庭非金融资产与负债对大类资产配置比例的影响是一致的。

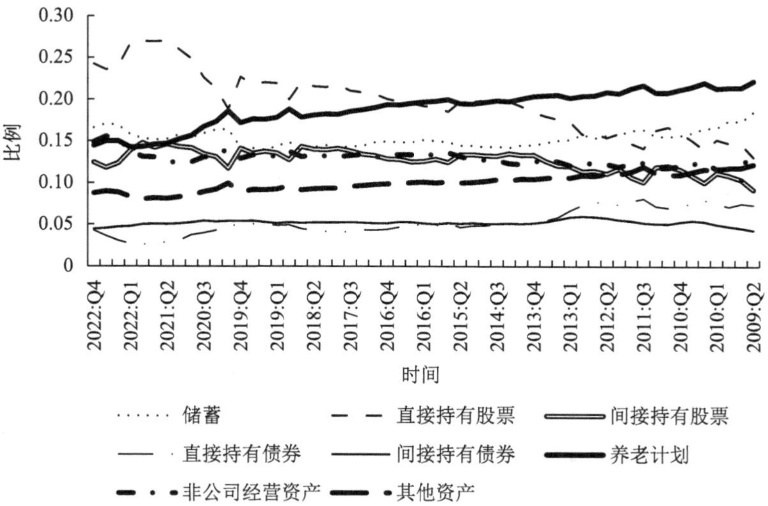

图 7-3　美国家庭金融资产结构

Q_1 为第一季度，Q_2 为第二季度，Q_3 为第三季度，Q_4 为第四季度

7.3 描述性统计和协方差分析

7.3.1 变量的描述性统计

总体描述性统计如表 7-3 所示，股票配置比最低为 3.53%，最高为 79.42%，说明从不同时期来看，不同的国家风险金融资产的投资偏好和投资权重差距较大。就均值而言，股票配置比为 24.08%，要远高于居民家庭的非股票证券比例均值 3.99%，说明 39 个国家普遍青睐于以股票作为风险资产项目为家庭创造资产性收入来源，除此以外，相对来说，各国居民家庭的股票配置比的标准差说明股票配置比差异较大，国与国之间的风险资产配置偏好和实际配置比重存在一定的差距。

表 7-3 总体描述性统计

变量名称	样本数	均值	标准差	最小值	最大值
股票配置比	766	24.08%	11.28%	3.53%	79.42%
非股票证券比例	798	3.99%	4.56%	0	28.13%
住房资产	426	1.70×10^7	6.14×10^7	5 083	3.156×10^8
非金融资产	252	9.72×10^7	3.24×10^8	182 148	1.46×10^9
购房贷款	341	1.14×10^7	4.21×10^7	1 037	1.96×10^8
贷款	551	2.14×10^7	1.08×10^8	51.40	1.09×10^9
负债收入比	152	110.00%	72.47%	0.05%	293.10%
可支配收入储蓄占比	769	7.70%	9.01%	−26.40%	52.32%
金融资产净值	798	57 425	129 896	1 833	1.788×10^6
老龄人口比重	792	15.39%	3.42%	6.16%	28.14%
名义房屋价格	672	88.20	27.02	23.05	168.50
实际房屋价格	672	95.54	23.84	31.91	175.20
房租定基指数	754	83.66	19.51	13.48	133.4
房屋价格与租赁价格比	658	98.81%	23.12%	36.10%	188.30%
房屋价格与收入比	641	99.35%	19.07%	50.26%	176.10%
社会福利	778	12.85%	3.97%	1.82%	21.30%
基尼系数	787	0.32	0.05	0.24	0.54
国民受高等教育比	686	29.49%	10.87%	7.92%	57.89%
国民受中等教育比	649	45.43%	14.37%	9.07%	76.87%
创新技术专利数	750	1 547	3 833	0	20 108
男女性别比	519	1.06	0.02	1.04	1.17
发达国家虚拟变量	798	0.76	0.43	0	1

我国作为高储蓄率国家，参与风险金融市场投资的比例要小于欧美等发达国家。作为居民家庭参与风险资产投资的重要方式，股市相对于其他市场的成熟度较高。冯炽（2019）在基于家庭背景风险对风险资产配置的影响因素实证研究中，选取劳动收入风险、健康风险、住房和商业风险作为解释变量，立足点是其可能影响家庭资产配置的未来支出，如 65 岁以上受抚养老龄人口的必要支出、按揭或抵押房贷带来的未来现金流流出、商业资产贬损和个人医疗保障性的几项意外支出。本章选取的解释变量为基于国家宏观数据的统计量，与他们的微观变量数据不同，但经济意义有相似之处。固定资产中的住房资产占据非金融资产绝大部分比重，同时因此而产生的居民家庭购房贷款也使家庭总的负债数目和负债收入比上升。OECD 住房市场统计数据以 2015 年为基期（2015 年=100），使用各国居民家庭住房市场名义价格经过季节调整消费者支出平减指数测算出的实际房屋价格，在 1995~2019 年最小值是 2015 年的 0.32 倍，而最大值为 1.75 倍左右。购房贷款等债务让居民家庭负债收入比为 0.05%~293.10%。从房屋购买的替代居住方式——租赁来讲，以 2015 年为基期计算得到的房租定基指数，在 20 多年间波动剧烈：最低时仅为 2015 年价格的 13.48%，最高时则达到 2015 年价格的 133.4%。租赁市场价格的持续攀升会促使居民家庭或个人选择购买房屋，以期同时获得居住的使用价值和投资的增值属性。这意味着租赁市场价格的变化会影响家庭总资产中存款、贷款和住房的配置结构，并进一步影响家庭金融资产中风险金融资产的配置比例。

老龄人口比重为 6.16%~28.14%，在选取的 39 个国家中，日本属于老龄化现象严重的代表性国家。根据通行的国际标准，当一个国家同时满足以下三个条件时，即被视为进入人口老龄化：①65 岁及以上人口占总人口比重达到或超过 7%；②14 岁及以下人口占总人口比重低于 30%；③在满足条件 1 的基础上，65 岁及以上人口比重持续上升，同时在满足条件 2 的基础上，14 岁及以下人口比重持续下降。截至 2015 年，在典型的东亚国家（中国、日本、韩国）中，中国已成为世界上老龄人口最多的国家；日本则成为全球最长寿且老龄化程度最高的国家之一；而韩国人口年龄结构正经历快速转变，老龄化进程显著加速。家庭养老的传统模式受到道德甚至是法律的约束，加上老年人口规模大、老龄化速度快，由此带来的赡养压力无论是对单个家庭还是社会而言，都构成巨大挑战。在其他样本国家中，尽管西方发达国家最早步入老龄化阶段，并由此衍生出种类繁多的相关金融产品，如家庭人寿保险准备金、养老基金等，这些产品涵盖了法定强制和自愿参与的养老金计划，在形式上又细分为确定给付计划、混合计划与确定缴费计划等。与家庭养老模式不同，此类目标明确、管理科学、收益相对稳定的结构化养老金融产品，配合政府、社区福利机构以及居家养老服务，也有效促进了政府在福利转移支付方面的投入积极性。

表 7-4 以是否为发达国家进行分组的描述性统计（dc=0 为发展中国家，dc=1 为发达国家）。在分组描述性统计中，从发达国家和发展中国家持有风险资产的配置比重来说，中国、巴西等发展中国家相对更偏重股票型投资，非股票型投资低于发达国家，发展中国家购房贷款的均值要高于发达国家。郑中天（2018）在对比中国、美国各自家庭资产配置的异同和特征后，揭示出美国家庭资产组合中占据比例最大的是退休金，占比可接近 40%，相较于中国的社保资金，美国的退休金在参与证券市场投资方面受到的限制更少。中国居民家庭金融资产中证券投资基金的持有比在 2007 年开始出现较长时间下降，而股票持有的比例却长期上涨，这在一定程度上也印证了 A 股投资者结构偏散户化的特点。这也进一步解释了发展中国家股票配置比相对更高的原因。

表 7-4　分组描述性统计

变量名称	dc= 0					dc= 1				
	(1)	(2)	(3)	(4)	(5)	(6)	(7)	(8)	(9)	(10)
	样本数	均值	标准差	最小值	最大值	样本数	均值	标准差	最小值	最大值
股票配置比	180	32.65%	15.50%	7.33%	79.42%	586	21.45%	7.97%	3.53%	48.23%
非股票证券比例	188	2.23%	2.76%	0	11.22%	610	4.53%	4.86%	0.04%	28.13%
住房资产	74	1.20×10^7	2.33×10^7	5 083	9.53×10^7	352	1.81×10^7	6.67×10^7	11 549	3.16×10^8
非金融资产	35	1.24×10^7	1.32×10^7	182 148	3.55×10^7	217	1.11×10^8	3.47×10^8	499 368	1.46×10^9
购房贷款	60	2.79×10^6	6.40×10^6	1 101	2.71×10^7	281	1.33×10^7	4.60×10^7	1 037	1.96×10^8
贷款	97	3.41×10^6	9.65×10^6	51.40	4.97×10^7	454	2.52×10^7	1.18×10^8	653.9	1.09×10^9
负债收入比	48	34.68%	28.43%	0.05%	80.79%	104	144.70%	58.91%	56.66%	293.10%
可支配收入储蓄占比	167	11.08%	15.67%	−26.40%	52.32%	602	6.77%	5.64%	−13.03%	27.67%
金融资产净值	188	77 204	259 214	1 833	1.788×10^6	610	51 329	35 940	4 685	240 212
老龄人口比重	186	13.48%	4.02%	6.16%	20.18%	606	15.97%	2.98%	9.74%	28.14%

续表

变量名称	dc= 0					dc= 1				
	(1)	(2)	(3)	(4)	(5)	(6)	(7)	(8)	(9)	(10)
	样本数	均值	标准差	最小值	最大值	样本数	均值	标准差	最小值	最大值
名义房屋价格	112	94.41%	20.82%	40.94%	145.50%	560	86.95%	27.94%	23.05%	168.50%
实际房屋价格	112	101.20%	17.18%	64.35%	167.30%	560	94.41%	24.82%	31.91%	175.20%
房租定基指数	149	75.83	26.44	13.48	130.10	605	85.59	16.87	18.53	133.40
房屋价格与租赁价格比	98	107.00%	20.05%	78.13%	188.30%	560	97.38%	23.34%	36.10%	179.20%
房屋价格与收入比	86	107.70%	19.81%	81.33%	176.10%	555	98.06%	18.64%	50.26%	157.20%
社会福利	181	10.46%	3.84%	1.82%	17.13%	597	13.58%	3.72%	3.76%	21.30%
基尼系数	188	0.36%	0.07%	0.28%	0.54%	599	0.30%	0.04%	0.24%	0.39%
国民受高等教育比	143	25.13%	10.33%	9.68%	56.70%	543	30.64%	10.72%	7.92%	57.89%
国民受中等教育比	137	52.75%	13.76%	14.78%	68.69%	512	43.48%	13.90%	9.07%	76.87%
创新技术专利数	170	148.60	518.70	0	3 761	580	1 956	4 264	1	20 108
男女性别比	119	1.06%	0.03%	1.04%	1.17%	400	1.06%	0.01%	1.04%	1.07%

发展中国家可支配收入储蓄占比均值为 11.08%，要高于发达国家的 6.77%，预防性储蓄理论可以解释这一现象，收入的不确定性影响家庭储蓄，决策者增加预防性储蓄，同时收入的增加也是消费和储蓄增长的原因。发展中国家的名义房屋价格均值和实际房屋价格均值均高于发达国家，但是房租定基指数均值比发达国家低，这样也导致发展中国家房屋价格与租赁价格比的均值要高于发达国家。此外，发展中国家的房屋价格与收入比的均值要高于发达国家。

除此以外，从社会学和人口学的角度而言，在选取的样本中，发展中国家相较发达国家的基尼系数均值更高，社会财富分配更加不平均。国民受高等教育比的均值为 25.13%，要低于 30.64%的发达国家均值，但国民受中等教育比的均值要高于发达国家。在社会福利方面，无论是实物形式（如医疗保健、教育服务等）、现金形式还是其他商品或服务，发达国家的整体水平均显著高于发展中国家。发达国家与发展中国家的社会福利均值分别为 13.58%和 10.46%，表明发达国家和发展中国家社会财富的再分配等福利事业发展较为完善。发展中国家受经济水平发展程度的限制，社会福利事业受到一定程度的制约，在社会转移支付等方面表现为在社会保障基础上的救济居多，形式和内容相对同质化。

从社会创新性角度来说，在衡量科技进步和创新性的专利拥有数目上，发展中国家的创新技术专利数的均值要远低于发达国家，分别为 148.6 和 1956，相差近 12 倍。间接说明在居民家庭收入的来源方面，发达国家拥有更多受高等教育的劳动力且产业链附加值更高，高新技术产业和金融服务商业更为发达，而发展中国家低端制造装配更为普遍，受中等教育的人口占比更高。

7.3.2　相关性分析

表 7-5 是资产负债表数据的相关系数矩阵。如果相关系数 R 位于 0.7 以上说明关系很紧密，有强的相关性；0.4~0.7 说明关系较紧密；在 0.4 以下说明关系一般或几乎没有相关性。相关性分析表明居民购房贷款与非金融资产、住房资产、贷款、负债收入比高度正相关，这符合实际和预期，说明这一系列的变量可以作为类似意义上的替代指标。

表 7-5　资产负债表数据的相关系数矩阵

项目	住房资产	非金融资产	购房贷款	贷款	负债收入比
住房资产	1				
非金融资产	0.986***	1			
购房贷款	0.993***	0.981***	1		
贷款	0.991***	0.996***	0.994***	1	
负债收入比	0.977***	0.978***	0.994***	0.989***	1

***表示在 1%的水平上显著

表 7-6 是股票配置比与解释变量的相关系数矩阵。住房资产和可支配收入储蓄占比与股票配置比在 1%的显著性水平上负相关，初步说明居民家庭持有固定资产对股票配置占比具有“挤出”效应，同时各国房产租赁价格越高，居民家庭持有房产的比重提升，进一步吸引闲置资金，从而挤压风险资产的配

置比重。

表 7-6 股票配置比与解释变量的相关系数矩阵

项目	股票配置比	住房资产	可支配收入储蓄占比	老龄人口比重	实际房屋价格	房租定基指数
股票配置比	1					
住房资产	-0.276^{***}	1				
可支配收入储蓄占比	-0.107^{***}	−0.077	1			
老龄人口比重	0.037	0.331^{***}	-0.430^{***}	1		
实际房屋价格	0.011	0.289^{***}	-0.214^{***}	0.218^{***}	1	
房租定基指数	-0.399^{***}	0.353^{***}	0.111^{***}	0.344^{***}	0.541^{***}	1

***表示在 1%的水平上显著

7.4 模型设计和检验

7.4.1 面板数据的多元回归

按照相关系数矩阵分析剔除了部分显著且高度线性相关的变量，如住房资产、非金融资产、购房贷款、贷款、负债收入比等存在高度线性相关的变量。住房资产占据非金融资产的绝大部分比重，住房资产在负债端体现为家庭未来购房贷款的负债性支出，同时负债收入比受到影响。

建立以下回归模型进行实证分析：

$$Y = \alpha + \beta_1 X_1 + \beta_2 X_2 + \beta_3 X_3 + \cdots + \beta_n X_n + \delta \gamma_1 + \varepsilon$$

其中，$X_1 \sim X_n$ 表示可能的影响因子；Y 表示资产配置中的股票配置比和非股票证券比例；γ_1 表示判断国家发达程度的虚拟变量（$\gamma_1 = 0$ 或 $\gamma_1 = 1$）；α 表示常数项；ε 表示误差项。

选取的被解释变量 Y_1 表示股票配置比，即居民家庭股票配置占金融资产的百分比；同理被解释变量 Y_2 表示非股票证券比例，即居民家庭除股票之外的证券配置占金融资产的百分比。表 7-7 给出了回归结果。模型（1）~模型（3）的被解释变量是股票配置比，模型（4）~模型（6）的被解释变量是非股票证券比例。

表 7-7　回归结果

变量名称	股票配置比（stockrate）			非股票证券比例（securityrate）		
	模型（1）	模型（2）	模型（3）	模型（4）	模型（5）	模型（6）
购房贷款增幅	−1.839***	−2.169***	−1.607***			
（lnhouselending）	（−5.45）	（−7.77）	（−4.82）			
老龄人口比重增幅	−7.934		16.004***	−14.595***		−3.806***
（lnagingrate）	（−1.19）		（3.25）	（−3.02）		（−3.24）
金融资产净值	0.000***	0.000***	0.000*	0.000***	0.000***	0.000***
（fin_netw）	（4.35）	（3.27）	（1.73）	（3.57）	（3.34）	（5.93）
房屋价格与收入比	0.099***	0.127***		−0.065**	−0.063**	0.059
（hp_income）	（3.03）	（4.04）		（−2.44）	（−2.32）	（1.08）
房租定基指数	−0.284***	−0.244***	−0.445***			−0.003
（rent）	（−5.38）	（−4.92）	（−6.45）			（−0.08）
社会福利	0.877***			1.066***	1.019***	0.123
（benefits）	（5.06）			（5.05）	（4.80）	（1.46）
基尼系数	48.240**	52.694***	56.183**	100.328***	106.463***	−5.164
（gini）	（2.40）	（2.64）	（2.48）	（4.38）	（4.62）	（−0.79）
国民受高等教育比	0.345***	0.258***	0.387***	−0.173**	−0.166**	−0.115***
（edu1）	（5.35）	（4.13）	（6.07）	（−2.12）	（−2.01）	（−3.65）
国民受中等教育比	−0.130***	−0.097**	−0.014	0.098**	0.104**	−0.002
（edu2）	（−2.97）	（−2.15）	（−0.26）	（2.04）	（2.13）	（−0.09）
男女性别比	313.042**	72.690	69.594	863.136***	835.970***	57.736
（sexratio）	（2.00）	（0.51）	（0.47）	（5.95）	（5.63）	（1.38）
发达国家虚拟变量	−21.344***	−19.141***	−15.557***	−9.538***	−9.689***	−0.190
（dc）	（−8.34）	（−8.24）	（−6.20）	（−5.47）	（−5.47）	（−0.14）
老龄人口比重增幅滞后项		4.565			−12.576***	
（L.lnagingrate）		（0.91）			（−2.68）	
名义房屋价格增幅			12.388***			
（lnnomhp）			（4.49）			
非金融资产增幅				−3.391***	−3.482***	
（lnnonfinassets）				（−5.08）	（−5.13）	
租赁价格增幅				13.924***	13.234***	
（lnrent）				（3.01）	（2.88）	
负债收入比增幅						−1.604***
（lndebtrate）						（−3.28）
常数项	−265.972*	−38.914	−109.583	−907.196***	−881.410***	−43.710
（constant）	（−1.75）	（−0.28）	（−0.76）	（−6.30）	（−5.96）	（−1.00）

***表示在 1%的水平上显著；**表示在 5%的水平上显著；*表示在 10%的水平上显著

由模型（1）可得，股票配置比与购房贷款增幅在 1%的水平上显著负相关，即居民家庭负债项中的购房贷款对股票配置起到挤占作用。从金融资产净值的角度而言，金融资产净值是金融资产扣除负债的部分，金融资产净值系数显著为正，说明宏观来看各国整体呈现出递减型相对风险回避特征，财富净值上升持有的股票占比上升，递减型相对风险回避必然也是递减型绝对风险回避，即购买的风险金融资产金额也随着财富的增加而增加。

房屋价格与收入比显著为正，这可能与两方面因素有关：一方面，房屋价格与收入比整体呈现出财富效应，即房屋价格与收入比越高，家庭进行股票投资的比例越高；另一方面，在房地产市场价格越高且相对应的居民家庭收入越低时，居民家庭将会无力承担购房贷款的偿付，投资风险意愿可能会上升，即愈加倾向于不选择持有住房等固定资产而选择进入股市，希望更快积累财富。

房租定基指数对股票配置比起到抑制作用，即住房消费与金融投资之间存在替代效应。租赁房屋仅仅获得房屋特定时期内的使用权，当租赁市场出租房屋的租金上涨时，居民家庭将会选择回避股票配置，这是由于房屋租赁支出形成了对风险金融资产配置资金的挤占。再者，当租赁价格上升到部分购房观望者的心理预期界值时，居民家庭将会选择贷款购买房屋，流入股市的资金减少。这也解释了房租定基指数对股票配置比的削弱效用。

回归结果表明，衡量社会转移支付的社会福利对股票配置比起到促进作用。在 1%的显著性水平下，社会福利对股票配置比起到正向作用。作为一项财政政策工具，当总需求不足导致失业率上升时，政府往往会增加社会福利支出，提高转移支付水平，以提升居民家庭可支配收入并刺激消费。在此过程中，部分资金可能间接流入股市。

最后，我们发现拥有高等教育水平的人越多，越会显著促进股票配置比。居民家庭主要决策者的学历代表居民家庭所拥有的人力资本，从家庭资产负债结构角度看，高学历表明家庭具有更高比例的人力资本，具备风险更低的特征。人力资本越高，则最优资产配置模型中风险金融资产权重越高。这一结果与后续回归结果中，老龄人口比重的挤占作用相反，从家庭资产负债结构角度来看，老龄人口比重削弱了居民家庭所持有的人力资本，根据背景风险理论，金融资产配置中风险金融资产配置的权重会降低。此外，老龄因子在经济学范式下家庭资产负债表中体现为更高比例的负债，负债比例提升也会导致风险金融资产比例下降。

由模型（2）可发现，基尼系数越大，股票配置比越高。从分组描述性统计结果来看，发展中国家的基尼系数普遍更高，进一步佐证了在所选取的发展中国家样本里，居民家庭更青睐股票投资。模型（3）表明老龄化比例越高的国家，股票配置比越高。

7.4.2 稳健性检验

本节选取衡量居民家庭持有房产等固定资产以及购房贷款的其他指标，即居民家庭总贷款和总的非金融资产的比值作为替代解释变量，变量符号为houseloans，变量名称为非金融资产贷款率。鉴于居民家庭总贷款中绝大部分来源于抵押购房贷款，非金融资产中占据绝大部分比例的是住房资产，选取比值来衡量居民家庭因持有房屋而背负的贷款，并替代关键自变量具有其合理性。用新生成的变量替换关键变量后，模型（7）中统计显著的变量，其系数正负和原回归模型（1）（股票资产配置比为被解释变量）基本相同（表 7-8）。

表 7-8　稳健性检验回归结果

变量名称	股票配置比（stockrate）	非股票证券比例（securityrate）	
	模型（7）	模型（8）	模型（9）
非金融资产贷款率（houseloans）	−42.512*** （−5.96）		
老龄人口比重增幅（lnagingrate）	−31.170*** （−5.74）	−3.451*** （−2.89）	−14.225*** （−2.92）
金融资产净值（fin_netw）	0.000*** （7.30）	0.000*** （6.09）	0.000*** （3.91）
房屋价格与收入比（hp_income）	0.080** （2.19）	0.186** （2.45）	0.010 （0.11）
房租定基指数（rent）	−0.422*** （−4.10）		
社会福利（benefits）	1.221*** （3.76）	0.115 （1.37）	0.585*** （2.71）
基尼系数（gini）	−8.109 （−0.34）	−4.830 （−0.77）	46.072*** （2.89）
国民受高等教育比（edu1）	0.365*** （2.70）	−0.121*** （−3.81）	−0.030 （−0.41）
国民受中等教育比（edu2）	0.312*** （4.53）	−0.001 （−0.03）	0.110* （1.91）
男女性别比（sexratio）	757.724*** （3.86）	68.981 （1.64）	1012.377*** （7.71）
发达国家虚拟变量（dc）	−15.478*** （−5.90）	−0.136 （−0.11）	−4.230*** （−3.33）

续表

变量名称	股票配置比（stockrate）	非股票证券比例（securityrate）	
	模型（7）	模型（8）	模型（9）
负债收入比增幅（lndebtrate）		−1.743***	
		（−3.38）	
房价与租赁价格比增幅（lnhp_rent）		−11.927***	−7.206
		（−2.66）	（−1.24）
非金融资产贷款率增幅（lnhouseloans）			−4.176***
			（−2.69）
常数项（constant）	−688.477***	−13.625	−1023.689***
	（−3.44）	（−0.30）	（−7.33）

***表示在 1%的水平显著；**表示在 5%的水平显著；*表示在 10%的水平显著

负债收入比定义为家庭在将来的固定日期向债权人支付利息或本金的家庭的所有负债，由以下负债类别的总和计算得到：贷款（主要是抵押贷款和消费者信贷）和其他应付账款。该指标以负债占家庭可支配净收入的百分比衡量，用负债收入比增幅来替代原回归方程中的关键变量非金融资产增幅，得到模型（8）。同理在模型（6）基础上引入非金融资产贷款率增幅，得到模型（9）。模型（8）及模型（9）的显著性分别和原回归模型（4）及模型（6）基本相同。

本章小结

本章首先介绍了数据来源和概况，从国际比较的视角选取典型国家，包括发展中国家和发达国家，分析了宏观视角下构成经济学范式下家庭资产负债表的相关变量，对主要指标构建自变量和相关控制变量。

本章对变量进行整体说明和分组的描述性统计，以发达国家和发展中国家进行分组主要是为了研究发达经济体和发展中经济体在居民家庭资产配置方面的特征及社会统计原因。

在相关性分析中，对面板数据混合回归可能产生的系数进行提前预估，同时对显著高度线性相关的自变量进行剔除，在多元回归中解释各指标和被解释变量之间系数的结果并通过替换关键变量的方式进行了稳健性检验。

第 8 章　基于居民资产配置的隐含风险回避系数测定

8.1　风险回避系数相关理论

8.1.1　效用函数理论

确定投资者的效用函数或者风险态度是制定投资政策的重要步骤，而效用函数理论则是投资政策制定的经济学基础。20 世纪 50 年代，冯 • 诺依曼和摩根斯坦提出了期望效用函数理论，它在公理化假设的基础上，建立了一个在不确定条件下对理性人的选择进行分析的完整框架，是处理不确定情况下偏好问题的经典模型。

简单来说，如果某个随机变量 X 以概率 p_i 取值为 X_i（$i=1,2,\cdots,n$），而某人在确定得到 X_i 时的效用为 $U(X_i)$，则有

$$E(U(X))=\sum_{i=1}^{n}p_i U(X_i) \tag{8-1}$$

其中，$E(U(X))$ 表示随机变量 X 的期望效用，即冯 • 诺依曼–摩根斯坦效用函数（von Neumann-Morgenstern utility function，VNM 效用函数）。不同投资者的效用函数形式可能是不同的，对所有投资者来说，效用函数具有一个共性，那就是财富 W（或者商品数量）越多，效用越大，这表明边际效用或者说效用函数的一阶导数 $U'(W)>0$。然而对一个不确定事件 $X(W_1,W_2:p)$ 来说，若有

$$E(U(W))=pU(W_1)+(1-p)U(W_2)>U(pW_1+(1-p)W_2)=U(E(W)) \tag{8-2}$$

则表明投资者在面临不确定的结果时获得的效用更大，则具有这类效用函数的投资者的风险态度为风险偏好。

若有 $E(U(W))=U(E(W))$，则表明这类投资者面临不确定性时的效用大小没有变化，则具有这类效用函数的投资者的风险态度为风险中性。

若有 $E(U(W))<U(E(W))$，则表明这类投资者面对不确定性时其效用会减小，则具有这类效用函数的投资者的风险态度为风险回避。

上述风险态度也可以由 VNM 效用函数的凹凸性来描述。当且仅当个体的 VNM 效用函数 $U(W)$ 是凹函数时，该个体是风险回避的；当且仅当个体的 VNM

效用函数$U(W)$是线性函数时，该个体是风险中性的；当且仅当个体的 VNM 效用函数$U(W)$是凸函数时，该个体是风险偏好的。

现实中绝大部分投资者是风险回避型的，因此大部分对居民风险态度的研究集中在风险回避领域。对于风险回避型的个体，其 VNM 效用函数为凹函数，其特点为关于财富的一阶导数$U'(W)>0$，而二阶导数$U''(W)<0$。

Pratt（1964）、Arrow（1971）分别独立地给出了风险回避的测度，主要包括 Arrow-Pratt 风险升水和 Arrow-Pratt 风险回避系数的概念。

他们指出，风险升水是个体为了避免不确定事件而愿意支付的最大资金或者财富。若一个风险回避者对于不确定事件 z 的效用，与他支付一定溢价以后的确定事件的效用相同，则这个溢价被称为 Arrow-Pratt 风险升水，表达式为

$$r(W,z)=\frac{1}{2}\sigma_z^{\ 2}\left(-\frac{U''(W)}{U'(W)}\right) \tag{8-3}$$

风险升水的定义在与保险相关的文献中可以被理解为个体为回避风险愿意支付的最大保费，而在金融投资领域，风险升水一般定义成资产的预期收益率减去无风险收益率，Arrow（1971）从概率的角度给出了解释，风险升水可以理解为个体愿意购买一项风险资产所要求的最小超额收益率，两者的定义在本质上是相同的。

对于给定的不确定事件，风险升水取决于边际效用的弹性$-U''(W)/U'(W)$。由此，他们定义$-U''(W)/U'(W)$为绝对风险回避（absolute risk aversion，ARA）系数，$-W\cdot U''(W)/U'(W)$为 RRA 系数。ARA 系数没有考虑个体初始财富的影响，RRA 系数度量的是相对于初始财富水平的经济行为主体的风险回避程度，用比例来表达数量变化，其优势在于使用相对变量消除了量纲的影响，从而能更好地把握经济变量的变化，因此在现实中，学者经常使用 RRA 系数作为研究对象。

一个效用函数只对特定的投资者有效，而 ARA 系数和 RRA 系数具有相对于效用函数的严格递增仿射变换而不变的性质，因此可以用来比较不同投资者对某不确定事件的风险回避程度，得到了学者的广泛的应用。

随着投资者财富 W 的增加，若 ARA 系数上升则称为 IARA 系数；若 ARA 系数不变则称为定常型 ARA（constant absolute risk aversion，CARA）系数；若 ARA 系数下降则称为 DARA 系数。对于递增型 ARA 系数，当不确定事件给定时，随着投资者财富水平的增加，投资者为了回避风险事件所愿意支付的财富就越多，表明投资者越是回避风险。

同理，随着投资者财富 W 的增加，若 RRA 系数上升则称为递增型 RRA（increasing relative risk aversion，IRRA）系数；若 RRA 系数不变则称为 CRRA 系数；若 RRA 系数下降则称为 DRRA 系数。对于递增型 RRA 系数，当不确定事件

给定时，随着投资者财富水平的增加，投资者为了回避风险事件，不但所愿意支付的财富越多，而且愿意支付的财富占其总财富的比例也越高，表明越是回避风险。

因而，可以得出以下关系：①递增型 ARA 系数 ⊂ 递增型 RRA 系数 ⊂ 风险回避系数；②递减型 RRA 系数 ⊂ 递减型 ARA 系数 ⊂ 风险回避系数。

8.1.2 风险回避系数相关文献综述

Arrow-Pratt 风险回避系数自提出以后，就被广泛运用在金融经济学理论假设和实证模型中。有关居民风险回避程度的实证研究大致围绕着三个中心问题展开：①居民风险回避系数的测定；②居民风险回避系数与财富的关系；③居民风险回避系数的影响因素。

1. *居民风险回避系数的测定*

20 世纪 60 年代以来，国内外学者对居民风险回避程度的度量开展了大量实证研究。现有文献最多的是根据标准的 Arrow-Pratt 风险回避系数的定义，通过不同的数据和模型假设，对居民风险回避程度进行实证估测。实证研究表明 Arrow-Pratt RRA 系数从数值上来看大致为 0.5~30。

从国内外实证研究所使用的数据来划分，研究主要可以分为宏观和微观两类。基于宏观总量数据的研究体系主要以居民消费与资产价格作为主要研究对象构建计量框架。Weber（1975）使用居民消费品支出的数据，估测出 RRA 系数为 1.3~1.8；Szpiro（1986）使用财产保险的时间序列数据，得出了与 Weber（1975）相似的估计范围。Hansen 和 Singleton（1982）仔细研究了居民消费数据，发现相对风险厌恶系数为 0.68~0.97，在两位学者随后对投资行为数据的研究中，发现 RRA 系数为 0.26~2.7，多次试验中出现的异常值最低为−0.395，最高为 58.25。Mankiw（1983）通过非耐用品消费数据得到的 RRA 系数的估测值为 2.44~5.26，通过耐用品消费数据得到的 RRA 系数的估测值为 1.79~3.21。然而，基于总量数据的测定方法存在较大的局限性，一方面行为参数的不同设定会导致结果的巨大差异；另一方面，宏观总量数据无法体现居民个体行为特征，无法对不同居民群体之间的异质性进行研究。

基于居民微观调查数据的研究则更为精确。一种方法是根据风险回避系数的定义设计实验或调查问卷进行研究。Cochrane（1997）等设计了公平博彩实验来对受试者的风险回避系数进行测定。Guiso 和 Paiella（2008）通过 1995 年意大利银行对居民收入和财富的调查数据，使用其中被访者参与虚拟实验的数据构建了一个 Arrow-Pratt 风险回避系数的测度指标。在国内研究方面，李涛和郭杰（2009）、张琳琬和吴卫星（2016）等借鉴 Guiso 和 Paiella（2008）的方法，均使用 2007 年北京奥尔多投资咨询中心的数据样本构建了类似的风险回避系数的测度指标。

另一种方法是通过居民个人或家庭投资情况，对效用函数进行一定的假设，构建风险回避系数的指标。最早运用微观家庭调查数据对 Arrow-Pratt 风险回避系数进行测定的文献之一是 Friend 和 Blume（1975）的研究，他们基于美国 SFCC（Survey of Financial Characteristics of Consumers，消费者的财务情况调查）调查中居民投资组合的数据，假设效用函数为二次形式，得到 RRA 系数一般超过 1、可能大于 2 的结论，但并未具体度量出居民风险回避系数的大小。此外，一部分学者基于居民保险数据进行了研究，如 Halek 和 Eisenhauer（2001）以大量家庭的人寿保险投保数据为基础，计算出居民 RRA 系数均值为 3.735，标准差为 24.112。在国内研究方面，王晟和蔡明超（2011）采集中国居民（主要是长江三角区）的第一手样本数据，假设了效用函数的形式，对居民 ARA 系数进行估测，测算结果表明居民 ARA 系数的大小主要集中于 3 至 6 的范围内，极值为 22.11 和 1.33。基于微观调查数据的实证研究的优势在于能够更好地体现居民个体行为特征，同时可以分析人口统计学因素对居民风险回避程度的影响，其局限性在于完整的居民或家庭资产情况的数据较难获得。

近年来，较多学者选择跳过对居民风险回避程度估测这一复杂环节，用其他指标作为居民风险态度的研究对象。一种方法是以居民个人的投资行为作为居民风险态度的度量方法。比如，Riley 和 Chow（1992）、Chiang 和 Xiao（2017）、雷晓月和周月刚（2010）、马莉莉和李泉（2011）从个体对风险资产的需求的角度切入，将居民所持有的风险资产在金融资产中的占比作为度量居民风险回避程度的客观指标，展开了不同的研究。

另一种方法是采用居民个人自评的风险态度作为标准，分为几个等级来衡量个人投资者的风险回避程度。Dohmen 等（2011）、Barasinska 等（2012）使用 2004 年 SOEP（the German Socio-Economic Panel，德国社会经济小组）收集的德国居民自评风险态度数据衡量风险回避程度。在国内研究方面，陈其进和陈华（2014）、杨娜和苏梽芳（2015）、胡振和臧日宏（2016）利用不同微观调查数据中的相关自评风险指标，研究了我国居民风险态度的不同影响因素。

2. 居民风险回避系数与财富的关系

居民风险态度随财富变化的特征是研究个人投资者效用函数形式的重要假设，也是研究存在不确定性的经济和金融问题的重要建模条件之一。如前文所述，居民风险态度与财富之间的关系主要有以下几种：对 ARA 系数来说，三种关系为 IARA 系数、CARA 系数和 DARA 系数；对 RRA 系数来说，三种关系为 IRRA 系数、CRRA 系数和 DRRA 系数。

Arrow（1971）在其提出风险回避测度模型时指出，ARA 系数随财富上升而下降，RRA 系数随财富上升而上升的假设。尽管在此后的理论研究中，学者通常假设 Arrow-Pratt RRA 系数随财富递增或者为常数，但多年来学者大量的实证研究并没有达成一致的结论。

作为最早的研究之一，Friend 和 Blume（1975）认为，RRA 系数与财富之间的关系和财富的衡量标准具有密切的联系。他们通过对美国居民资产组合配置情况的研究发现，当财富的定义不包含房产时，得出 DRRA 系数的结论，但当财富的衡量包括房产、私家车和人力资本时，结论变为 CRRA 系数。Cohn 等（1975）使用不含负债的总财富来衡量财富，通过研究个人投资者资产组合选择的横截面数据，得出显著的 DRRA 系数的结论。Siegel 和 Hoban（1982）使用包含负债的净财富来衡量财富，重复了 Cohn 等（1975）的研究，结果表明如果从财富中剔除房产的部分，则有 CRRA 系数的结论，然而在分析按不同财富水平划分的子样本时，CRRA 系数不再成立，财富量最少的投资者表现为 IRRA 系数，财富量最多的投资者表现为 DRRA 系数，Morin 和 Suarez（1983）得出了相似的结论。Bellante 和 Saba（1986）重复了 Morin 和 Suarez（1983）的研究方法，得出了 DRRA 系数的结论。

在国内研究方面，马莉莉和李泉（2011）以家庭风险资产在家庭总财富中的占比作为被解释变量，研究了财富对我国居民风险回避程度的影响，结果表明我国投资者的风险回避程度随财富量增加而递增，表现出 IRRA 系数的特征。王晟和蔡明超（2011）将财富定义为房产、金融财富、人力资本三类，研究结果表明风险回避系数随房产价值上升而减小，相对于金融财富和人力资本则表现出 CRRA 系数的特征。张琳琬和吴卫星（2016）通过代表性家庭数据，分析了我国居民风险偏好与财富之间的关系，研究发现 ARA 系数是财富的减函数，RRA 系数是财富的增函数。

3. 居民风险回避系数的影响因素

20 世纪 80 年代后期以来，学者开始对风险厌恶系数的影响因素进行分析，尤其是对不同人群的风险回避系数进行异质性研究。这方面文献众多，学者主要从两个方面分析可能影响居民风险回避程度的因素，一是居民风险承受能力，二是居民风险承担态度。

学者的实证研究表明，除财富外，居民的社会属性和人口统计学要素（包括性别、年龄、身体状况、教育及文化背景等）也是影响居民客观风险承受能力的重要因素。

比如，国外学者从 20 世纪 90 年代开始对男性和女性在风险回避程度上的不同及原因进行了大量研究。绝大部分学者的研究结果表明，女性比男性具有更高的风险回避程度。

此外，大量学者的研究也表明，年龄也可能是影响居民风险回避系数的重要因素之一。一般认为，居民风险回避系数在其生命周期内是随年龄递增的。然而，Riley 和 Chow（1992）的研究发现，65 岁是居民风险回避系数发生变化的拐点，即 65 岁以下人群的风险回避系数将随年龄的上升而降低；而 65 岁以上人群的风险回避系数将随年龄的上升而增加。Bellante 和 Green（2004）通过对老年人进行研究也进一步证实，居民退休后的风险回避系数随年龄的上升而增加。

此外，众多学者通过大量实证研究发现，宗教、教育等因素都对居民风险回避程度产生影响，但在这些因素如何影响及影响程度上，学者的结论并没有完全达成一致。Grable（2016）通过文献梳理，总结了与居民风险回避程度有关的影响因素。他认为现有文献结论最为一致的影响因素为性别、净财富、金融专业知识、收入来源、收入稳定性，其他较为一致性的影响因素为年龄、婚姻状况、教育背景、宗教等。

另外，风险承担态度或居民承担风险的意愿，也被用作由风险资产份额所衡量的居民风险回避程度的解释变量。

在国内研究方面，对居民风险回避程度及家庭资产组合影响因素的研究逐渐增多。马莉莉和李泉（2011）基于 2007 年的城市投资者行为调查数据，发现财富水平、高等教育、健康、收入水平等都是影响投资者风险偏好的重要因素，但他们拘于数据可得性，并未以居民风险回避系数作为直接研究对象。吴卫星等（2011）发现居民健康状况对其是否参与风险资产市场没有显著的影响，但健康状况不佳的居民其风险资产的投资占其总财富的比重更低，胡振等（2015）也得出了类似的结论。王晟和蔡明超（2011）基于其收集的居民第一手投资行为数据，测算了我国居民的风险厌恶系数，同时发现年龄、性别、金融相关知识及房产价值对居民风险厌恶系数具有显著的影响。杨娜和苏椛芳（2015）选取了一些特殊的心理影响因素，其分析结果表明，有安全防范意识、认为社会治安较好、幸福感较强、关注经济信息以及信息来源渠道较多的居民为风险偏好者的概率较大。胡振和臧日宏（2016）研究了风险态度和金融教育的关系，发现家庭的金融教育投入对家庭风险资产持有比重的影响显著，呈先上升后下降的趋势。

可以看到，由于国内学者对居民风险回避系数测度的研究较为匮乏，大部分对居民风险回避系数影响因素的研究其实分析的是居民金融资产组合结构的影响因素，具有一定局限性。

通过对现有文献的梳理，本章认为对居民风险回避系数及影响因素的实证研究在很大程度上需要对居民风险回避系数进行测定，而其中对效用函数形式的假设以及数据可获得性的限制是该领域研究的难点。本章将构建一个居民风险回避系数的 Arrow-Pratt 测度模型，并对我国居民风险回避系数的影响因素进行探究，为我国学者在该领域的研究打开新的思路。

8.2 研究模型与数据来源

8.2.1 居民隐含风险回避系数的估测模型

本章对居民风险回避系数的估测方法参照了 Halek 和 Eisenhauer（2001）基于保险数据和相应假设的 RRA 系数的推导方法，他们在没有强加效用函数的形式和假设的条件下，推导出一个基于 Arrow-Pratt 测度的风险回避系数的简化模型。本章创新之处在于将 Halek 和 Eisenhauer（2001）基于保险金额和死亡概率的期望效用模型转化为基于居民投资组合预期收益的期望效用模型，从资产组合的角度入手，推导出我国居民隐含风险回避系数的一个度量模型。

1. 模型假设

本章假设投资者的效用函数为凹性的 VNM 效用函数，记为$U(W)$，则有$U''(W)<0<U'(W)$。为了简化分析，本章假设投资者持有风险资产和无风险资产两类资产构成的投资组合。无风险资产具有确定的收益，而风险资产具有不确定的收益。

根据期望效用函数理论，投资者的期望效用函数为

$$E(U)=p_{\mathrm{u}}U(W_{\mathrm{u}})+p_{\mathrm{d}}U(W_{\mathrm{d}}) \tag{8-4}$$

其中，p_{u}表示投资者预期风险资产价格上涨的概率；p_{d}表示投资者预期风险资产价格下跌的概率，$p_{\mathrm{d}}=1-p_{\mathrm{u}}$；$W_{\mathrm{u}}$表示投资者所持有的风险资产价格上涨时的总金融资产；W_{d}表示投资者所持有的风险资产价格下跌时的总金融资产。

2. 估测模型

考虑投资者持有的风险资产在资产组合中的权重为w，投资者所持有的无风险资产的收益率为$r_{\mathrm{f}}\left(r_{\mathrm{f}}>0\right)$，风险资产价格上涨时持有风险资产的收益率为$r_{\mathrm{u}}\left(r_{\mathrm{u}}>0\right)$，风险资产价格下跌时持有风险资产的收益率为$r_{\mathrm{d}}\left(r_{\mathrm{d}}<0\right)$，投资者的金融资产（不含人力资本和房产价值）记为$A$。

根据马科维茨的现代资产组合理论，当风险资产价格上涨时，投资者投入金融资产 A 后获得的收益为$A+\left[wr_{\mathrm{u}}+(1-w)r_{\mathrm{f}}\right]A$；当风险资产价格下跌时，投资者投入金融资产 A 后获得的财富为$A+\left[wr_{\mathrm{d}}+(1-w)r_{\mathrm{f}}\right]A$。因此投资者的期望效用函数可以由式（8-5）来表达：

$$E(U)=p_{\mathrm{u}}U\left(\left[1+wr_{\mathrm{u}}+(1-w)r_{\mathrm{f}}\right]A\right)+p_{\mathrm{d}}U\left(\left[1+wr_{\mathrm{d}}+(1-w)r_{\mathrm{f}}\right]A\right) \tag{8-5}$$

投资者通过选择持有风险资产在资产组合中的权重 w 使自己的效用最大化。在目标期望效用函数最大化的前提下，通过 $\partial E(U)/\partial w=0$ 得

$$\begin{aligned}&p_{\mathrm{u}}(r_{\mathrm{u}}-r_{\mathrm{f}})AU'\left(\left[1+w^{*}r_{\mathrm{u}}+(1-w^{*})r_{\mathrm{f}}\right]A\right)\\&=-p_{\mathrm{d}}(r_{\mathrm{d}}-r_{\mathrm{f}})AU'\left(\left[1+w^{*}r_{\mathrm{d}}+(1-w^{*})r_{\mathrm{f}}\right]A\right)\end{aligned}\tag{8-6}$$

其中，w^* 表示风险资产的最优权重。投资者的预期财富为

$$E(W)=\left[1+p_{\mathrm{u}}w^{*}(r_{\mathrm{u}}-r_{\mathrm{f}})+p_{\mathrm{d}}w^{*}(r_{\mathrm{d}}-r_{\mathrm{f}})+r_{\mathrm{f}}\right]A\tag{8-7}$$

预期财富的方差为

$$\sigma^{2}=E(W^{2})-E(W)^{2}=A^{2}w^{*2}p_{\mathrm{u}}p_{\mathrm{d}}(r_{\mathrm{u}}-r_{\mathrm{d}})^{2}\tag{8-8}$$

将式（8-6）在式（8-7）中进行二阶 Taylor 展开，得

$$\begin{aligned}&p_{\mathrm{u}}(r_{\mathrm{u}}-r_{\mathrm{f}})AU'(E(W))+p_{\mathrm{u}}(r_{\mathrm{u}}-r_{\mathrm{f}})AU''(E(W))\left[p_{\mathrm{d}}w^{*}(r_{\mathrm{u}}-r_{\mathrm{d}})A\right]\\&=-p_{\mathrm{d}}(r_{\mathrm{d}}-r_{\mathrm{f}})AU'(E(W))+p_{\mathrm{d}}(r_{\mathrm{d}}-r_{\mathrm{f}})AU''(E(W))\left[p_{\mathrm{u}}w^{*}(r_{\mathrm{u}}-r_{\mathrm{d}})A\right]\end{aligned}\tag{8-9}$$

将式（8-9）整理变形，得到 Arrow-Pratt 风险回避系数的测度：

$$-\frac{U''(E(W))}{U'(E(W))}=\frac{p_{\mathrm{u}}(r_{\mathrm{u}}-r_{\mathrm{f}})+p_{\mathrm{d}}(r_{\mathrm{d}}-r_{\mathrm{f}})}{p_{\mathrm{u}}p_{\mathrm{d}}w^{*}(r_{\mathrm{u}}-r_{\mathrm{d}})^{2}A}=\frac{E(r-r_{\mathrm{f}})}{\theta w^{*}A}\tag{8-10}$$

$$\mathrm{RRA}(E(W))\equiv-\frac{E(W)U''(E(W))}{U'(E(W))}=-\frac{E(W)E(r-r_{\mathrm{f}})}{\theta w^{*}A}=\frac{E(r-r_{\mathrm{f}})\left[1+E(r_{\mathrm{p}})\right]}{\theta w^{*}}\tag{8-11}$$

其中，$E(r-r_{\mathrm{f}})$ 表示受访者持有的风险资产的期望超额收益率，$E(r-r_{\mathrm{f}})=p_{\mathrm{u}}(r_{\mathrm{u}}-r_{\mathrm{f}})+p_{\mathrm{d}}(r_{\mathrm{d}}-r_{\mathrm{f}})$；$E(r_{\mathrm{p}})$ 表示居民持有的投资组合收益率，$E(r_{\mathrm{p}})=p_{\mathrm{u}}w^{*}(r_{\mathrm{u}}-r_{\mathrm{f}})+p_{\mathrm{d}}w^{*}(r_{\mathrm{d}}-r_{\mathrm{f}})+r_{\mathrm{f}}$；$\theta$ 表示参数，$\theta=p_{\mathrm{u}}p_{\mathrm{d}}(r_{\mathrm{u}}-r_{\mathrm{d}})^{2}$；$w^*$ 表示风险资产占投资组合的最优权重。

式（8-10）为 ARA 系数，从本章推导的计算公式可以看出，ARA 系数与金融财富 A 成反比，隐含了 DARA 系数的结论，与 Arrow（1971）的结论一致，多年来绝大部分学者的研究结论也在这一点上达成了共识。式（8-11）为 RRA 系数，消除了量纲的影响，能够分析居民隐含的 RRA 倾向，因而本章的主要研究对象为 RRA 系数。由于该测度是一个基于投资者最优资产组合权重的表达式，是从居民持有的金融资产组合数据中推导而出的，因此将式（8-11）定义为居民隐含风险回避系数，记为 γ。

若将式（8-6）和式（8-7）分别对 w^* 求偏导，代入式（8-11）中，RRA 系数还可以用风险资产的权重在预期财富的均值和方差上的边际效应来表示，见式（8-6），这与 Pratt（1964）对 RRA 系数的结论是一致的。

$$\gamma = \mathrm{RRA}\left(E\left(W\right)\right) = \frac{2E\left(W\right)\partial E\left(W\right)/\partial w^{*}}{\partial \sigma^{2}/\partial w^{*}} \tag{8-12}$$

本章将在实证分析中，通过确定 p_{u}、p_{d}、r_{u}、r_{d}、r_{f} 和 w^{*} 的取值来求得居民隐含风险回避系数 γ。

8.2.2 居民隐含风险回避系数影响因素分析的回归模型

1. 变量选取与说明

为探究居民隐含风险回避系数的异质性问题，检验财富状况、人口统计学特征、社会属性、主观行为态度等因素对居民风险回避程度的潜在影响，本章将居民隐含风险回避系数作为被解释变量，来构建回归模型。

居民隐含风险回避系数受到很多因素的影响，一方面是居民客观风险承受能力，另一方面是居民主观风险态度。两者之间是有差异的，如投资者负担的债务更少，则其风险承受能力更高，但在客观环境相同的情况下，有的投资者更爱冒险，那就表明他的风险态度更倾向于风险偏好。影响居民客观风险承受能力的因素主要包括财富、社会属性与人口特征（如性别、年龄、健康状况、教育程度等），而居民主观风险态度往往以心理测试题得分的形式呈现。

下面对本章拟选取的几类解释变量和计算方法进行说明。

1）净财富

投资者的净财富包括风险资产和无风险资产两类，本章将净财富定义为净资产，即总资产减去总负债。关于居民风险态度与财富的关系，国内外现有的实证结果表明，对居民财富的定义不同可能会使研究结果背道而驰。值得注意的是，学者在财富衡量方法上的主要区别在于是否将房产价值纳入。比如，在 Siegel 和 Hoban（1982）、Morin 和 Suarez（1983）的研究中，财富的定义排除了房产价值，而 Riley 和 Chow（1992）的研究则包含了房产价值。多年来，房产逐步成为各国居民资产配置中比重较大的资产类别，房产价值的快速上升大大增加了居民财富，居民在做出投资决策时越来越多地考虑到房产价值的因素。因此，本章对净财富（Wealth）的定义将包含房产价值。

2）人力资本

人力资本不同于传统意义上的财富，是一个不但包含了现在，也包含了未来的财富概念。本章认为，投资者自身的人力资本的不同可能对其做出的投资决策有所影响，应被纳入研究范围。

本章定义变量 Human 表示居民的人力资本。在现有相关文献中，对人力资本的衡量主要有两种方法，一种是取当期家庭收入作为人力资本的衡量，另一种是取未来每期可支配收入的现值作为人力资本的衡量，本章参考了后一种方法。

假设仅考虑居民工作期间的人力资本，则人力资本可以大致用年均可支配收入的现值表示。Human 的计算公式为

$$\text{Human}=\sum_{t=1}^{n-m}\frac{\text{Income}}{\left(1+r_{\text{f}}\right)^{t}} \tag{8-13}$$

其中，n 表示受访者的退休年龄，对于男性居民取 n=60，女性居民取 n=55（女性居民的法定退休年龄与职务有关，有 50 岁、55 岁、60 岁退休等多种情况，本章取中间值 55 岁），忽略退休后的人力资本；m 表示受访者的年龄；Income 表示居民年均可支配收入；r_{f} 表示无风险收益率，作为居民收入的贴现率。

3）社会人口统计特征

为了研究投资者风险回避程度的异质性问题，本章从微观层面寻找和检验影响不同投资者风险回避程度的社会人口统计特征。其中，人口统计特征包括性别、年龄、健康状况等，而社会属性包括教育程度、婚姻情况、医疗保险等。

Halek 和 Eisenhauer（2001）指出，尽管学者发现人们的风险态度和某些影响因素之间存在关系，但两者因果关系的方向并不确定。因此在本章中，将居民非自我选择的特征（先天性特征）与居民能够自我选择的特征（后天性特征）分开进行研究，两者的区别在于，先天性特征被认为对居民风险回避程度产生单向的影响，而后天性特征与居民风险回避程度之间可能存在双向的影响。比如，教育情况、婚姻情况等可能对居民的风险回避程度产生影响，但也有学者认为，居民的风险回避程度可能会对居民选择接受教育的程度和是否决定结婚等决策产生影响。

本章选取的居民先天性特征包括年龄、性别、健康情况；选取的后天性特征包括医疗保险情况、学历背景、家庭情况、职业属性等。除了年龄外，其余变量均为虚拟变量，具体定义见表 8-1。

表 8-1　居民隐含风险回避系数影响因素研究的变量设置

变量类型	变量符号	变量含义
被解释变量	log(γ)	由公式估测而得的居民隐含风险回避系数 γ 的自然对数
解释变量	Age	居民年龄大小
	Age60	若居民年龄为 60 岁及以上，则 Age60=1，否则 Age60=0
	Gender	若居民为男性，则 Gender=1；若为女性，则 Gender=0
	Health	若居民身体健康，则 Health=1，否则 Health=0
	Unhealth	若居民每年有较高比例的医药花费，则 Unhealth=1，否则 Unhealth=0

续表

变量类型	变量符号	变量含义
解释变量	Insurance	若居民参加基本医疗保险或商业医疗保险，则 Insurance=1，否则 Insurance=0
	Grad	若居民学历为专科及以上，则 Grad=1，否则 Grad=0
	Fin	若居民具有经管专业背景，则 Fin=1，否则 Fin=0
	Married	若居民已婚，则 Married=1，否则 Married=0
	Children	若居民抚养孩子，则 Children=1，否则 Children=0
	Selfemp	若居民为个体职业，则 Selfemp=1，否则 Selfemp=0
	Job	若居民有稳定工作，则 Job=1，否则 Job=0
	Wealth	居民家庭净财富大小（包含房产净值）
	Human	居民家庭人力资本大小
	Attitude	由心理测试题得分度量的居民主观风险态度

4）风险态度

居民主观风险态度反映了居民风险回避系数中由居民主观态度决定的部分，如在客观条件和环境相同的情况下，有的人更爱冒险，有的人则表现出极度的风险厌恶。本章希望通过纳入居民主观风险态度（Attitude）这一变量，来检验居民主观心理上的风险态度是否对本章所测定的居民隐含风险回避系数产生影响，并检验两者之间的关系是否一致。一般来说，居民主观风险态度可以通过居民的心理测试题得分来衡量。

2. 回归模型设计

为了更好地对多层次的影响因素进行分析，本章以测定的居民隐含风险回避系数的自然对数 $\log(\gamma)$ 作为被解释变量，从不同角度建立了多元线性回归模型，对居民隐含风险回避系数的影响因素进行分析，模型 1、模型 2、模型 3 分别如式（8-14）~式（8-16）所示：

$$\log(\gamma)=\beta_0+\beta_1\text{Wealth}+\beta_2\text{Wealth}^2+\beta_3\text{Human}+\beta_4\text{Human}^2+\beta_{5,i}X_i+\varepsilon \tag{8-14}$$

$$\log(\gamma)=\beta_0+\beta_1\text{Wealth}+\beta_2\text{Wealth}^2+\beta_3\text{Human}+\beta_4\text{Human}^2+\beta_{5,i}X_i+\beta_{6,j}H_j+\varepsilon \tag{8-15}$$

$$\log(\gamma)=\beta_0+\beta_1\text{Attitude}+\beta_2\text{Wealth}+\beta_3\text{Wealth}^2+\beta_4\text{Human}+\beta_5\text{Human}^2+\beta_{6,i}X_i+\beta_{7,j}H_j+\varepsilon \tag{8-16}$$

模型 1 和模型 2 中的解释变量均包括财富情况和先天性的人口统计特征，这些变量与居民风险回避程度之间的关系是单向的，且在模型中检验了财富对居民隐含风险回避系数的非线性影响。此外，模型 2 的解释变量中还加入了对居民风险回避程度可能具有潜在影响的后天性的社会属性特征。

模型 3 检验了居民主观风险态度与本章根据居民资产配置情况推导并计算而得的居民隐含风险回避系数的关系。

8.2.3　研究数据及描述性统计

1. 研究数据来源

本章的研究数据主要来自国家自然科学基金课题“多重背景风险关联下的生命周期投资模型”课题的阶段性成果，由王晟和蔡明超（2011）通过问卷调查方式采集的第一手居民问卷调查数据。

《中国居民风险偏好调查》问卷主要由两部分组成，第一部分为受访者信息，包括：①性别、年龄、健康状况等先天性人口统计学特征；②教育程度、专业背景、家庭成员状况、医保情况等后天性社会属性特征；③可支配收入情况、房产、金融资产等财富状况；④股票（含股票型基金）的持仓情况、对未来一年股市走势的预期等风险资产配置的情况等。问卷第二部分由 5 道相关心理测试题组成，心理测试题的题目、选项、选项分值的设置参考了现有文献。通过对选择项打分加总的方式（最低为 5 分，最高为 34 分）来度量受访者的主观风险态度。

样本数据收集时间为 2010 年 1 月至 2010 年 3 月，受访者主要集中于长三角地区，来源于各行各业，具有一定代表性。本章所用样本容量为 872，为避免影响居民隐含风险回避系数的测算，剔除关键信息缺失的问卷后，共收集到 843 份有效问卷。需要说明的是，本章使用了课题组采集的全部样本数据，而王晟和蔡明超（2011）的研究选用的是部分样本数据，因此在样本容量上有所差异。

此外，本章还选取 2002 年 1 月 4 日至 2010 年 3 月 30 日（至少包含了一个经济波动周期）共 1993 个沪深 300 指数交易日收盘价，用于估算居民隐含风险回避系数的各参数。

2. 居民样本的描述性统计

本章根据《中国居民风险偏好调查》问卷中受访居民对相应问题的回答为相关研究变量赋值。其中，社会人口统计特征，如年龄、性别、婚姻状况、教育情况等均可从问卷中直接获得相应的值。对于净财富这一变量，我们根据调查问卷中相应题目提供的取值区间，采用各区间均值进行赋值。人力资本根据式（8-13）进行计算，由年均可支配收入按照无风险利率贴现而得，其中，无风险利率取 2010 年数据收集时的一年期银行存款利率 2.25%，与后文对无风险利率的取值保持一致。

表 8-2 给出了 843 份有效调查问卷中主要研究变量的描述性统计结果。首先，843 位受访居民的年龄主要集中于 20~60 岁，平均约 39.7086 岁，为家庭主要劳动力，最小为 17 岁，最大为 78 岁；从性别分布来看，受访居民中约 55.87%为男性，44.13%为女性，男性略多于女性，但差别不大。其次，约 67.96%的受访居民身体健康，没有固定的医疗支出，约 4.13%的受访居民每年有较高比例的医药支出。92.32%的受访者拥有基本医疗保险或商业医疗保险。从教育背景来看，67.55%的受访居民学历为专科及以上，27.52%的受访居民具有经管专业背景。从家庭情况来看，76.95%的受访居民已婚，60.44%的受访居民有抚养孩子，已婚和已育居民的比例较高，这与受访居民的年龄分布以及我国国情是相符的。从职业情况来看，73.28%的受访居民拥有稳定的工作，有 12.16%的受访居民从事个体职业。

表 8-2　研究变量的描述性统计

变量	均值	中位数	最大值	最小值	标准差
Age	39.7086	40	78	17	10.9796
Gender	0.5587	1	1	0	0.4969
Health	0.6796	1	1	0	0.4669
Unhealth	0.0413	0	1	0	0.1991
Insurance	0.9232	1	1	0	0.2665
Grad	0.6755	1	1	0	0.4685
Fin	0.2752	0	1	0	0.4469
Married	0.7695	1	1	0	0.4214
Children	0.6044	1	1	0	0.4893
Selfemp	0.1216	0	1	0	0.3270
Job	0.7328	1	1	0	0.4428
Wealth	280.8110	177.5000	4000.0000	15.0000	371.7800
Human	171.8430	120.9856	916.7733	0	174.3490
Attitude	14.8188	14	34	5	6.2480

从家庭财富情况来看，净财富（含房产价值）的均值为 280.8110 万元，但中位数仅为 177.5000 万元，受访居民之间有一定的贫富差距；人力资本的均值为 171.8430 万元。从以上对本章研究数据的描述性统计来看，本章所采用的受访居民的背景较为多样，具备一定的代表性。

8.2.4　小结

首先，建立了居民隐含风险回避系数的估测模型。本章对居民风险回避程度的度量主要参照 Halek 和 Eisenhauer（2001）基于保险相关变量的风险回避测度的推导方法，该推导过程的关键是在没有强加效用函数的形式和假设的条件下，能够推导出一个基于 Arrow-Pratt 测度的风险回避系数的简化模型。与其不同的是，本章另辟蹊径，从居民资产组合的角度入手，建立了一个基于居民投资情况的 Arrow-Pratt 风险回避程度测度的简化模型。

其次，设计了探究居民隐含风险回避系数影响因素的回归模型。根据第 8.1 节中对国内外现有的有关居民隐含风险回避系数的影响因素方面的文献的总结，本章认为居民隐含风险回避系数主要受客观风险承受能力和主观风险态度两方面的影响，从这两个角度出发，本章分别选取了财富情况、社会人口统计特征（先天性、后天性）以及居民主观风险态度作为自变量，将居民隐含风险回避系数作为因变量，设计了三个回归模型，从不同层次探究和检验这些因素对居民隐含风险回避系数的潜在影响。

最后，对本章下一步进行实证研究所使用的微观家庭调查数据进行了说明和描述性统计。本章将基于这些数据进行我国居民隐含风险回避系数的实证估测，并进一步进行影响因素的回归分析。

8.3　实证分析结果

8.3.1　居民隐含风险回避系数的实证估测

本章首先基于推导的居民隐含风险回避系数，即$\gamma = \dfrac{E(r-r_{\mathrm{f}})\left[1+E(r_{\mathrm{p}})\right]}{\theta w^{*}}$进行实证估测，其中$\gamma$为居民隐含风险回避系数，$E(r-r_{\mathrm{f}})$是风险资产超额收益率，$E(r-r_{\mathrm{f}}) = p_{\mathrm{u}}(r_{\mathrm{u}}-r_{\mathrm{f}}) + p_{\mathrm{d}}(r_{\mathrm{d}}-r_{\mathrm{f}})$，$E(r_{\mathrm{p}})$是投资组合收益率，$E(r_{\mathrm{p}}) = p_{\mathrm{u}}w^{*}(r_{\mathrm{u}}-r_{\mathrm{f}}) + p_{\mathrm{d}}w^{*}(r_{\mathrm{d}}-r_{\mathrm{f}}) + r_{\mathrm{f}}$，$\theta$是参数，定义如下：

$$\theta = p_{\mathrm{u}}p_{\mathrm{d}}(r_{\mathrm{u}}-r_{\mathrm{d}})^{2} \tag{8-17}$$

w^{*}是最优风险资产占居民投资组合的比重。在受访者理性的假设下，只有其认为风险资产相对于无风险资产的期望超额收益率$E(r-r_{\mathrm{f}})>0$时，才会选择持有风险资产，因此隐含了居民风险回避系数大于 0，本书只讨论居民风险态度为风险回避情形。本章将对相关参数进行估测，从而计算居民隐含风险回避系

数 γ 的值。

1. 参数估计

1）基于居民主观预期的风险资产收益率估测

由于股市是中国最典型的风险市场，且在本章所使用的研究数据的收集时期，居民所持有的风险资产主要是股票，同时考虑到应与问卷中对风险资产的定义相符，本章在实证研究中选择以股票代表风险资产。

假设股票价格的对数服从正态分布 $N\left(\mu,\sigma^2\right)$，股票价格服从漂移参数为 μ，波动参数为 σ 的几何布朗运动，则股票价格的变化可用一个二叉树模型来近似表示：股票价格变化仅发生在 Δ 的整数倍时刻，且变化只有两种可能，或以概率 p 上涨 u 倍，或以概率 $1-p$ 下降 d 倍，其中，$p=\frac{1}{2}\left(1+\frac{\mu}{\sigma}\sqrt{\Delta}\right)$，$1-p=\frac{1}{2}\left(1-\frac{\mu}{\sigma}\sqrt{\Delta}\right)$，$u=\mathrm{e}^{\sigma\sqrt{\Delta}}$。$\mu$ 和 σ 可由股市日收盘价的历史数据进行估测。

接下来本章根据受访者对市场的不同预期，对该模型进行调整。由于在问卷调查中，要求受访者对未来一年内股市的走势进行主观预期，选项分别为强烈看多、看多、强烈看空、看空、中性五项，将受访者对市场的主观预期记为参数 M（设强烈看多 $M=2a$；强烈看空 $M=-2a$；看多 $M=a$；看空 $M=-a$；中性 $M=0$，其中 $a>0$）。本章认为，受访者对市场预期越乐观，其预期的风险资产的期望收益率将越高，因而本章根据受访者的主观预期参数 M 对二叉树模型中的漂移参数 μ 进行了修正。

在加入受访者主观预期参数 M 后，本部分假设股票价格的对数服从正态分布 $N\left(\mu+M\sigma,\sigma^2\right)$。受访者预期 t 个 Δ 时刻后所持有的股票收益率情况可以描述为：或以概率 p_{u} 获得收益率 r_{u}，或以概率 p_{d} 损失 r_{d}。其中：

$$p_{\mathrm{u}}=\frac{1}{2}\left(1+\frac{\mu+M\sigma}{\sigma}\sqrt{t\Delta}\right) \tag{8-18}$$

$$p_{\mathrm{d}}=\frac{1}{2}\left(1-\frac{\mu+M\sigma}{\sigma}\sqrt{t\Delta}\right) \tag{8-19}$$

$$r_{\mathrm{u}}=\mathrm{e}^{\sigma\sqrt{t\Delta}}-1>0 \tag{8-20}$$

$$r_{\mathrm{d}}=\mathrm{e}^{-\sigma\sqrt{t\Delta}}-1<0 \tag{8-21}$$

在实际计算中，由于居民持有个股情况缺乏数据可得性，本章以具有代表性的沪深 300 指数组合的历史收益率来度量我国居民在股市中预期获得的收益率。若沪深 300 指数日收盘价为 X_i，日对数收益率为 $\ln\left(X_i / X_{i-1}\right)$，则采用 1993 个历史数据估算得出日对数收益率的均值 μ=0.000 471 382，标准差 σ=0.018 812 751 8。

考虑到时间越长，对股票价格运行的模拟就越困难，为使该模型更为准确地描述股票价格的变化，本章仅考虑未来半年内（按照 126 个交易日）的股票运行情况，即令 Δ 时刻为 1 天，取 $t=126$。

反映受访者主观预期的参数 M，一方面应当反映不同受访者对市场的不同主观预期对其期望收益率的影响，另一方面其取值应当调节 σ 对于 μ 的数量级。因此根据 μ 和 σ 的取值，本章对 M 的取值如下：强烈看多 $M=0.02$；强烈看空 $M=-0.02$；看多 $M=0.01$；看空 $M=-0.01$；中性 $M=0$。

由此，本章计算出不同受访者主观预期对应的 M、p_u、p_d、r_u、r_d，同时能计算出式（8-17）中所定义的参数 θ 的取值，如表 8-3 所示。

表 8-3　受访者主观预期与风险资产涨跌概率及收益率的对应关系

参数	强烈看多	强烈看空	看多	看空	中性
M	0.02	−0.02	0.01	−0.01	0
p_u	0.752 9	0.528 4	0.696 8	0.584 5	0.640 6
p_d	0.247 1	0.471 6	0.303 2	0.415 5	0.359 4
r_u	0.235 125 538 7				
r_d	−0.190 365 701				
$\theta=p_u p_d\left(r_u-r_d\right)^2$	0.033 6	0.045 1	0.038 3	0.044 0	0.041 7

进一步说明，即本章以半年为期，假设投资者在股票价格上涨时的收益率为 23.51%，在股票价格下跌时的收益率为−19.04%。若某位受访者对未来半年内股市走势的预期为“强烈看多”，则他预期有 75.29%的概率股票价格上涨，获得股票上涨时的收益率 23.51%，而有 24.71%的概率股票价格下跌，受到 19.03%的损失；若某受访者对未来半年内股市走势的预期为“看多”，则他预期有 69.68%的概率股票价格上涨，获得收益，而有 30.32%的概率股票价格下跌，受到损失。“中性”“看空”“强烈看空”情况依此类推。

2）无风险收益率估测

r_f 为无风险资产的收益率，本章选取问卷数据采集期间一年期银行存款利率 2.25%作为无风险资产的收益率，即半年期无风险收益率 $r_f=1.125\%$，基于受访者主观预期下的期望超额收益率如表 8-4 所示。

表 8-4　受访者主观预期与风险资产期望超额收益率的对应关系

期望超额收益率	强烈看多	强烈看空	看多	看空	中性
$E(r-r_f)$	0.1187	0.0232	0.0948	0.0471	0.0710

以半年为期来看，在投资者预期最乐观的情况下，风险资产（股票）的期望收益率比无风险资产的收益率高 11.87%；在投资者预期最悲观的情况下，风险资产（股票）的期望收益率仅比无风险资产的收益率高 2.32%。

3）风险资产占居民投资组合比例

w^*为风险资产占居民投资组合的比例，本章以问卷调查中受访者持有的股票仓位情况进行替代。本章根据问卷中受访者反映的股票仓位设定了风险资产占居民投资组合的比例，两者对应关系如表 8-5 所示。

表 8-5　股票仓位与风险资产占居民投资组合比例的对应关系

风险资产占居民投资组合比例	满仓	90%仓位	80%仓位	70%仓位	60%仓位	50%仓位	40%仓位	30%仓位	20%仓位	10%仓位	空仓
w^*	100%	90%	80%	70%	60%	50%	40%	30%	20%	10%	0

根据以上定义，研究样本数据中的 843 位受访者的股票持仓（含股票基金）均值为 31.5%，中位数为 20%，空仓或不参与股市的人数超过总样本的 10%，表现出我国居民在样本数据收集时期，对股市的参与度较低。

2. 估测结果

根据受访者对未来一年股市走势的预期及股票仓位情况，将 p_u、p_d、r_u、r_d、r_f、w^* 代入居民隐含风险回避系数 γ 的计算公式中，由此可测算出本章定义的居民隐含风险回避系数。

举例来说，一位 36 岁的男性居民，其股票仓位为 40%，且对未来一年股市的走势的预期为“看多”，则他对应的 M=0.01，p_u=0.6968，p_d=0.3032，θ=0.0383，$E(r-r_f)$=0.0948，$E(r_p)=E(r-r_f)+r_f$=0.1173，则根据式（8-11），就可以直接计算出他的居民隐含风险回避系数。

图 8-1 和表 8-6 分别给出了以沪深 300 指数作为风险资产组合时，居民隐含风险回避系数大小的分布情况以及描述性统计，可以看到，居民隐含风险回避系数均值为 6.7508，主要位于 2 至 9 之间，最大值和最小值分别为 27.4260 和 0.5321，且其分布具有右偏的特点。这表明数据采集时期，有相当一部分居民对股市的参与度很低，表现出“股权溢价之谜”。

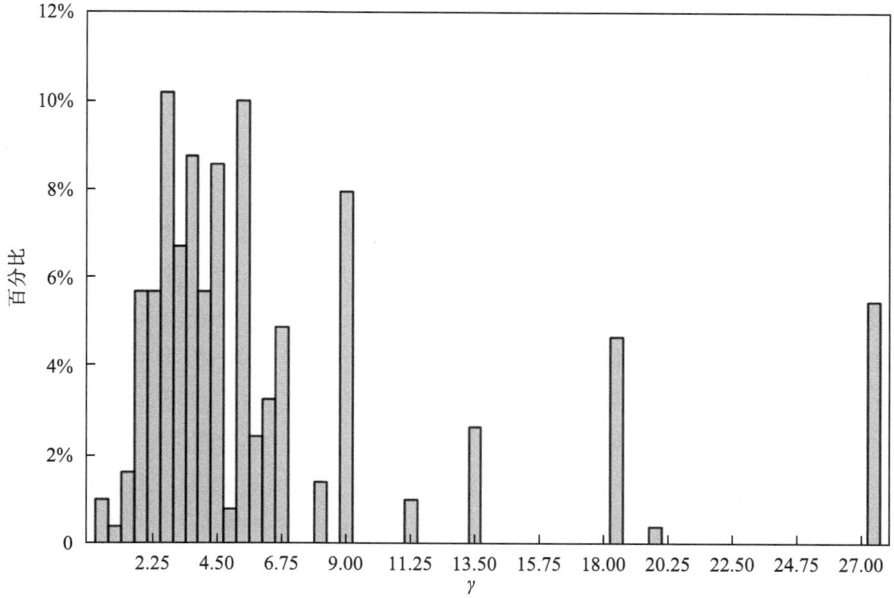

图 8-1　居民隐含风险回避系数 γ 的分布

表 8-6　沪深 300 指数作为风险资产时居民隐含风险回避系数的描述性统计

项目	均值	中位数	最大值	最小值	标准差
居民隐含风险回避系数	6.7508	4.5709	27.4260	0.5321	6.4027

值得说明的是，若受访居民被访时的股票仓位为空仓，即在 $w^* = 0$ 的情况下，依据公式计算其居民隐含风险回避系数为$+\infty$。为了保证后文在分析居民隐含风险回避系数的影响因素时样本数据的完整性，本章根据统计学上的3σ准则，以 $\bar{\gamma} + 3\sigma_\gamma$ 进行替代。但考虑到 $\bar{\gamma} + 3\sigma_\gamma$ 小于样本中 γ 的最大值，因此以 $\gamma_{\max} + 3\sigma_\gamma$ =46.6341 进行替代。

8.3.2　居民隐含风险回避系数影响因素分析

本章采用的统计分析软件是 SAS 9.4。在对回归模型进行分析时，本章采用 White（怀特）检验对多元线性回归模型的异方差性进行了检验，结果表明模型1~模型 3 均通过检验。此外，本章也对解释变量之间的多重共线性进行了检验，本节的回归结果中均列出了变量对应的方差膨胀因子（variance inflation factor，VIF），根据经验判断方法，若 $0 < \text{VIF} \leqslant 10$，则可以认为变量之间存在较弱的共线性，不会对自变量回归系数的显著性产生误导。

1. 客观风险承受能力的影响因素分析

由于解释变量较多，为使回归模型更为稳健，本章除了使用普通最小二乘法（ordinary least squares，OLS）建立回归模型外，还使用了逐步回归法来逐步筛选和剔除回归结果不显著或者可能具有多重共线性的变量。

表 8-7 和表 8-8 分别列出了模型 1 与模型 2 的回归结果。模型 1 和模型 2 的 F 统计量所对应的 P 值均小于 1%，表明这些模型从整体上看是高度显著的。从实证结果来看，在模型 1 和模型 2 中的变量 Wealth、Human、Human^2、Age、Gender、Health、Insurance，以及在模型 2 的变量 Fin 在引入逐步回归模型后，仍然在统计学上显著，而其他描述居民社会属性和人口特征的变量则不显著。可以看到，模型 2 在加入了后天性影响因素之后，拟合优度有了一定幅度的提升，但总体来看调整后的 R^2 不是太高。然而，较国内现有文献的实证结果来看，本章在回归结果的拟合优度上是有所提升的。下面本章将对回归结果进行分析。

表 8-7　模型 1 的 OLS 回归结果与逐步回归结果对照

变量	模型 1							
	OLS 回归				逐步回归			
	回归系数	t 统计量	P 值	VIF	回归系数	t 统计量	P 值	VIF
constant	3.963 76	19.11	<0.000 1	0	5.030 78	19.40	<0.000 1	0
Wealth	0.000 02	−0.07	0.945 9	4.827 0	0.000 27	2.27	0.023 3	1.130 8
Wealth^2	$1.197\,4\times10^{-7}$	1.33	0.182 4	4.549 1				
Human	−0.006 70	−5.42	<0.000 1	9.648 1	−0.007 18	−6.04	<0.000 1	8.919 4
Human^2	0.000 01	3.94	<0.000 1	8.286 3	0.000 01	4.37	<0.000 1	7.807 4
Age	−0.043 23	−8.51	<0.000 1	1.885 9	−0.043 67	−9.15	<0.000 1	1.663 9
Age60	0.105 86	0.40	0.685 9	1.412 8				
Gender	−0.175 84	−2.10	0.036 3	1.043 5	−0.178 32	−2.13	0.033 5	1.041 6
Health	−0.161 91	−1.69	0.091 5	1.199 9	−0.183 53	−1.99	0.047 0	1.111 8
Unhealth	0.131 65	0.60	0.550 6	1.163 1				
N	843				843			
调整后 R^2	0.105 6				0.105 8			
F 统计量	12.04				17.61			
Pr > F	<0.000 1				<0.000 1			

表 8-8　模型 2 的 OLS 回归结果与逐步回归结果对照

变量	模型 2							
	OLS 回归				逐步回归			
	回归系数	*t* 统计量	*P* 值	VIF	回归系数	*t* 统计量	*P* 值	VIF
constant	5.209 59	15.73	<0.000 1	0	5.260 43	19.24	<0.000 1	0
Wealth	0.000 07	0.28	0.779 1	4.994 3	0.000 30	2.54	0.011 2	1.141 9
Wealth²	$9.338\ 90\times10^{-8}$	1.04	0.299 1	4.625 2				
Human	−0.005 83	−4.54	<0.000 1	10.55 6	−0.006 59	−5.46	<0.000 1	9.351 2
Human²	0.000 01	3.35	0.000 8	8.934 8	0.000 01	4.08	<0.000 1	8.059 3
Age	−0.041 57	−7.50	<0.000 1	2.275 1	−0.042 69	−8.84	<0.000 1	1.734 2
Age60	0.061 23	0.22	0.829 4	1.687 5				
Gender	−0.153 16	−1.82	0.068 8	1.063 3	−0.162 50	−1.95	0.050 9	1.044 1
Health	−0.164 99	−1.72	0.085 2	1.213 6	−0.182 41	−1.99	0.046 4	1.112 1
Unhealth	0.118 58	0.54	0.590 4	1.176 1				
Insurance	−0.233 92	−1.45	0.146 9	1.093 3	−0.269 47	−1.70	0.090 3	1.068 4
Grad	0.002 99	0.03	0.976 0	1.307 8				
Fin	−0.345 98	−3.62	0.000 3	1.118 9	−0.340 92	−3.70	0.000 2	1.042 8
Married	0.105 30	1.00	0.317 5	1.213 7				
Children	0.022 60	0.26	0.798 6	1.142 3				
Selfemp	−0.084 95	−0.49	0.620 8	1.941 5				
Job	−0.124 35	−0.90	0.367 9	2.238 9				
N	843				843			
调整后 R^2	0.117 4				0.121 2			
F 统计量	8.00				15.74			
Pr > *F*	<0.000 1				<0.000 1			

1）居民隐含风险回避系数与财富水平

本章为探究财富对居民隐含风险回避系数的影响，在模型 1 和模型 2 中，加入了本章定义的变量净财富（Wealth）和人力资本（Human），同时为了检验净财富与居民隐含风险回避系数之间可能存在的非线性影响，本章还加入了对应的二次项。

一方面，在模型 1 和模型 2 中，只含 Wealth 一次项时回归系数在 90%的置信水平上显著，而加入二次项后，一次项和二次项的系数均不显著，拒绝了 Wealth 与因变量之间关系为“U”形非线性关系的假设。从逐步回归的结果来看，Wealth 的回归系数为正，以模型 2 为例，Wealth 的回归系数 0.000 30，表明净财富每增加 100 万元，居民隐含风险回避系数将上升约 3%，表明我国居民隐含风险回避系数具有随净财富（包含房产价值）增加而递增的规律，即 IRRA 系数的假设成立。本章按照 ARA 系数的计算公式和同样的数据来源，也一并计算了居民 ARA 系数。本章进一步检验了居民 ARA 系数与净财富之间的关系，回归结果表明 ARA 系数具有显著的随净财富增加而递减的规律，即 DARA 的假设成立。上述结论表明，随居民净财富的增加，居民 ARA 系数下降而 RRA 系数上升，在其资产组合的选择上，表现为随居民净财富的增加，居民投资于风险资产的财富上升，但投资于风险资产的财富占其净财富的比例下降。这个结论与 Arrow（1971）提出的假设相符合，在实证方面，与张琳琬和吴卫星（2016）基于我国代表性家庭调查数据对居民风险回避系数与财富关系的研究结论是一致的。

另一方面，在模型 1 和模型 2 中，Human 的一次项和二次项均在 99%的置信水平上显著，且 Human 的回归系数符号为负，而 Human^2 的回归系数符号为正，表明人力资本的增加使居民隐含风险回避系数下降，但随着人力资本的不断上升，居民隐含风险回避系数下降的幅度不断减小。因此，当使用人力资本衡量财富时，DRRA 系数的假设成立，直到人力资本达到一定的程度时，可能转变为 IRRA 系数。以模型 2 逐步回归中 Human 和 Human^2 的回归系数为例，假设居民人力资本的初始水平为 100 万元，在此基础上若人力资本增加 10 万元，则居民隐含风险回避系数将下降 4.18%；假设居民人力资本的初始水平为 200 万元，则人力资本增加 10 万元会使居民隐含风险回避系数下降 1.88%，即随着人力资本初始水平的增加，人力资本对居民风险回避程度的负向影响逐渐减小，直至人力资本的初始水平超过 276.5 万元时，人力资本对居民风险回避程度的影响变为正向。因此，本章认为，居民隐含风险回避系数随人力资本表现出 DRRA 系数隐含的特征，而在居民的人力资本达到一定水平后，居民隐含风险回避系数或将随人力资本表现出 IRRA 系数的特质。该结论与 Halek 和 Eisenhauer（2001）在美国居民 RRA 系数影响因素的分析中，关于人力资本的研究结论是一致的。

2）（先天性）人口统计学因素

从年龄对居民隐含风险回避系数大小的影响来看，学界的研究结果并未达成一致，有部分学者认为，居民隐含风险回避系数在一个人的生命周期内是递增的，即越年轻其风险回避程度越低；而 Riley 和 Chow（1992）指出，65 岁是居民隐含风险回避系数发生变化的转折点，65 岁之前居民隐含风险回避系数随年龄增加而下降，而到了 65 岁之后居民隐含风险回避系数又会随年龄增加而上升。本章的实证结果显示，年龄对居民隐含风险回避系数的影响部分符合后一种观点。

从两组回归结果来看，Age 的系数为负，介于−0.043 67 和−0.041 57 之间，且在 99%的置信水平上显著，表明在其他条件相同的情况下，居民的年龄每增加一岁，其隐含风险回避系数就会下降 4.157%~4.367%，也即表明随着年龄的增加，居民隐含风险回避系数会不断减小。本章认为，年龄可能与居民的人生阅历、心理承受能力、职业发展程度有关。随着居民人生阅历逐渐丰富，职业生涯不断发展，其风险回避程度就会有所下降。

本章通过设定虚拟变量对 Riley 和 Chow（1992）所指出的年龄对居民隐含风险回避系数的生命周期效应进行了检验。由于我国居民退休年龄为 55~60 岁，且考虑到样本数量的限制，本章通过设定虚拟变量 Age60 并将其置于模型中进行拟合。结果表明，Age60 的系数符号为正，但在 90%的置信水平上不显著，本章的居民样本中并没有检验出 Riley 和 Chow（1992）、Halek 和 Eisenhauer（2001）指出的年龄对居民隐含风险回避系数的生命周期效应。本章认为，这可能与所使用的样本有关，843 个有效样本中年龄在 60 岁及以上的居民仅有 32 人，占有效样本的比例约为 3.8%，与我国现实中的人口比例有一定差距，年龄是否对居民风险回避程度具有生命周期效应，有待充实数据进一步研究。

从性别对居民隐含风险回避系数的影响来看，在模型 1 和模型 2 两组回归中，Gender 的系数为负，大致介于−0.178 32 和−0.153 16 之间，在 90%的置信水平上显著，表明在其他条件相同的情况下，女性的居民隐含风险回避系数比男性的居民隐含风险回避系数高出 15.316%~17.832%。本章的实证结果与现有绝大部分相关文献的结论一致：女性的风险回避程度比男性的风险回避程度更高。

Edwards（2008）认为健康状况会通过风险厌恶来影响家庭资产组合选择。因而，在健康状况方面，模型 1 和模型 2 中使用了两个虚拟变量来分析居民健康状况。Health 表示居民身体状况为“健康”，而 Unhealth 表示该居民身体状况为“每年有较高比例的医药花费”。模型 1 和模型 2 中 Health 的系数介于−0.183 53 ~ −0.161 91，且在 90%的置信水平上显著（逐步回归的结果表明在 95%的置信水平上显著），表明在其他条件相同的情况下，身体状况为“健康”的居民的居民隐含风险回避系数比每年有较高比例的医药花费的居民的隐含风险回避系数低 16.191%~18.353%。模型 1 和模型 2 中，Unhealth 的系数为正，但在 90%的置信水平上不显著，表明在“每年有较高比例的医药花费”的居民群体中，每年较高或较低比例的医药花费对居民隐含风险回避系数大小的影响不显著。在对于居民健康状况的分析中，本章的实证结论与雷晓燕和周月刚（2010）、胡振等（2015）利用中国健康与养老追踪调查数据，对我国居民健康状况与风险偏好态度的研究结论是一致的，即健康状况对我国居民风险回避程度具有显著的影响。

3）（后天性）社会因素

模型 2 中反映基本医疗保险或商业医疗保险情况的虚拟变量 Insurance 在 OLS 回归结果中，在 90%的置信水平上不显著，但用逐步回归排除一些非显著变量的共线性影响后，在 90%的置信水平上显著，回归系数为−0.269 47，表明在其他条件相同的情况下，拥有医疗保险的居民的隐含风险回避系数比没有医疗保险的居民的隐含风险回避系数低 26.947%。这主要是因为医疗保险能够覆盖一部分居民未来的医疗支出，从而降低了居民预防性储蓄的动机，因而有医疗保险的居民在家庭投资上具有更高的风险承受能力。这与周钦等（2015）利用 2002 年中国居民家庭收入调查数据，就医疗保险对家庭资产组合影响的研究结论是一致的。

模型 2 还对居民教育背景对居民隐含风险回避系数的潜在影响进行了研究。反映居民学历为“专科及以上”的虚拟变量 Grad 在 90%的置信水平上不显著，表明在本章的研究样本中，学历对居民隐含风险回避系数的影响不显著。然而，本章发现，虚拟变量 Fin 的回归系数为−0.345 98 和−0.340 92，且在 99%的置信水平上显著，表明具有经管专业背景知识的居民的隐含风险回避系数比没有相关专业背景知识的居民显著降低约 34%。本章认为，经管专业背景知识使居民对金融产品的理解更深入，能够更好地做出理性的投资决策，因此在资产配置上他们不会过于回避风险。国内学者对居民风险态度和家庭资产结构的研究也表明，对经管背景知识越熟悉，其资产结构风险程度越高，资产分散化程度也越高。

从居民家庭情况对居民隐含风险回避系数的影响来看，Married 和 Children 的回归结果均在 90%置信水平上不显著。回顾国内外现有文献，居民风险回避程度与婚姻状况或家庭规模之间的关系并不清楚。同样，尽管有观点认为，抚养孩子会在一定程度上延长家庭资产规划的年限，因而家庭规模对居民风险回避程度的预期影响应当是正向的。然而，这个预期的结果在许多研究中未被证实。本章认为，我国居民家庭状况对居民隐含风险回避系数的影响不显著的原因可能在于，我国居民的婚姻状况和生养孩子的状况与我国社会观念及人口政策有关，到达一定年龄后的居民大多已婚已育，从而对居民隐含风险回避系数不具有解释力度。

从居民职业性质的角度来看，Selfemp 和 Job 的回归结果均在 90%置信水平上不显著，逐步回归中也相应排除了这些变量。只有少数文献研究了居民风险回避程度与职业、个体职业、失业之间的关系，研究结论未达成一致。比如，Landskroner（1977）发现，与雇员和受聘的专家相比，个体职业者具有最低的风险回避系数，但 Halek 和 Eisenhauer（2001）的研究结果是与之相反的。国内对该领域的研究也相当匮乏。本章认为，从我国历史和国情出发，职业属性的分类和国外是有所区别的，需要对职业属性的划分进行更精准的定义。

2. 主观风险态度的影响因素分析

模型 1 和模型 2 分析了不同群体的居民在风险回避程度上的差异，主要是从居民客观风险承受能力的角度出发的，而在模型 3 中，本章拟对居民主观风险态度对居民隐含风险回避系数的影响进行研究。本章在模型 3 中直接剔除了模型 1 和模型 2 中不显著的解释变量。表 8-9 列出了模型 3 的回归结果。

表 8-9　模型 3 的 OLS 回归结果

变量	回归系数	*t* 统计量	*P* 值	VIF
constant	5.417 55	19.40	<0.000 1	0
Attitude	−0.022 77	−2.59	0.009 7	1.108 44
Wealth	0.000 34	2.87	0.004 1	1.162 56
Human	−0.005 93	−4.83	<0.000 1	9.766 97
$Human^2$	0.000 01	3.60	0.000 3	8.294 59
Age	−0.041 70	−8.64	<0.000 1	1.745 23
Gender	−0.143 48	−1.73	0.084 9	1.052 34
Health	−0.176 63	−1.94	0.053 0	1.112 73
Insurance	−0.302 54	−1.90	0.057 2	1.075 36
Fin	−0.326 44	−3.55	0.000 4	1.046 62

从回归结果来看，居民主观风险态度 Attitude 在 99%的置信水平上显著，系数符号为负，表明在风险态度心理测试中所表现出的风险承担态度与本章测得的居民资产配置情况中所反映的风险回避程度之间具有较强的相关性，居民主观风险态度和其投资行为所隐含的风险回避程度具有一定的一致性。这说明了以主观风险态度测试题得分来衡量居民实际风险回避程度，在一定水平上是有效的。但从回归方程拟合优度的提升和回归方程整体显著性的变化来看，本章认为如果以主观风险态度作为居民风险回避程度的唯一度量而不考虑居民客观风险承受能力是不合理的。

8.3.3　小结

本章对我国居民隐含风险回避系数进行了实证结果分析。本章对居民隐含风险回避系数的计算公式中的相关参数进行了估计，以沪深 300 指数作为风险资产的代表，用基于居民对市场主观预期的二叉树模型对风险资产的收益率进行了估测，从而得到了样本中每位居民对风险资产和无风险资产的预期收益率。进一步，结合居民风险资产在总投资组合中的权重，计算居民隐含风险回避系数。实证估测的结果表明，我国居民隐含风险回避系数的值主要在 2 和 9 之间，此外也表现出非常明显的右偏的分布特点，即有相当一部分居民持有非常少的风险资产（甚至不持有），其隐含风险回避系数在 20 以上。

本章对居民隐含风险回避系数影响因素的实证分析表明，包含房产价值的净财富、人力资本、性别、年龄、健康状况、医疗保险情况、经管专业背景知识会对居民隐含风险回避系数产生显著的影响。本章将实证结果与国内外学者实证研究结果进行比较，分析了这些变量对居民隐含风险回避系数产生影响的原因。本章对居民隐含风险回避系数的影响因素的实证分析结果将为居民投资策略的制定提供建议，也为金融监管部门提供了有效的参考。

8.4 结论与政策建议

本章对我国居民隐含风险回避系数进行了实证估测，并对其影响因素进行了实证分析，实证研究的结果如下。

（1）本章测定的我国居民隐含风险回避系数主要介于2和9之间，其分布情况表现出右偏的特征，表明在数据采集时期，有较大一部分居民仅持有非常少的风险资产（甚至不持有），其隐含的风险回避系数在20以上，这表明我国居民在数据调查时期，对股市的参与率较低，不利于实现我国居民财富增值和我国金融市场健康发展的双赢局面。

（2）居民隐含风险回避系数随净财富（包含房产价值）增加而上升，表现出IRRA系数的特征，而进一步检验居民ARA系数表现出随净财富递减的特征，即居民在构建投资组合时，随着净财富的增加，投资于风险资产的财富的绝对值增加，但投资于风险资产的财富占净财富的比例下降。这也表明，高净值人群在风险资产上投资的财富更多，资产期望收益率更高，这可能是多年来加剧我国居民之间的收入差距问题的原因之一。

（3）人力资本对居民家庭资产组合和风险回避程度的影响被很多研究忽略，但本章通过研究发现，居民家庭的人力资本对居民隐含风险回避系数具有显著的影响，且表现出非线性的关系。居民隐含风险回避系数随人力资本表现出递减的特征，但若人力资本达到一定水平，居民隐含风险回避系数将随人力资本表现出递增的特征。

（4）从先天性影响因素的分析来看，年龄、性别和健康情况对居民隐含风险回避系数具有显著的影响。其中，年龄对居民隐含风险回避系数的影响拘于受访者的年龄分布没有表现出生命周期特征。实证表明，女性比男性具有更高的风险回避程度；身体状况健康的居民具有更低的风险回避程度。

（5）从后天性影响因素的分析来看，医疗保险和经管专业背景知识对居民隐含风险回避系数具有显著影响，拥有医疗保险的居民具有更低的居民隐含风险回避系数，具有经管专业背景知识的居民也具有更低的居民隐含风险回避系数。此外，教育背景、婚姻状况、职业状况等因素对居民隐含风险回避系数的影响不显著。

（6）居民主观风险态度与居民隐含风险回避系数之间具有较强的正相关性，表明主观风险态度心理测试具有一定的有效性，但其单独作为衡量居民风险回避程度的指标是不合理的。

（7）根据 2017 年 7 月 1 日起施行的《证券期货投资者适当性管理办法》，投资者将被划分为普通投资者和专业投资者。对自然人来说，同时符合下列条件即可被划分为专业投资者：①金融资产不低于 500 万元，或者最近 3 年个人年均收入不低于 50 万元；②具有 2 年以上证券、基金、期货、黄金、外汇等投资经历，或者具有 2 年以上金融产品设计、投资、风险管理及相关工作经历。这与本章实证结果所表明的净财富及人力资本越高、具有经管专业背景知识的居民的风险回避程度越低的结论是符合的，反映出我国金融监管当局在甄别专业投资者的标准的制定上是合理有据的，但本章对普通投资者按照风险测评问卷测评得分进行划分的方法，仍有改进的空间。

根据前文研究，提出两点政策建议。第一，根据本章的实证结果，对于居民隐含风险回避系数较高、股票二级市场参与水平较低的问题，本章认为管理层可以结合居民的不同社会属性特征，通过制定相关政策来降低居民风险回避程度。①提升居民可支配收入水平、增加居民财富、增强居民客观风险承受能力。管理层可通过对不同财富水平人群实行减税的方式，使居民风险回避系数非常高的部分人群能够逐步参与金融市场。②适当推延居民法定退休年龄，提升居民潜在的人力资本，降低其风险回避系数。③完善居民医疗保障体系，进一步推进医疗改革，降低居民的储蓄动机。④针对不同社会人口统计特征的人群，加强投资者教育，普及金融经济知识，从而引导居民更合理地进行家庭财富管理。

第二，对金融机构来说，本章指出以心理测试题度量的主观风险态度对居民风险回避程度进行测评具有一定的解释力，但不应作为居民风险回避程度度量的唯一标准。各类金融机构在进行投资者适当性管理时，风险测评问卷应当将影响居民客观风险承受能力的因素和影响居民主观风险态度的因素分开进行评价，将其作为两个维度互相验证是一个较为合理的方法。

另外，本章建议金融机构在设计金融产品时，加入对居民风险回避程度的考量。比如，金融机构在营销金融产品时，能够更多地考虑居民的社会属性和净财富及人力资本情况，提出具有针对性的投资建议，真正做到按投资者与金融产品的“匹配原则”进行服务，助力提升我国家庭参与金融市场的深度。

第 9 章　研究总结与展望

9.1　研 究 总 结

本书先分别对引入非金融资产和负债的家庭金融投资选择问题进行了分类综述。①非金融资产。Bodie 等（1992）将人力资本采用未来劳动收入的贴现值之和来进行估计。Yao 和 Zhang（2005）的研究属于关于房地产背景的最为经典论文之一，他们在居民资产配置模型中加入了房地产。居民的社会关系是一类被实务界广为接受但难以量化的居民非金融资产，如果该资产能够给居民带来正的现金流，那么无疑可列为居民的家庭非金融资产（Hong et al.，2004）。Mankiw 和 Zeldes（1991）指出由于参与股市存在固定的信息和交易成本，受教育程度较高的投资者在克服股市投资信息障碍方面相对更为容易。Grossman（1999）提出了一个关于健康资本的模型。Heaton 和 Lucas（2000）的研究表明，如果家庭金融财富相同，有私有公司股权的居民持有的上市公司股票财富较低。②债务因素。经典金融经济学并没有在最优投资组合模型中直接提出背景负债的概念，但文献将消费-投资组合决策模型不断拓展至消费偏好、贴现因子引入条件生存概率，关于未来债务性支出的研究开始逐步增加。文献中两类最重要的负债因子就是通胀因子和老龄因子，其中通胀因子主要是通过消费支出的价格影响债务形成，老龄因子则影响债务支出的期限。

在文献基础上，本书对家庭非金融资产负债风险识别与长期投资者大类资产配置的理论进行了探讨。在期望效用理论和均值-方差效用理论框架下，通过构建理论模型研究“相加”性背景风险和“相乘”性背景风险两类背景风险对长期投资者大类资产配置的影响。本书研究表明：在两种效用理论模型下，只要风险资产超额收益与背景风险收益独立，风险资产正收益效应会使其投资数量为正。在期望效用理论框架下，“相加”性非金融资产与负债风险理论模型表明，如果风险资产超额收益与背景风险边际效用呈正相关或低负相关关系，则风险资产投资数量为正。风险资产投资数量和风险资产超额收益与背景风险收益的增减性有关，而“相乘”性背景风险理论模型还要考虑期初资产和风险厌恶系数等因素。在均值-方差效用理论框架下，“相加”性背景风险理论模型表明，风险资产投资数量与风险资产超额收益、资产方差等变量的关系取决于效用函数是否满足递减绝对风险厌恶性和风险波动性；而“相乘”性背景风险理论模型可以沿用“相加”性背景风险理论模型来进行相关分析。

本书的第三部分内容为实证分析，具体包含以下五个内容。

（1）引入负债因子的家庭金融投资选择分析，将家庭预期消费支出的资本化值作为家庭负债，纳入资产组合选择模型，以探究其对最优资产组合选择的影响。研究结果显示在大类风险资产配置中，考虑负债因子后将增加对股票资产的配置，以对冲通胀、消费量提升、生存概率提升带来的家庭支出上升。在股票资产二级行业配置中，考虑通胀因子后应当增加对价格敏感性低的如食品烟酒等必选消费板块的配置；而在考虑生活方式因子后，应当增配居民消费量发生明显变化的如教育、文化和娱乐等新型消费板块。家庭最优风险资产组合对必选消费类的通胀因子、新型消费类生活方式因子的协方差风险有更高的敏感性，且与资产相关性越强的负债因子对协方差风险具有的敏感性更高。

（2）以背景风险理论为基础，设计了《居民非金融资产负债与资产配置调查》问卷进行微观数据调查，研究拓展的家庭资产负债表与家庭风险资产配置之间的关系。传统的家庭资产负债表主要包括家庭金融资产、有形资产、借款和贷款等。经济学范式下的资产负债表包括常规资产和负债以及与做出资产分配决策相关但未出现在常规资产负债表上的扩展投资组合资产和负债。对于个人投资者而言，扩展的投资组合资产包括人力资本、养老金收入的现值和预期遗产的现值。非传统的负债则是指未来消费的现值，在经济学范式下被认为是一种扩展的投资组合负债。考虑家庭承诺支出和消费习惯形成等因素会改变最优风险资产配置比率。本书建立了基于家庭承诺支出和消费习惯形成不同约束形式下的家庭风险资产配置的理论模型，设计对应的代理变量，以课题组采集的《居民非金融资产负债与资产配置调查》问卷数据为样本进行实证检验。实证结果表明：以住房按揭贷款为代理变量的家庭不变承诺支出会降低股票参与率，但对风险资产参与程度影响不明显；以家庭学生数量为代理变量的可变承诺支出影响不显著；健康状况对股票及风险资产参与率和参与程度都有显著的正向影响，但医疗保险无法对这一承诺支出起到很好的对冲作用；作为外部习惯形成代理变量的城市整体消费情况并不影响家庭股票参与率，但会增加股票及风险资产参与程度。

（3）结合生命周期理论及资产组合理论，构建从宏观到行业的最优资产配置理论模型，其最大的特点为将风险资产分为两类，即投资者劳动所处行业的风险资产及其他行业风险资产。然后，以申万一级行业指数及 Wind 全 A 指数为数据参考，根据权益溢价、劳动收入与该行业风险资产收益率的相关性等条件筛选合适的代表行业，并结合投资者对所处行业的资产熟悉度等因素做出生命周期最优资产配置建议。投资者需要在两方面做出权衡，一方面，投资者劳动收入与该行业风险资产收益率存在相关性，出于分散风险的考虑应低配所处行业的风险资产；另一方面，投资者对所处行业的资产具有更高的熟悉度，出于精准投资的考虑应高配该行业的风险资产。最后，本书通过 Carroll（2006）数值算法对动态决策方程求出最优解，以解决投资者跨期决策问题。结果发现：不同行业投资者在消费、储蓄、风险资产投资等大类资产配置上存在一定相似性；在风险资产内部配比上，综合考虑劳动收入相关性及资产熟悉度两方面因素，相对于经典有效市场指数最优策略，投资者更倾向于超配所处行业的风险资产，并将剩余资产合理分散至其他行业上。

（4）选取跨度为 1995~2019 年的 39 个国家（28 个发达国家和 11 个发展中国家）非平衡面板数据进行多元回归分析，重点研究家庭资产负债表因素对家庭金融资产配置的影响。被解释变量为股票配置比，由衡量居民家庭风险偏好的风险资产（如股票等）占居民家庭金融资产的比重得到。实证结果表明：①各国居民股票配置比与购房贷款增幅在 1%的水平上显著负相关，即居民家庭负债项中的购房贷款对股票配置起到挤占作用。从金融资产净值的角度而言，金融资产净值是金融资产扣除负债的部分，金融资产净值系数显著为正，说明从宏观来看各国整体呈现出相对递减型风险回避系数特征，财富净值上升、购买的股票占比上升，相对递减型风险回避系数必然也是绝对递减型风险回避系数，即购买的风险资产金额也随着财富的增加而增加。②房屋价格与收入比对股票配置比的影响显著为正，这可能与两方面因素有关。一方面，房屋价格与收入比整体呈现出财富效应，即房屋价格与收入比越高，家庭进行股票投资的比例越高；另一方面，房地产市场价格越高且相对应的居民家庭收入越低时，居民家庭将会无力承担购房贷款的偿付，投资风险意愿可能会上升，即愈加倾向于不选择持有住房等固定资产而选择进入股市，希望更快积累财富。③回归结果表明，在宏观层面上，衡量社会转移支付的社会福利对家庭金融资产的股票配置比起到促进作用。社会转移支付包括实物和非实物的社会转移，形式可能是商品或服务的提供（医疗保健和教育）或现金形式等，以占 GDP 的百分比衡量。在 1%的显著水平下，社会福利对居民家庭参与股市起到正向作用。作为财政政策工具，当总支出不足、失业率上升时，政府往往会关注于社会福利，提高转移支付的水平来增加居民家庭的可支配收入以促进消费，部分资金将以这样的方式流入股市中。④各国拥有高等教育水平的人越多，越会显著促进居民家庭配置股票资产的比例。居民家庭主要决策者的学历代表居民家庭所拥有的人力资本，从家庭资产负债结构角度看，高学历表明家庭具有更高比例的人力资本，具备风险更低的特征。人力资本越高，则最优资产配置模型中风险资产权重越高。这一结果与老龄人口比重的挤占作用相反，从家庭资产负债结构角度来看，老龄人口比重削弱了居民家庭所持有的人力资本，根据背景风险理论，金融资产配置中风险资产配置的权重降低。此外，老龄因子在经济学范式下家庭资产负债表中体现在更高比例的负债，负债比例提升也会导致风险资产比例下降。

（5）基于居民微观调查数据和市场数据，通过对相关参数的合理估测，对居民隐含风险回避系数进行了实证测定。结果表明，我国居民隐含风险回避系数的值在 2 和 9 之间，且表现出非常明显的右偏的分布特点，即相当一部分居民几乎不参与风险资产投资，其隐含风险回避系数在 20 以上。对居民隐含风险回避系数的影响因素进行实证研究，研究结果表明，①在影响居民客观风险承受能力的因素中，净财富、人力资本、性别、年龄、健康状况、医疗保险情况、经管专业背景知识会对居民风险回避系数产生显著的影响；②居民隐含风险回避系数是净财富（含房产价值）的增函数，而与人力资本之间具有非线性的“U”形关系，从而拒绝了常用于金融经济学模型的常相对风险回避系数的假设；③本书测定的居民隐含风险回避系数与反映居民主观风险态度的心理测试题得分之间具有显著的相关关系，表明我国居民主观风险态度与居民隐含的风险回避程度在一定水平上具有一致性。

9.2　政策建议

党的十九届五中全会首次把“全体人民共同富裕取得更为明显的实质性进展”①作为远景目标提出，分析和优化居民家庭资产负债表有助于这一目标的早日实现。居民的工资性收入和财产性收入都是构成家庭资产累积的重要部分。宏观政策的与时俱进、不断完善可以有效提高收入累积的效率。本书研究发现我国家庭资产负债表中存在养老资产相对房地产占比过低、养老保险三大支柱发展不平衡和可投资对象拓展等三方面问题，并提出如下三点政策建议。

第一，政府可以针对住房公积金和养老金采用更为灵活的政策，建议将 20 世纪 90 年代制定的住房公积金扩大使用范围，对于缴费到一定年限的账户，可以按比例转移至个人养老金账户，这样的调整从中长期来看将有助于我国产业结构从过度依赖房地产向高质量平稳均衡的产业发展，有助于解决我国居民家庭资产负债表中房地产占比与养老金占比不均衡的问题，有助于加强居民的养老累积和养老理财意识，提升住房公积金与养老金的综合效率，同时能够提前防范公共养老赤字风险。

第二，建立由居民的企业年金或者职业年金构成的养老保险第二支柱向居民个人养老金账户转移资金的通道。整合养老保险第二支柱与第三支柱能够有效改

① 《中国共产党第十九届中央委员会第五次全体会议公报》，https://www.12371.cn/2020/10/29/ARTI1603964233795881.shtml[2020-10-29]。

善我国居民存在的个人养老金账户缴款意愿不足或者能力不够问题。我国个人养老金账户自试点以来，存在着“两低”问题：个人养老金账户开户人数占基本养老保险参保人数比例过低；同时已开户人数中缴费人数占比低。建立第二支柱向第三支柱的转移通道，能够有效避免居民账户分散导致的关注度不够或者经济能力不足导致的我国个人养老金账户发展不及预期的问题。

第三，建议丰富个人养老金账户可投资品种，鼓励账户管理人开发侧重国际资产和黄金等 QDII 基金的养老产品，这样能够克服“本土情结”导致的风险过于集中。在经济增长放缓的压力下，个人养老金账户面临居民工资性收入和资本性收入下降的背景风险，引入与国内收入具有更低相关系数的 QDII 基金，有助于风险分散。

9.3 进一步研究展望

在本书建立的理论模型研究中，背景风险收益仅使用了一个变量$\tilde{y}$进行表示，不过在实际情况中，投资者的非金融资产与负债风险因素远远不止一个，且每种背景风险因素与风险资产的关系不一，使用单一变量代替所有的背景风险因素，可能无法准确地反映各类背景风险与风险资产的相关关系，从而影响投资者风险资产的配置。为了弥补上述不足，本书认为，在今后的理论模型研究中可以引入更多的背景风险因素变量，然后在期望效用理论和均值-方差效用理论框架下，深入探讨各类背景风险因素之间、背景风险与风险资产之间的相关关系，完善投资者期末资产表达式，进而研究投资者风险资产的最优配置。此外，本书对“相加”性和“相乘”性背景风险对资产配置的影响进行了独立的研究，而投资者有可能同时遇到“相加”性和“相乘”性背景风险，所以今后可以将两种背景风险同时放入理论模型中进行研究，从而为这类投资者提供理论的指导。

在本书的实证研究中，样本数据本身存在的不足可能对研究产生一定影响，具体表现为：①样本数据为截面数据，缺少面板数据所有的时间维度，无法反映某个居民的动态行为信息，因此也就无法分析某个居民的背景风险因素和风险资产之间的相关关系；②风险资产仅限于股票，而居民所投资的风险资产往往还包括期货、期权、信托、资管产品等金融资产，因此可能会低估居民风险资产的投资概率；③受访者在回答调查问卷部分问题时可能带有一定的主观性，如房地产估值大小、对未来收入预期等；④受访者背景风险数据不够完整，如缺乏受访者的子女数、家庭无收入人口数、金融机构的授信额度等。

为了解决上述的不足，本书认为可以从以下几个方面入手：①对受访者进行定期跟踪，形成时间维度较长的面板数据，进而分析居民的背景风险因素和风险资产之间的相关关系，通过使用面板 Probit 模型对数据进行实证研究；②扩充调查问卷中风险资产的范围，再加入期货、期权、信托、资管产品等金融资产；③优化调查问卷问题，减少受访者在回答某些问题的主观性，给予受访者更加充分的回答时间，同时使受访者的背景风险数据更加完整，如加入受访者的子女数、无收入人口数、金融机构的授信额度等问题。

参 考 文 献

蔡明超, 杨玮沁. 2011. 考虑背景风险的生命周期投资模型评述: 兼论居民投资者风险教育[J]. 证券市场导报, (3): 50-56.

陈其进, 陈华. 2014. 中国居民个体风险态度及影响因素分析: 基于城镇居民、农民工和农村居民的对比研究[J]. 上海经济研究, (12): 78-89.

陈永伟, 史宇鹏, 权五燮. 2015. 住房财富、金融市场参与和家庭资产组合选择: 来自中国城市的证据[J]. 金融研究, (4): 1-18.

段军山, 崔蒙雪. 2016. 信贷约束、风险态度与家庭资产选择[J]. 统计研究, 33(6): 62-71.

冯炽. 2019. 家庭背景风险对金融风险资产配置的影响: 基于 CHFS 数据的实证研究[D]. 成都: 电子科技大学.

郭士祺, 梁平汉. 2014. 社会互动、信息渠道与家庭股市参与: 基于 2011 年中国家庭金融调查的实证研究[J]. 经济研究, 49(S1): 116-131.

韩学红, 郑妍妍, 伍超明. 2008. 对我国股票收益率与通货膨胀率关系的解释: 1992-2007[J].金融研究, (4): 21-36.

何兴强, 史卫, 周开国. 2009. 背景风险与居民风险金融资产投资[J]. 经济研究, 44(12): 119-130.

胡振, 何婧, 臧日宏. 2015. 健康对城市家庭金融资产配置的影响: 中国的微观证据[J]. 东北大学学报(社会科学版), (2): 148-154.

胡振, 臧日宏. 2016. 风险态度、金融教育与家庭金融资产选择[J]. 商业经济与管理, (8): 64-76.

雷晓燕, 周月刚. 2010. 中国家庭的资产组合选择: 健康状况与风险偏好[J]. 金融研究, (1): 31-45.

李涛, 郭杰. 2009. 风险态度与股票投资[J]. 经济研究, 44(2): 56-67.

李涛, 史宇鹏, 陈斌开. 2011. 住房与幸福:幸福经济学视角下的中国城镇居民住房问题[J]. 经济研究, 46(9): 69-82, 160.

李心丹, 肖斌卿, 俞红海, 等. 2011. 家庭金融研究综述[J]. 管理科学学报, 14(4): 74-85.

廖朴, 窦金龙. 2015. 基于 OLG 模型的家庭资产最优分配策略研究[J]. 保险研究, (10): 59-69.

马莉莉, 李泉. 2011. 中国投资者的风险偏好[J]. 统计研究, (8): 63-72.

秦芳, 王文春, 何金财. 2016. 金融知识对商业保险参与的影响: 来自中国家庭金融调查(CHFS)数据的实证分析[J]. 金融研究, (10): 143-158.

王聪, 田存志. 2012. 股市参与、参与程度及其影响因素[J]. 经济研究, 47(10): 97-107.

王江. 2006. 金融经济学[M]. 北京：中国人民大学出版社: 117-118.

王美娇, 朱铭来. 2015. 商业健康保险对居民消费及其结构的影响：基于理性预期和家庭资产结构分析[J]. 保险研究, (6): 19-31.

王晟, 蔡明超. 2011. 中国居民风险厌恶系数测定及影响因素分析：基于中国居民投资行为数据的实证研究[J]. 金融研究, (8):192-206.
王一兵. 2010. 中国养老保险个人账户的个性化改良: 基于生命周期投资组合模型的理论与经验研究[J]. 财经研究, 36(2): 69-78.
王治政, 王跃, 贾子超. 2015. 基于金融决策框架的家庭资产配置理论研究进展及关键问题[J]. 管理世界, (6): 170-171.
吴卫星, 齐天翔. 2007. 流动性、生命周期与投资组合相异性: 中国投资者行为调查实证分析[J]. 经济研究, 42(2): 97-110.
吴卫星, 荣苹果, 徐芊. 2011. 健康与家庭资产选择[J]. 经济研究, 46(S1): 43-54.
杨娜, 苏梽芳. 2015. 居民风险态度与社会保险参与: 来自 CHFS 的经验证据[J]. 哈尔滨商业大学学报(社会科学版), (2): 11-18.
尹志超, 吴雨, 甘犁. 2015. 金融可得性、金融市场参与和家庭资产选择[J]. 经济研究, 50(3): 87-99.
张琳琬, 吴卫星. 2016. 风险态度与居民财富: 来自中国微观调查的新探究[J]. 金融研究, (4): 115-127.
郑中天. 2018. 美国家庭金融资产配置的背景风险影响因素研究及对中国的借鉴[D]. 上海: 上海交通大学.
周钦, 袁燕, 臧文斌. 2015. 医疗保险对中国城市和农村家庭资产选择的影响研究[J]. 经济学(季刊), 15(3): 931-960.
宗庆庆, 刘冲, 周亚虹. 2015. 社会养老保险与我国居民家庭风险金融资产投资: 来自中国家庭金融调查(CHFS)的证据[J]. 金融研究, (10): 99-114.
Allayannis G, Ihrig J. 2001. Exposure and markups[J]. Review of Financial Studies, 14(3): 805-835.
Amenc N, Martellini L, Ziemann V. 2009. Inflation-hedging properties of real assets and implications for asset-liability management decisions[J]. The Journal of Portfolio Management, 35(4): 94-110.
Angerer X, Lam P S. 2009. Income risk and portfolio choice: an empirical study[J]. The Journal of Finance, 64(2): 1037-1055.
Arrondel L, Pardo C H. 2002. Portfolio choice with a correlated background risk: theory and evidence[R]. Paris: Delta.
Arrow K J. 1971. The theory of risk aversion[M]//Helsinki Y J S. Theory of Risk-Bearing, Chicago: Markham: 90-120.
Barasinska N, Schäfer D, Stephan A. 2012. Individual risk attitudes and the composition of financial portfolios: Evidence from German household portfolios[J]. The Quarterly Review of Economics and Finance, 52(1): 1-14.
Bellante D, Green C A. 2004. Relative risk aversion among the elderly[J]. Review of Financial Economics, 13(3): 269-281.
Bellante D, Saba R P. 1986. Human capital and life-cycle effects on risk aversion[J]. Journal of Financial Research, 9(1): 41-51.
Benartzi S, Thaler R H. 2001. Naive diversification strategies in defined contribution saving plans[J].

American Economic Review, 91(1): 79-98.

Benzoni L, Collin-Dufresne P, Goldstein R S. 2007. Portfolio choice over the life-cycle when the stock and labor markets are cointegrated[J]. The Journal of Finance, 62(5): 2123-2167.

Berkowitz M K, Qiu J P. 2006. A further look at household portfolio choice and health status[J]. Journal of Banking & Finance, 30(4):1201-1217.

Bertaut C C. 1998. Stockholding behavior of U.S. households: evidence from the 1983-1989 survey of consumer finances[J]. Review of Economics and Statistics, 80(2): 263-275.

Betermier S, Jansson T, Parlour C, et al. 2012. Hedging labor income risk[J]. Journal of Financial Economics, 105(3): 622-639.

Blake D. 1996. Efficiency, risk aversion and portfolio insurance: an analysis of financial asset portfolios held by investors in the United Kingdom[J]. The Economic Journal, 106(438):1175.

Bodie Z. 2002. Life-cycle finance in theory and in practice[R]. Boston: Boston University School of Management.

Bodie Z, Merton R C, Samuelson W F. 1992. Labor supply flexibility and portfolio choice in a life cycle model[J]. Journal of Economic Dynamics and Control, 16(3/4): 427-449.

Bonaparte Y, Korniotis G M, Kumar A. 2014. Income hedging and portfolio decisions[J]. Journal of Financial Economics, 113(2): 300-324.

Bonilla C A, Ruiz J L, 2014. Insurance demand and first order risk increases under (μ, σ)-preferences[J]. Finance Research Letters, 11(3): 219-223.

Boyle P, Garlappi L, Uppal R, et al. 2009. Keynes meets Markowitz: the trade-off between familiarity and diversification[R]. Lille: EDHEC Business School.

Bressan S, Pace N, Pelizzon L. 2014. Health status and portfolio choice: is their relationship economically relevant?[J]. International Review of Financial Analysis, 32: 109-122.

Buraschi A, Porchia P, Trojani F. 2010. Correlation risk and optimal portfolio choice[J]. The Journal of Finance, 65(1): 393-420.

Campbell J Y, Cochrane J H. 1995. By Force of habit: a consumption-based explanation of aggregate stock market behavior[R]. Cambridge: National Bureau of Economic Research.

Campbell J Y, Viceira L M. 2002. Strategic Asset Allocation: Portfolio Choice for Long-Term Investors[M]. Oxford: Oxford University Press.

Cardak B A, Wilkins R. 2009. The determinants of household risky asset holdings: Australian evidence on background risk and other factors[J]. Journal of Banking & Finance, 33(5): 850-860.

Carroll C D, 2006. The method of endogenous gridpoints for solving dynamic stochastic optimization problems[J]. Economics Letters, 91(3): 312-320.

Chacko G, Viceira M. 2005. Dynamic consumption and portfolio choice with stochastic volatility in incomplete markets[J]. Review of Financial Studies, 18(4): 1369-1402.

Chetty R, Sándor L, Szeidl A. 2017. The effect of housing on portfolio choice[J]. The Journal of Finance, 72(3): 1171-1212.

Chetty R, Szeidl A. 2016. Consumption commitments and habit formation[J]. Econometrica, 84(2): 855-890.

Chiang T F, Xiao J J. 2017. Household characteristics and the change of financial risk tolerance during the financial crisis in the United States[J]. International Journal of Consumer Studies, 41(5): 484-493.

Chipman J S. 1973. The ordering of portfolios in terms of mean and variance [J]. The Review of Economic Studies, 40(2): 167.

Cocco J F. 2005. Portfolio choice in the presence of housing[J]. The Review of Financial Studies, 18(2): 535-567.

Cocco J F, Gomes F J. 2012. Longevity risk, retirement savings, and financial innovation[J]. Journal of Financial Economics, 103(3): 507-529.

Cocco J F, Gomes F J, Maenhout P J. 2005. Consumption and portfolio choice over the life cycle[J]. The Review of Financial Studies, 18(2): 491-533.

Cochrane J H. 1997. Where is the market going? Uncertain facts and novel theories[J]. Economic Perspective, 21(6): 3-37.

Cohn R A, Lewellen W G, Lease R C, et al. 1975. Individual investor risk aversion and investment portfolio composition[J]. The Journal of Finance, 30(2): 605.

Constantinides G M. 1990. Habit formation: a resolution of the equity premium puzzle[J]. Journal of political Economy, 98(3): 519-543.

Cooper I, Kaplanis E. 1994. Home bias in equity portfolios, inflation hedging, and international capital market equilibrium[J]. Review of Financial Studies, 7(1): 45-60.

Coval J D, Moskowitz T J. 1999. Home bias at home: local equity preference in domestic portfolios[J]. The Journal of Finance, 54(6): 2045-2073.

Cristia J P. 2009. Rising mortality and life expectancy differentials by lifetime earnings in the United States[J]. Journal of Health Economics, 28(5): 984-995.

Curcuru S, Heaton J, Lucas D, et al. 2004. Heterogeneity and portfolio choice: theory and evidence[M]// Aït-Sahalia Y, Hansen L P. Handbook of Financial Econometrics: Tools and Techniques. Amsterdam: North Holland: 337-382.

Debelle G. 2004. Macroeconomic implications of rising household debt[R]. Basel: BIS.

Denuit M M, Eeckhoudt L, Menegatti M. 2011. Correlated risks, bivariate utility and optimal choices[J]. Economic Theory, 46(1): 39-54.

Detemple J, Rindisbacher M. 2010. Dynamic asset allocation: portfolio decomposition formula and applications[J]. Review of Financial Studies, 23(1): 25-100.

Dimmock S G. 2012. Background risk and university endowment funds[J]. Review of Economics and Statistics, 94(3): 789-799.

Dohmen T, Falk A, Huffman D, et al. 2011. Individual risk attitudes: measurement, determinants, and behavioral consequences[J]. Journal of the European Economic Association, 9(3): 522-550.

Dyer J S, R K Sarin. 1982. Relative risk aversion[J]. Management Science, 28(8): 875-886.

Edwards R D. 2008. Health risk and portfolio choice[J]. Journal of Business & Economic Statistics, 26(4):472-485.

Edwards R D. 2010. Optimal portfolio choice when utility depends on health[J]. International Journal of Economic Theory, 6(2):205-225.

Eeckhoudt L, Gollier C, Schlesinger H. 1996. Changes in background risk and risk taking behavior[J]. Econometrica, 64(3): 683.

Eichner T. 2005. Comparative statics of properness in two-moment decision models[J]. Economic Theory, 25(4): 1007-1012.

Eichner T. 2008. Mean variance vulnerability[J]. Management Science, 54(3): 586-593.

Eichner T, Wagener A. 2003. Variance vulnerability, background risks, and mean-variance preferences[J]. The Geneva Papers on Risk and Insurance Theory, 28(2): 173-184.

Eichner T, Wagener A. 2009. Multiple risks and mean-variance preferences[J].Operations Research, 57(5):1142-1154.

Eichner T, Wagener A. 2012. Tempering effects of (dependent) background risks: a mean-variance analysis of portfolio selection[J]. Journal of Mathematical Economics, 48(6):422-430.

Elton E J, Gruber M J. 1992. Optimal investment strategies with investor liabilities[J]. Journal of Banking & Finance, 16(5): 869-890.

Feng L, Seasholes M S. 2004. Correlated trading and location[J]. The Journal of Finance, 59(5): 2117-2144.

Franke G, Schlesinger H, Stapleton R C. 2006. Multiplicative background risk[J]. Management Science, 52(1): 146-153.

Fratantoni M. 2001. Homeownership, committed expenditure risk, and the stockholding puzzle[J]. Oxford Economic Papers, 53(2): 241-259.

Fratantoni M C. 1998. Homeownership and investment in risky assets[J]. Journal of Urban Economics, 44(1): 27-42.

French K R, Poterba J M. 1990. Japanese and U.S. cross-border common stock investments[J]. Journal of the Japanese and International Economies, 4(4): 476-493.

Friend I, Blume M E. 1975. The demand for risky assets[J]. American Economic Review, 65(5): 900-922.

Gintschel A, Scherer B. 2008. Optimal asset allocation for sovereign wealth funds[J]. Journal of Asset Management, 9(3): 215-238.

Goldman D, Maestas N. 2013. Medical expenditure risk and household portfolio choice[J]. Journal of Applied Econometrics, 28(4): 527-550.

Gollier C. 2001. The Economics of Risk and Time [M]. Cambridge: The MIT Press.

Gollier C. 2002. What does the classical theory have to say about household portfolios[M]//Guiso L, Haliassos M, Jappelli T. Household Portfolios. Cambridge: The MIT Press: 27-54.

Gollier C, Pratt J W. 1996. Risk vulnerability and the tempering effect of background risk[J]. Econometrica, 64(5): 1109.

Gollier C, Zeckhauser R J. 2002. Horizon length and portfolio risk[J]. Journal of Risk and Uncertainty, 24: 195-212.

Gomes F, Michaelides A. 2003. Portfolio choice with internal habit formation: a life-cycle model with uninsurable labor income risk[J]. Review of Economic Dynamics, 6(4): 729-766.

Grable J E. 2016. Financial risk tolerance[M]//Xiao J. Handbook of Consumer Finance Research. Cham: Springer: 19-31.

Grossman M. 1999. The human capital model of the demand for health[R]. Boston: NBER.

Guiso L, Jappelli T. 2009. Financial literacy and portfolio diversification[R]. Naples: CSEF.

Guiso L, Paiella M. 2008. Risk aversion, wealth, and background risk[J]. Journal of the European Economic Association, 6(6):1109-1150.

Guiso L, Tullio J, Daniele T. 1996. Income risk, borrowing constraints, and portfolio choice[J]. The American Economic Review, 86(1): 158-172.

Halek M, Eisenhauer J G. 2001. Demography of risk aversion[J]. The Journal of Risk and Insurance, 68(1): 1.

Halliday T J. 2009. Health inequality over the life-cycle[EB/OL]. https://docs.iza.org/dp4369.pdf#:~:text=We%20investigate%20the%20evolution%20of%20health%20inequality%20over,three%20factors%3A%20endowments%2C%20and%20permanent%20and%20transitory%20shocks[2025-06-30].

Hansen L P, Singleton K J. 1982. Generalized instrumental variables estimation of nonlinear rational expectations models[J]. Econometrica, 50(5): 1269.

Hara C, Huang J, Kuzmics C. 2011. Effects of background risks on cautiousness with an application to a portfolio choice problem[J]. Journal of Economic Theory, 146(1):346-358.

He J, Ng L K. 1998.The foreign exchange exposure of Japanese multinational corporations [J]. The Journal of Finance, 53(2): 733-753.

Heaton J, Lucas D. 2000. Portfolio choice in the presence of background risk[J]. The Economic Journal, 110(460): 1-26.

Hoevenaars R P M M, Molenaar R D J, Schotman P C, et al. 2008. Strategic asset allocation with liabilities: beyond stocks and bonds[J]. Journal of Economic Dynamics and Control, 32(9): 2939-2970.

Hong H, Kubik J D, Stein J C. 2004. Social interaction and stock-market participation[J]. The Journal of Finance, 59(1): 137-163.

Huang C-F, Pages H. 1992. Optimal consumption and portfolio policies with an infinite horizon: existence and convergence[J]. The Annals of Applied Probability, 2(1): 36-64.

Huang H X, Milevsky M A. 2011. Lifetime ruin minimization: should retirees hedge inflation or just worry about it?[J]. Journal of Pension Economics and Finance, 10(3): 363-387.

Huberman G. 2001. Familiarity breeds investment[J]. Review of Financial Studies, 14(3): 659-680.

Huberman G, Iyengar S S, Jiang W. 2007. Defined contribution pension plans: determinants of participation and contributions rates[J]. Journal of Financial Services Research, 31(1): 1-32.

Ibbotson R G. Milevsky M A, Chen P, et al. 2008. Lifetime financial advice: human capital, asset allocation and insurance[J]. Journal of Pension Economics and Finance, 7(3): 365-368.

Jianakoplos N A, Bernasek A. 1998. Are women more risk averse?[J]. Economic Inquiry, 36(4): 620-630.

Jiang C H, Ma Y K, An Y B. 2010. An analysis of portfolio selection with background risk[J]. Journal of Banking & Finance, 34(12): 3055-3060.

Karadas S. 2019. Trading on private information: evidence from members of congress[J]. The Financial Review, 54(1): 85-131.

Keel A, Müller H H. 1995. Efficient portfolios in the asset liability context[J]. ASTIN Bulletin, 25(1): 33-48.

Keynes J M. 1934. Letter to F. C. Scott[M]//The Collected Writings of John Maynard Keynes, London: Macmillan.

Kimball M S. 1993. Standard risk aversion[J]. Econometrica, 61(3): 589-611.

Koo J L, Ahn S R, Koo B L, et al. 2016. Optimal consumption and portfolio selection with quadratic utility and a subsistence consumption constraint[J]. Stochastic Analysis and Applications, 34(1): 165-177.

Lajeri-Chaherli F. 2003. Partial derivatives, comparative risk behavior and concavity of utility functions[J]. Mathematical Social Sciences, 46(1): 81-99.

Lajeri-Chaherli F. 2004. Proper and standard risk aversion in two-moment decision models[J]. Theory and Decision, 57(3): 213-225.

Landskroner Y. 1977. Nonmarketable assets and the determinants of the market price of risk[J]. The Review of Economics and Statistics, 59(4): 482.

Lee R D, Carter L R. 1992. Modeling and forecasting U.S. mortality[J]. Journal of the American Statistical Association, 87(419): 659-671.

Leibowitz M L, Henriksson R D. 1989. Portfolio optimization with shortfall constraints: a confidence-limit approach to managing downside risk[J]. Financial Analysts Journal, 45(2): 34-41.

Loeb G M. 1950. The Battle for Investment Survival[M]. London: Wiley.

Mankiw N G. 1983. Consumer durables and the real interest rate[R]. Cambridge: National Bureau of Economic Research.

Mankiw N G, Zeldes S P. 1991. The consumption of stockholders and nonstockholders[J]. Journal of Financial Economics, 29(1):97-112.

Marekwica M, Schaefer A, Sebastian S. 2013. Life cycle asset allocation in the presence of housing and tax-deferred investing[J]. Journal of Economic Dynamics and Control, 37(6): 1110-1125.

Markowitz H. 1952. Portfolio selection[J]. The Journal of Finance, 7(1): 77.

Martellini L, Milhau V. 2010. Asset-liability management decisions for sovereign wealth funds[R]. Nice: EDHEC-Risk Institute.

Massa M, Simonov A. 2006. Hedging, familiarity and portfolio choice[J]. Review of Financial

Studies, 19(2): 633-685.

Mehra R, Prescott E C. 1985. The equity premium: a puzzle[J]. Journal of Monetary Economics, 15(2): 145-161.

Merton R C. 1969. Lifetime portfolio selection under uncertainty: the continuous-time case[J]. The Review of Economics and Statistics, 51(3): 247.

Merton R C. 1971. Optimum consumption and portfolio rules in a continuous-time model[J]. Journal of Economic Theory, 3(4): 373-413.

Merton R C. 1993. Optimal investment strategies for university endowment funds[R]. Boston: NBER.

Meyer J. 1987. Two-moment decision models and expected utility maximization[J]. The American Economic Review, 77(3): 421-430.

Milevsky M A. 2006. The Calculus of Retirement Income: Financial Models for Pension Annuities and Life Insurance[M]. Cambridge: Cambridge University Press.

Milevsky M A, David Promislow S. 2001. Mortality derivatives and the option to annuitise[J]. Insurance: Mathematics and Economics, 29(3): 299-318.

Morin R A, Suarez A F. 1983. Risk aversion revisited[J]. The Journal of Finance, 38(4): 1201.

Palacios M. 2015. Human capital as an asset class implications from a general equilibrium model[J]. The Review of Financial Studies, 28(4): 978-1023.

Palia D, Qi Y X, Wu Y R. 2014. Heterogeneous background risks and portfolio choice: evidence from micro-level data[J]. Journal of Money, Credit and Banking, 46(8): 1687-1720.

Polkovnichenko V. 2005. Household portfolio diversification: a case for rank-dependent preferences[J]. Review of Financial Studies, 18(4): 1467-1502.

Pratt J W. 1964. Risk aversion in the small and in the large[J]. Econometrica, 32(1/2): 122.

Pratt J W. 1988. Aversion to one risk in the presence of others[J]. Journal of Risk and Uncertainty, 1(4): 395-413.

Pratt J W, Zeckhauser R J. 1987. Proper risk aversion[J]. Econometrica, 55(1): 143.

Qiu J P. 2016. Precautionary saving and health insurance: a portfolio choice perspective[J]. Frontiers of Economics in China, 11(2): 232-264.

Riley W B Jr, Chow K V. 1992. Asset allocation and individual risk aversion[J]. Financial Analysts Journal, 48(6): 32-37.

Rosen H S, Wu S. 2004. Portfolio choice and health status[J]. Journal of Financial Economics, 72(3):457-484.

Rudd A, Siegel L B. 2014. Using an economic balance sheet for financial planning[J]. The Journal of Wealth Management, 16(2): 15-23.

Samuelson P A. 1969. Lifetime portfolio selection by dynamic stochastic programming[J]. Review of Economics and Statistics, 51(3):247-257.

Sarkissian S, Schill M J. 2004. The overseas listing decision: new evidence of proximity preference[J]. Review of Financial Studies, 17(3): 769-809.

Schlag C. 2003. Strategic asset allocation: portfolio choice for long-term investors[J]. The Economic Journal, 113(488): F408-F409.

Sharpe W F, Tint L G. 1990. Liabilities: a new approach[J]. The Journal of Portfolio Management, 16(2): 5-10.

Shim G, Shin Y H. 2014. Portfolio selection with subsistence consumption constraints and CARA utility[J]. Mathematical Problems in Engineering, 2014(1): 153793.

Siegel F W, Hoban J P. 1982. Relative risk aversion revisited[J]. The Review of Economics and Statistics, 64(3): 481.

Spaenjers C, Spira S M. 2015. Subjective life horizon and portfolio choice[J]. Journal of Economic Behavior & Organization, 116: 94-106.

Sundaresan S M. 1989. Intertemporally dependent preferences and the volatility of consumption and wealth[J]. Review of Financial Studies, 2(1): 73-89.

Szpiro G G. 1986. Measuring risk aversion: an alternative approach[J]. The Review of Economics and Statistics, 68(1): 156.

Tobin J. 1958. Liquidity preference as behavior towards risk[J]. The Review of Economic Studies, 25(2): 65.

Tsetlin I, Winkler R L. 2005. Risky choices and correlated background risk[J]. Management Science, 51(9): 1336-1345.

Viceira L M. 2001. Optimal portfolio choice for long-horizon investors with nontradable labor income[J]. The Journal of Finance, 56(2): 433-470.

Voicu C, Seiler M. 2013. Understanding systematic risk in real estate markets[J]. Journal of Housing Research, 22(2): 165-201.

Waldron H. 2007. Trends in mortality differentials and life expectancy for male social security-covered workers, by socioeconomic status[J]. Social Security Bulletin, 67(3): 1-28.

Weber W E. 1975. Interest rates, inflation, and consumer expenditures[J]. The American Economic Review, 65(5): 843-858.

Weinbaum D. 2005. Subsistence consumption, habit formation and the demand for long-term bonds[J]. Journal of Economics and Business, 57(4): 273-287.

Wilcox D W. 2006. Reforming the defined-benefit pension system[J]. Brookings Papers on Economic Activity, 2006(1): 235-304.

Wise A J. 1984. A theoretical analysis of the matching of assets to liabilities[J]. Journal of the Institute of Actuaries, 111(2): 375-402.

Yao R, Zhang H H. 2005. Optimal consumption and portfolio choices with risky housing and borrowing constraints[J]. Review of Financial Studies, 18(1): 197-239.

附录：居民非金融资产负债与资产配置调查

在空白处填入，或者选择题在标号前面画√

Part Ⅰ：居民的客观性背景因素

一、年龄、专业知识与资产配置

1. 您的年龄（　　）　　性别（　　）　　职业（　　　）

2. 教育背景

①硕士及以上；②大学；③其他

3. 金融经济专业背景

①经济管理本科以上；②经管专业大专；③没有专业背景，但经常关注；④没有专业知识，也不关注经济信息

4. 您对金融经济知识的熟悉程度

①非常熟悉；②较熟悉；③一般；④不太熟悉；⑤非常不熟悉

5. 您开始进行股票投资是在（　　）年（　）月

6. 关于期货、期权

①不了解；②知道一点；③了解原理；④不仅了解，且投资

7. 您决策的信息来源（可多选）

①自己分析；②朋友推荐；③行业分析报告；④打听消息；⑤从不看公司财务报告

8. 如果您没有参与股市，是因为（有股票者不填）

①工作忙，没有时间；②没有专业知识；③没有信息来源；④没有资金；⑤股市不能挣钱

二、健康资本、保险背景与资产配置

1. 身体状况

①健康；②每年有较低比例的医药花费；③每年有较高比例的医药花费

2. 参加医疗保险情况

①参加了基本医疗保险；②参加了商业医疗保险；③无

三、财富水平、家庭关系与资产配置

1. 经过多年改革开放的发展，您的家庭金融财富（不含房产）为

①大于 1000 万元；②500 万~1000 万元；③400 万~500 万元；④300 万~400

万元；⑤200 万~300 万元；⑥100 万~200 万元；⑦50 万~100 万元；⑧10 万~50 万元；⑨10 万元以下

2. 个人总资产中有负债吗？

①没有；②有，比例为（ ）

3. 参考 2016 年全国家庭人均可支配收入 3 万元，您的家庭人均收入

①30 万元及以上；②20 万~30 万元；③10 万~20 万元；④5 万~10 万元；⑤2 万~5 万元；⑥2 万元以下

四、劳动收入的预期收益、方差与资产配置

1. 对未来收入的预期

①平稳；②下滑；③上升

2. 家庭退休的人数（　　），上大学的人数（　　），中小学生人数（　　）

3. 家庭成员状况

①夫妻在同一行业；②夫妻在同一公司；③夫妻单位没有任何关系；④其他

4. 您的职业状况

①个体职业，如果加班加点，就可收入更高

②个体职业，多干也不一定挣得多

③有稳定的工作。同时如果自己愿意加班，就可以收入更高

④有稳定的工作，多干不一定可以多得

⑤创业者，拥有自己的公司

⑥退休

5. 家庭中有收入（含退休收入）的人口数

①1 人；②2 人；③3 人

6. 您的行业（　　）

①农林渔牧业；②煤炭；③有色金属；④石油；⑤天然气；⑥制造业；⑦电力、煤气及水的生产和供应业；⑧建筑业；⑨交通运输、仓储业；⑩信息技术业；⑪批发和零售业；⑫金融；⑬保险业；⑭房地产业；⑮社会服务业；⑯传媒与文化产业；⑰公务员；⑱高校；⑲中小学；⑳医药卫生餐饮；㉑其他

五、住房与资产配置

1. 家庭住房面积

①租房；②自住房；90 平方米以下；③自住房 90~140 平方米；④自住房 140 平方米以上；⑤拥有投资性房产

2. 个人总资产中，所有房地产的估值大约为（ ）万元

3. 大约每月收入中有多大比例要偿还分期付款的债务？

①没有贷款；②10%以下；③10%~25%；④26%~50%；⑤50%以上

PartⅡ：居民的主观性心理因素

1. 如果必须做出选择，你会选择哪一个？

①100%损失 1000 元；②50%的可能损失 4000 元；③20%的可能损失 10 000 元；④5%的可能损失 10 万元

2. 你刚刚在电视游戏中获得一个大奖！你会选择哪一个？

①1000 元现金；②50%的机会获得 4000 元；③20%的机会获得 10 000 元；④5%的机会获得 10 万元

3. 你所在的公司管理层计划在三年后上市，员工可以在上市前购买，在上市之前，你不能出售手中的股票，也没有分红，但公司上市时，你的股票可能会翻 10 倍，你会投资买多少钱买股票？

①一点儿也不买；②半年工资；③一年的工资；④两年工资

4. 你的朋友看中一个投资项目，投资成功的话利润可能是 50 倍。成功的概率是 20%。但如果失败的话大家将一无所获。

①一点也不买；②半年工资；③一年的工资；④两年工资

5. 你买彩票亏了 500 元

①不再玩了；②再拿 100 元参与；③再拿 200 元参与；④再拿 500 元参与

6. 如果需要现金，你会选择卖出哪一类股票？

①亏损的；②盈利的

PartⅢ：市场预期与资产配置

1. 您对未来一年股市的预期

①大牛市；②大熊市；③小牛市；④小熊市；⑤盘整

2. 您目前的持仓状况（含股票型基金，指股票类资产占金融资产的权重，分母不含房产）

①满仓；②90%的仓位；③80%的仓位；④70%的仓位；⑤60%的仓位；⑥50%的仓位；⑦40%的仓位；⑧30%的仓位；⑨20%的仓位；⑩10%的仓位；⑪空仓；⑫不参与股市